ALEMANN
WAREN
KARANTANEN
LANGOBARDEN
Oberösterreich
Traungau
Mattiggau
Attergau
Salzburggau
Salzkammergut
Oberbayern
Chiemgau
Sundergau
Huosigau
Inter Valles
Tirol
Norital
Poapintal
Pongau
Salzburg
Pinzgau
ÖSTER
Hohe Tauern
Südtirol
Pustertal
Vintschgau
Kitzbühler Alpen
Bayerische Alpen
Stubaier Alpen
Zillertaler Alpen
Ötztaler Alpen
Sarntaler Alpen
Salzburger Alpen
Totes Geb.
Ortler-
MÜNCHEN
SALZBURG
(Juvavum)
INNSBRUCK
BOZEN
(Bauzanum)
Wels
(Ovilava)
Steyr
Kremsmünster
Rosenheim
Wasserburg
Burghausen
Altötting
Traunstein
Reichenhall
Hallein
Berchtesgaden
Kufstein
Wörgl
Rattenberg
Schwaz
Hall
Wilten
(Veldidena)
Telfs
Imst
Landeck
Nauders
Reschenpaß
Meran
Brixen
Bruneck
Sterzing
(Vipitenum)
Brennerpaß
Matrei
Garmisch
Partenkchn.
(Partanum)
Mittenwald
Scharnitz
Zugspitze
Fernpaß
Weilheim
Schongau
Murnau
Kochel
Tölz
Miesbach
Tegernsee
Wolfratshsn.
Starnberg
Ebersberg
Grafing
Ischl
Gmunden
Hallstatt
Mondsee
Mattsee
Laufen
Tittmoning
Saalfelden
Kitzbühel
St. Johann
Lofer
Bischofshofen
Radstadt
Zell
Mittersill
Krimml
Gastein
Großglockner
Klausen
Säben
(Sabiona)
Innichen
Sillian
St. Lorenzen
(Sebatum)
Taufers
Mals
Glurns
Naturns

MACHTSPIELE

Lothar Kolmer

MACHTSPIELE

Bayern im frühen Mittelalter

Verlag Friedrich Pustet Regensburg

CIP-Titelaufnahme der Deutschen Bibliothek

Kolmer, Lothar:
Machtspiele : Bayern im frühen Mittelalter / Lothar Kolmer. –
Regensburg : Pustet, 1990
ISBN 3–7917–1248–9

ISBN 3-7917-1248-9

Umschlaggestaltung: Peter Loeffler, Regensburg
Gesamtherstellung: Friedrich Pustet, Regensburg
Printed in Germany 1990

Vorwort

Das vorliegende Buch schließt einen kleinen Kreis: Mein erster wissenschaftlicher Aufsatz beschäftigte sich mit der Absetzung Herzog Tassilos im Jahre 788. Diese frühe Zeit hat mich nicht losgelassen, weitere Arbeiten folgten. So lag es nahe, einen Gesamtblick über die ersten Jahrhunderte bayerischer Geschichte zu versuchen. Manches stellt sich doch im Zusammenhang anders dar, als in punktuellen Einzeluntersuchungen.

Es ging mir in erster Linie darum, ein informatives Buch zu schreiben, das den wissenschaftlichen „Ballast", die benützte Literatur und die Quellen, gekürzt an das Ende verweist.

Widmen möchte ich dieses Buch meinem verehrten Lehrer, Herrn Prof. Dr. Reindel zu seinem 65. Geburtstag. Er hat mich zu diesem Themenkreis geführt; meine Aufsätze, auch dieses Buch kritisch gelesen. Auf seine Arbeiten zum Thema, besonders auf die Beiträge im Handbuch der bayerischen Geschichte, stützt sich das vorliegende Werk ganz wesentlich.

Regensburg, im März 1990 — Lothar Kolmer

Inhalt

Wissen – und Wissenslücken: „Bayern"

Wir gehen so selbstverständlich mit dem Wort um, wissen, was es alles beinhaltet: Da ersteht das Land in seinen heutigen Grenzen – vom Inn bis zur Iller und zum Bodensee, von den Alpen bis zum Main.

Damit ist aber auch ein ganz eigentümlicher Zuschnitt des Lebens, des politischen wie des privaten gemeint. Politisch tritt es gefestigt auf, in seiner konservativen Haltung – und im Privaten werden den Bayern von außerhalb (und manchmal auch vom örtlichen Verkehrsverein) Eigenschaften zugeschrieben, die so typologisch und so bekannt, so ausgeleiert und schief sind, daß man sie gar nicht wiederholen mag.

Ganz so unschuldig am Rufe sind aber auch die Einwohner selbst nicht: wenn es bis vor wenigen Jahren etwa noch in der Oberpfalz Gebirgstrachtenerhaltungsvereine gab, die dann im flachen Gäuboden um Straubing bei Festen auftraten und den „originalen" Schuhplattler in die Bodendielen hauten. Als der Heimatpfleger sie in erneuerte Oberpfälzer Tracht zwängte und ihnen von oberbayerischen Tänzen abriet, zog für kurze Zeit Zwietracht ein.

Das Festhalten am Eingeführten, die Lust am Feiern gelten als Zeichen eines eigenen Lebensgefühls, das sich auch durchs Wohlsein im Lande – und auch mit sich selbst äußert. Die ausgeprägte Genußfreudigkeit schaut mehr auf die kräftige Leibesstärkung in ausreichenden Maßen, als auf die kleinen, sublimen Feinheiten und Delikatessen. Umrahmt wird dieses Leben und Festefeiern von einer Idylle aus Bergen und Seen, von Landwirtschaft und Viehzucht. Das ist das Land, wohin die Touristen eingeladen werden.

Daß das Leben in Bayern unvergleichlich sei, weiß schon ein Dichter im 12. Jahrhundert: Außerhalb von Bayern gäbe es kein Leben – und falls vielleicht doch, dann sicher keines so wie in Bayern: Extra Bavariam nulla vita, si est vita non est ita. Auf die Qualität des Lateins kommt es uns hier nicht an, der Inhalt gleicht dessen Mangel vollkommen aus. Diese Selbstgewißheit, die vorsichtige Selbstvergewisserung auch, dieses beharrende Element, wo es vielleicht nicht immer angebracht scheint – im politischen, im kulturellen – wuchs aus der Geschichte. Denn der Kernraum des Landes ist seit 1500 Jahren gleichgeblieben. Die Dynastien herrschten lange, Agilolfinger, Luitpoldinger und dann, auch schon seit dem Mittelalter: die lange Reihe der Wittelsbacher bis 1918.

Daraus konnte schon früh ein Bewußtsein von sich selbst erwachsen, stolz auf sich und das Land, doch nicht ohne leisen Zweifel. Denn auch wenn man sich seiner eigenen Kultur nicht zu schämen brauchte und sie herausstellte, die der anderen, der Nachbarn wußte man ebenfalls zu würdigen.

Die Jahrhunderte haben zu einer Identität verholfen, die unverkennbar geworden ist, in Sprache, Gebräuchen, Lebenseinstellung. Ob das so ein gerader Weg gewesen ist, mag bezweifelt werden, aber Eigenarten haben sich doch herausgebildet: Bayern – das erweckt typische Assoziationen, führt zu einer einwandfreien Zu- und einer häufig falschen Einordnung, auch ohne äußerliche Trachtbestandteile.

Wenn man heute so selbstverständlich die Bayern zu kennen meint und den Stamm durch Überfremdung bedroht sieht, dann kann ein Blick zurück auf die Anfänge nicht schaden. Ab wann fühlte sich ein im Lande sitzen gebliebener Römer als Bayer, wann verstand sich überhaupt wer als Bayer? Fiel ihm das selber auf, daß er ein Teil eines Stammes geworden war, oder bemerkten zuerst die Nachbarn, daß hier etwas Neues entstanden war? Gaben sich die Bayern selber den Namen oder aufmerksame, argwöhnische, ängstliche Nachbarn? Ist er Bayer, weil er so heißt – oder was macht das frühe Stammesmitglied aus?

Die Sprache? Nun eine Art bayerisches Idiom läßt sich erst seit dem 8. Jahrhundert heraushören – besser aus den Quellen herauslesen, vorher müssen sich die germanischen Dialekte ziemlich nahegestanden haben – etwa die der Alemannen weiter westlich oder der Langobarden im Osten.

Macht das Recht den Bayern, sind alle, die nach ihrem Gesetz – der Lex Baiuvariorum – leben, Bayern? Denn das Recht haftet an der Person. Doch die erhaltenen Texte des bayerischen Gesetzbuches stammen meistens erst aus dem 9. Jahrhundert, beinhalten zwar eine ältere Schicht – aber wann ist diese geschrieben worden? Die Gelehrten sind sich darüber nicht einig.

Läßt sich aus den archäologischen Quellen, in erster Linie aus den Beigaben der Bestattungen, eine Gemeinsamkeit ablesen, die nur für eine Gruppe – die sich als bayerisch ansprechen ließe – gemeinsam ist? Nun diese scheint sich zwar in Umrissen herauszuheben, aber entsprechende Gräber kommen nicht nur in unserm Raum vor, sondern auch außerhalb. Auf unseren Friedhöfen liegen dagegen Leute mit Schädeln, nach awarischer Mode deformiert, um einen höheren Kopf zu bekommen. Da wurden demnach Römerabkömmlinge neben Langobarden, Alemannen und Bayern bestattet.

Die Gelehrten haben ihre Schwierigkeit, und auf vertrackte Weise hat jede Einzeldisziplin recht. Für sich gesehen wirken dann Ergebnisse durchaus plausibel, nur decken sich diese Erkenntnisse nicht komplett mit denen der anderen Fächer – räumlich oder zeitlich.

Über den Anfängen liegt Dunkel – es gibt keine schriftlichen Quellen, die uns genau das Datum nennen, zu dem sich der Stamm bildete. Die Quellen, die Nachrichten, aus denen wir unser Wissen über die damalige Zeit beziehen, fließen spärlich. Es liegt mehr Dunkel als Licht über diesen frühen Zeiten.

Weit zurück ins „dunkle Mittelalter"
Warum es „dunkel" ist

Der Begriff vom „dunklen Mittelalter" beweist am schönsten, daß über das Mittelalter dunkle Vorstellungen herrschen. Zustände, Verhaltensweisen, die sich durch ein ausgiebiges Maß an Grausamkeit, an Barbarei oder auch sonstwie nicht mehr recht modern – zeitgemäß ausnehmen, werden als „mittelalterlich" abgetan. Nun fehlten zwar unseren mittelalterlichen Vorgängern wirklich die modernen – gerade auch naturwissenschaftlichen – Erkenntnisse (über die der gewöhnliche Zeitgenosse heute selbstverständlich verfügt, ohne näher zu wissen, wie das eigentlich funktioniert), aber ganz dumm waren sie auch nicht. Sicheres Wissen ersetzten sie durch Phantasie und begründete Spekulation. Aus Erfahrung wußten sie mit Kräutern und Pflanzen umzugehen und den Kalender zu berechnen.

Freilich auch damals gehörte Aggressivität zum Alltag, und Mord zählte zu einem vorzüglichen politischen Instrument in den Zeiten, über die hier die Rede sein soll. Doch Mord in der Politik kommt noch immer vor – und das läßt sich nun nicht mehr als „mittelalterlich" bezeichnen.

Manche Gesellschaften haben zudem gar kein „Mittelalter" gehabt. Daran zeigt sich eben nur, daß wir das Maß von unseren Schuhen nehmen, aber auch nicht viel weiter als über unsere Zehenspitzen hinaussehen. Die Einteilung der Epochen ist rein auf die europäische Geschichte ausgerichtet, und selbst da streiten die Gelehrten noch immer, wann das Mittelalter angeht und wann es aufhört.

Kurzum, mit Schlagworten sollte eher vorsichtig umgegangen werden, und wer vom dunklen Mittelalter spricht, erweist damit nur seine dunklen Kenntnisse über diese Zeit.

Ursprünglich meinte ja diese Wortprägung auch etwas anderes. Dunkel blieben diese Jahrhunderte dem Betrachter, versperrten sich seinem prüfend-neugierigen Blick, weil einfach zu wenig Nachrichten erhalten, überkommen sind. Wollen wir Geschichte rekonstruieren, damit der Aufgabe des Historikers nachgehen, sind wir auf die „Quellen", frühere Aufzeichnungen, angewiesen. Nun konnte im Mittelalter kaum jemand mit der Feder umgehen, etliche konnten zwar noch lesen, aber Schreiben war eine eigene Sache. Dazu bedurfte es einer Ausbildung, denn Schreiben galt als Kunst und fiel recht anstrengend und zeitaufwendig aus. Das konnte sich – das wollte sich nicht jeder leisten. So übernahm diese Aufgabe der Klerus, besonders in den Klöstern wurden Schreibstuben eingerichtet. Ein weltlicher Herr handhabte das wuchtige Schwert und kritzelte nicht mit der schwachen Feder. Er verachtete häufig diese „Federfuchser", kam allerdings nicht umhin, selber ihre Dienste für sich in Anspruch zu nehmen.

Was man also aufschrieb, mußte wichtig sein, mußte des Festhaltens wert erachtet werden. Auch damals dachte man schon an kommende Generationen, wollte ihnen in Chroniken Mitteilungen, Meldungen über die eigene Zeit hinterlassen. Doch daneben vergaßen die Schreiber die praktische Seite nicht: der klostereigene Besitz, die Abgaben, die daraus flossen, wurden zur künftigen Sicherheit aufgeschrieben.

Auch die Herrscher bedachten ihre Wirkung auf spätere Generationen. Karl der Große etwa förderte ganz bewußt die offiziöse Reichsannalistik. Darin fehlt, was als dunkle Flecken das schöne, edle Herrscherbild trüben konnte. Diese Chronisten schwärzten dafür die Gegner kräftig an, verlagerten Schuld auf fremde Schultern, pinselten Idealbilder, schönten Ereignisse, kurz: sie übertrieben in beiden Richtungen. Diesen Werken ist nicht zu trauen. Da aber eben von bayerischer Seite das Gegengewicht abgeht, läßt sich nicht sagen, ob Liutbirc, die Gattin Tassilos III., wirklich so eine Furie war, für die sie die Reichsannalen ausgeben: ein Typ von Brunhilde, nach schon bewährten frauenfeindlichen Mustern gestaltet.

Eine eigene bayerische Geschichtsschreibung fehlt bis ins 8. Jahrhundert, und danach scheinen die karolingischen Eroberer die wenigen Stücke konfisziert und wohl vernichtet zu haben. So soll es eine Lebensbeschreibung des letzten Agilolfingerherzogs, Tassilos III., aus zeitgenössischer Feder geben, aber das ist alles, was wir wissen.

Die historischen Quellen hielten gewöhnlich überhaupt nur fest, was der König und die Großen taten: die Haupt- und Staatsaktionen. Das ist so, als ob die heutigen Zeitungen nur den ersten Teil enthielten: es fehlen Lokalnachrichten, Börsenkurse, vom Sport ist nirgends die Rede, und das Lebensbunte des „Vermischten" geht uns wirklich schwer ab. Nur die ganz großen Katastrophen fanden damals in die Berichterstattung Eingang, in dürren Worten beschrieben: Hungersnöte, Seuchen und Kriege.

Lediglich vor der politischen Bühne hebt sich also der Vorhang ein wenig. Was aber dort gespielt wird, bleibt uns manchmal unverständlich, wir kennen die Absichten und Pläne der Akteure und der Regisseure nicht. Intrigen scheuen das helle Licht. Abmachungen werden mündlich getroffen und klugerweise nicht schriftlich festgehalten; schon gar nicht zu Zeiten, wo das Schreiben ohnehin nur Sache einer Minderheit war.

Besonders dunkel aber ist unser Wissen über die Geschichte des frühen Bayern. Sähe es besser mit der Überlieferung aus, gäbe es nicht die langedauernden und wohl nie endenden Diskussionen unter den Historikern. Denn die wenigen Quellen lassen sich unterschiedlich interpretieren, lassen sich verschieden zusammensetzen und dann wieder anders erörtern.

Wundersame Wissensvermehrung tritt so in manchen Werken auf: aus einer Hypothese erwächst eine These. Diese wird dann als Faktum genommen und damit die nächste Hypothese gebaut. Große und prächtige Gebäude werden aus solchen Luftziegeln kühn aufgeschlichtet, bis einer der Fundamentsteine gezogen wird.

Eine historische Darstellung dieser Zeit läßt sich ohne Hypothesen und Vergleiche nicht gestalten; dessen muß man sich bewußt bleiben. Einzelne Informationen müssen verknüpft, in eine lineare Reihe, in den Ablauf der Geschichte gebracht werden. Das ist eine Arbeit wie bei einem Puzzle, wo die verschiedenen Steine zu einem Bild zusammengesetzt werden müssen. Das Vertrackte an unserem Spiel aber liegt darin, daß sich mit unseren Steinen unterschiedliche Bilder gestalten lassen – und daß etliche Steine fehlen.

Es läßt sich keine exakte Abbildung des frühen Bayern – wie auf einer Fotographie – wiedergeben. Doch dem prüfenden Blick tun sich viele Einzelheiten auf, die Steinchen lassen sich zusammensetzen – das Bild freilich läßt sich unterschiedlich interpretieren. Das beste Beispiel dafür liefert die Frage nach der Herkunft des Stammes.

Name, Herkunft und die Stammesbildung der Baiern

Die allerersten Anfänge liegen völlig im Dunkel. Erst nachdem sich der Stamm gebildet hatte, sprechen einzelne Quellen von den Baiern. Jordanes, ein Bischof gotischer Abstammung, der im 6. Jahrhundert in Konstantinopel lebte, erwähnt sie eher noch nebenbei. In seiner Gotengeschichte beschrieb er eine kriegerische Auseinandersetzung zwischen Goten und Sueben und lokalisierte sie durch Nennung der angrenzenden Stämme:

Das Land der Sueben hat im Osten die Baiern, im Westen die Franken, im Süden die Burgunden, im Norden die Thüringer benachbart. Den Sueben waren damals verbündet und benachbart auch die Alemannen, welche selber die hochaufgerichteten Alpen überall beherrschen, von wo nicht wenige Flüsse in die Donau einfließen.

Die Baiern sitzen also Mitte des 6. Jahrhunderts östlich der Alemannen, deren Territorium bis in die Alpen reichte.

Nun macht es uns allerdings Jordanes nicht so einfach, als daß wir sagen dürften: mit 551 haben wir den definitiven und sicheren Anhaltspunkt für die Existenz des Stammes; mithin die Begründung für eine Jubiläumsfeier im Jahr 2001. Derartige fixe Daten sind ja überaus beliebt, um an ihnen Feierlichkeiten hochranken zu lassen. Doch – wie meistens in der mittelalterlichen und besonders der frühmittelalterlichen Geschichte – so sicher, wie die Jahreszahlen anmuten, sind sie nicht.

Die Ereignisse nämlich, über die Jordanes berichtete, lagen zu seiner Zeit schon weit zurück. Darum wußte er auch nicht aus eigener Erfahrung oder Anschauung davon. Sein Wissen bezog er zum großen Teil aus einem Werk Cassiodors, der ein Vierteljahrhundert vor Jordanes schrieb. Freilich ist man sich in der Forschung jetzt weitgehend einig, daß zwar Jordanes eine längst vergangene Schlacht beschrieb, sie aber in die geographisch-politischen Verhältnisse des 6. Jahrhunderts einbettete.

Damit wären wir doch wieder in die Mitte des 6. Jahrhunderts gelangt. Nun lehnte sich aber Jordanes, wie Sprachuntersuchungen belegen, in diesen Passagen stark an seinen Vorgänger Cassiodor an. Für uns bedeutet das einen doppelten Gewinn, denn zum einen ist dies Werk Cassiodors verloren gegangen. Zum anderen gehen wir – und das wird für den weiteren Gang der Ereignisse noch wichtig – einen Zeitschritt wieder zurück, nämlich in die Zeit, in der Cassiodor schrieb, in die zwanziger

Jahre des 6. Jahrhunderts. Damit wären der Stamm und sein Siedlungsraum um 520 in die Geschichte eingetreten.

Jordanes freilich bleibt nicht die einzige Quelle. Die zweite Nachricht stammt von Venantius Fortunatus zum Jahre 565. Venantius lebte in der zweiten Hälfte des 6. Jahrhunderts in Oberitalien. Im Jahr 565 unternahm er eine Wallfahrt von Ravenna nach Tours zum Grabe des hl. Martin. Derartige Wallfahrten scheinen damals nicht ungewöhnlich; Reiselust gab es zu allen Zeiten. Die heiligen Stätten der Christenheit, die Gräber besonderer Heiliger zogen eifrige Gläubige von weither an. Venantius Fortunatus kam ans Ziel seiner frommen Wünsche und blieb danach im Frankenreich. Dort machte er Karriere und wurde später selbst Bischof. Seinen schriftstellerischen Ambitionen, von ihm stammt das ins römische Brevier eingegangene „Pange lingua“, verdanken wir die Schilderung seiner Pilgerreise: Auf dem Weg nach Tours überquerte er die Drau in Norikum, den Inn im Lande der Breonen, den Lech in Bayern, in Alemannien die Donau. Auch den Rückweg hat er beschrieben:

Wenn dir das Überschreiten der Flüsse, an denen die Barbaren wohnen, gestattet wird, so daß du friedlich den Rhein und die Donau überschreiten kannst, gelangst du nach Augsburg, wo Wertach und Lech fließen, dort wirst du die Gebeine der heiligen Märtyrerin Afra verehren. Ist die Straße frei und tritt dir nicht der Baier entgegen, wo als Nachbarn die Breonen sitzen, ziehst du über die Alpen, dort eintretend wo der Inn sich in wilden Strudeln dahinwälzt.

Zwei zeitgenössische Autoren belegen die Baiern, erwähnen sie ganz selbstverständlich. Um 550 saßen demnach die Baiern schon dort, wo sie seitdem geblieben sind.

Eine Grenze zog der Lech, die gegenüber den Alemannen. Im Gebirge saßen die Breonen. Offen bleibt, wie weit sich damals Bayern nach Norden und Osten erstreckte. Jordanes spricht zwar von den Thüringern im Norden, aber er bezog sie räumlich auf die Sueben, die weiter westlich saßen. So fragt sich, ob die Thüringer so weit östlich ausgriffen, daß sie die nördlichen Nachbarn der Alemannen und auch der Baiern werden konnten. So ergeben diese historischen Nachrichten auch ein geographisches Puzzle.

Da stehen sie nun: Die Baiern. Um 550 ganz sicher bezeugt. Aber was war vorher? Wo kamen sie her?

Wo kommen die Baiern her?

Man ging lange vom Namen aus und suchte die historischen Landkarten ab. Ziel der Mühen war es, ein Land namens Baia zu finden, denn das Suffix „-varii" der Baiuvarii wurde immer als „Männer aus" interpretiert. Wo lag aber das Land Baia, aus dem diese Männer kamen?

Bleibt man im historischen Bereich und sucht andere Quellen nach diesen Nennungen durch, findet sich beim Geographen von Ravenna, der um 680 schrieb, ein Land Baias erwähnt. Verbindet man das noch mit einem Eintrag im Lehrbuch des Ptolemäus über das Erdkartenzeichnen, erschienen die Baiern bereits um 150 nach Christus, existierte doch damals schon ein Land Baianoi.

Leider sind die zu beiden Werken gehörenden Landkarten verloren gegangen. Wir haben nur noch den Kommentar, knappe Erläuterungen zu den Karten. Ohne diese aber irrten die Zeigefinger der späteren Forscher auf der Suche nach dem Lande Baia recht ratlos durch die Atlanten. Unermüdlicher Forschergeist fand dieses Land dann an der Elbmündung bei Hamburg, aber auch am Schwarzen Meer oder in Nordböhmen, Nordungarn, Südungarn, am Fuße der Weißen und Kleinen Karpaten. Insgesamt gibt es fast ein Dutzend verschiedener Lokalisierungen – kein Wunder, daß der ironische Bruno Krusch die Bayern schließlich vom Mond kommen ließ.

Diese Kombinationen lenkten offensichtlich in die Sackgasse. So griffen manche Forscher wieder auf ältere Thesen zurück, um sie – umsatzsteigernd – als ganz neu auszugeben. Denn wenn es kein Land Baias gab, dann konnte es doch auch ein Volk sein, das diesen Namen trug. Vielleicht ließ sich das eher finden?

Bereits um 650 hatte Jonas, späterer Abt des Klosters Bobbio in Piemont, von „Boias" gesprochen, die jetzt „Baioarii" genannt würden. Die Humanisten der Renaissance, als erster Aeneas Silvio Piccolomini, der spätere Papst Pius II., griffen diese These wieder auf. Er formulierte um 1450: *Bawaria, man sagt auch Bajoario. Man vermutet, daß die Baiern selbst von den Bojern ihren Ursprung herleiten.*

Damit sind wir historisch präziser und näher bei den Kelten, denn die Boier werden für einen keltischen Teilstamm gehalten. Diese Anschauung hat auch Johannes Turmair, mit seinem Gelehrtennamen Aventinus, nach seiner Heimatstadt Abensberg, in seine baierische Chronik übernommen.

Das ist die Boiertheorie: Man nahm an, die keltischen Boier seien von den Römern überrannt worden, aber irgend etwas blieb noch – und seien es einige Ortsnamen, wie Boiodurum, das spätere Beiderwies in Passau. Über einige sprachliche Umwege ließ sich das dann auf keltische Wurzeln zurückführen. Die Theorie stützt sich seit Piccolomini vorwiegend auf sprachliche Herleitungen. Diese aber wiederum sind weniger exakt – als mehr auf das benötigte Ergebnis hinkonstruiert. Und gleich vorweg gesagt, die Archäologie stützt diese These nicht.

Seit 1730 gibt es als Variante die Markomannentheorie. Kaspar Zeuß hat sie 1837 untermauert. Seitdem wurde sie, mit gelegentlichen Veränderungen, vorgetragen. Zeuß hielt die Bajuwaren für Leute aus dem Lande Baja, ging also auch seinerseits vom Namen aus. Dieses Baja-land wiederum erklärte er für eine Abkürzung des römischen Bojohemum, also Böhmen, ließ darum die Baiern aus Böhmen kommen. Dort aber siedelten zur fraglichen Zeit die Markomannen, ergo seien die Baiern ausgewanderte Markomannen. Auch die Geschichtsquellen widersprachen dem nicht. Mit Ende des 5. Jahrhunderts verschwinden die Markomannen aus der Geschichte, und ungefähr hundert Jahre später erscheinen die Bajuwaren.

Zeuß drückte das so aus: *Seit der Name der Markomannen erlischt, erscheint das Volk von Beheim, wie wenn es seines Namens beraubt nach einem neuen suchte, zuerst unter dem großen Namen der Thüringer, dann der Franken, bis es mit einem neuen Einzelnamen, der an das alte Vaterland erinnert ... vor seinem ehemaligen Grenzwalde steht, in einem Raume ausgedehnt, der zeigt, daß es von einem zahlreichen Geschlechte stammt.*

Aber es führen auch hier keine Spuren zu den Bajuwaren, weder schriftliche, noch archäologische.

Die Namensableitungen führten im Kreise herum. Die Historiker mußten eingestehen, daß aus den Quellen keine weiteren Informationen zu gewinnen sind. Darum wurde es zunehmend aufgegeben, hinter dem Namen ein Land oder ein Abstammungsvolk zu sehen. Früher dachte man, zumindest der zweite Namensbestandteil stünde sicher fest. Doch auch das wurde in Zweifel gezogen. Das „varii" im Wort Baiuvarii braucht nicht „Leute aus einem Land" zu bezeichnen, sondern kann auch Leute meinen, die sich um ein Zentrum, ein Kultheiligtum angesiedelt hatten. Natürlich ist dann auch dieser Zentralort gesucht und über zu kühne Spekulation in Salzburg gesehen worden.

Schon die Markomannentheorie verwies auf Böhmen, und legt man wiederum sprachliche Ableitungen zugrunde: könnten die Männer von dort, aus Boiohaemum, gekommen sein. Freilich geht dann sprachlich der Wechsel vom o zum bayerischen a nicht sauber auf.

Hilft die Archäologie uns weiter?

Vom Namen können wir also nicht mehr primär ausgehen. Alle Diskussionen haben sich erschöpft. Wir müssen neue Anhaltspunkte finden.

Während die schriftlichen Quellen bis zum Ende ihrer Möglichkeiten interpretiert wurden, erbringt die Archäologie immer neue Erkenntnisse. In den letzten Jahren hat eine Fülle von Ausgrabungen in unserem Raum auch Antworten auf unsere Fragen erbracht. Die Ausgrabungen in Passau-Niedernburg zeigten unter den mittelalterlichen Schichten Teile des spätrömischen Legionslagers. Die großen Friedhöfe bei Augsburg, Altenerding und Ausgrabungen in Regensburg werfen neues Licht auf die Herkunftsfrage.

Die Veränderungen innerhalb des Bevölkerungsgefüges spiegeln sich im archäologischen Material, in den Gegenständen, die nach langer Zeit wieder ans Tageslicht gehoben werden. In Regensburg etwa hat man eine Keramik vom Ende des 4. Jahrhunderts gefunden, die sich von der römischen dadurch unterscheidet, daß sie frei mit der Hand gedreht wurde. Das bedeutet gegenüber der auf der Töpferscheibe verfertigten römischen Ware einen Rückschritt. Mittlerweile wurden derartige Stücke germanischer Fertigung auch in Friedenhain bei Straubing, in Eining, Weltenburg, Straubing selbst und in Passau ausgegraben, sonst aber nur außerhalb des römischen Reiches.

Da läge nun der Schluß nahe, unter der Hand hätte sich eine Bevölkerungsverschiebung ins Germanische hin vollzogen, der Übergang sei still und allmählich vonstatten gegangen. Doch so gesichert ist das alles freilich noch nicht.

Zunächst muß einschränkend gesagt werden, daß all diese germanischen Stämme eine sehr verwandte Kultur aufwiesen. Allein nach archäologischen Funden lassen sich die Stämme nicht sauber trennen, nicht klar genug etwa die Alemannen von den Baiern unterscheiden. Auch die Archäologie braucht Anhaltspunkte aus den schriftlichen Quellen, um das Siedlungsgebiet eines Stammes zu einer bestimmten Zeit zu erfahren. Dadurch liegt die Gefahr eines Zirkelschlusses nahe. Weil zufällig eine Quelle von Alemannen in einem bestimmten Raum spricht, wird das dortige Fundgut dann als alemannisch angesehen. Nach diesen „sicheren" Mustern lassen sich Vergleiche mit anderen Funden vornehmen ... So erwachsen gelegentlich aus wenigen Scherben weitreichende Schlüsse.

Auch die Archäologen kommen nicht am Namen vorbei, suchen Interpretationen dafür. Das hieße aber, daß auch sie einen Zuzug aus Böhmen annehmen – und aufdecken müssen. Aus Böhmen zieht wohl die Bevölkerung Mitte des 6. Jahrhunderts ab, doch ist nicht sicher, ob sie den Weg nach Bayern wählte. Eher marschierte wohl deren überwiegender Teil mit den Langobarden nach Italien.

Archäologisch jedenfalls ist keine direkte Linie zwischen Böhmen und Baiern zu ziehen. Zwar scheint es Ähnlichkeiten im Fundgut zu geben, aber das läßt sich nach dem obigen Modell erklären, daß eben germanische Stämme ähnliche Keramik aufwiesen.

Nun brechen aber in Böhmen die Bestattungen ab – und in Bayern setzen in der Mitte des 6. Jahrhunderts Reihengräber ein. Ist das böhmischer Einfluß, oder rührt die Änderung aus dem Wechsel des Kulturkreises her? Nahmen die Neuansässigen die vorgefundenen Bestattungsformen an?

Die großen Friedhöfe, die Ausgrabungen in den alten Römerorten werden nun die wichtigsten Quellen. Denn darin zeichnet sich ab, daß die Bevölkerung nicht erst im 6. Jahrhundert germanisch wurde, die Germanen überhaupt erst „einwanderten", sondern daß sich ein allmählicher Übergang seit dem 4. Jahrhundert vollzog. Germanische Stämme siedelten in der Nähe der Römerlager an der Donaugrenze, von den Römern offensichtlich toleriert. Auch Bestattungen innerhalb der römischen Grenzen, innerhalb des Limes und der Donaugrenze, erweisen in den Beigaben germanische Formen. Es scheint demnach schon früher zu einem Nebeneinander gekommen zu sein, aus dem dann später offensichtlich das Miteinander wurde – nach einer Zeit des Durcheinander.

Die Ereignisse in unserer Gegend vor der Wende vom 5. zum 6. Jahrhundert scheinen chaotisch. Wir haben für diesen Zeitraum in Eugippius einen Kronzeugen. In seiner Lebensbeschreibung des hl. Severin, nach dem Rückzug aus den Donaugebieten um 511 in Italien verfaßt, berichtet er über die Jahre von 453 bis 488: Über die Zeit vom Tode Attilas, bis zum Befehl Odoakars an die Romanen, die Provinz Noricum zu räumen. Die wuchtigen Angriffe der Alemannen von Westen her drängten die Besatzungen der römischen Kastelle und mit ihnen die Zivilbevölkerung immer weiter donauabwärts in die Flucht. Quintanis-Künzing wurde geräumt, danach Batavis-Passau aufgegeben und nach Lauriacum-Lorch ausgewichen. In Lorch griffen die Rugier von Norden an. Passau hatten zuerst die Alemannen, dann die Thüringer überfallen. Der Bericht der Vita Severini läßt die Schrecken noch ahnen.

In dieser Zeit des ausgehenden 5. Jahrhunderts erscheinen die Alemannen als starke Macht, die den östlichen Raum noch beherrschten. Doch trotz dieser Schrecken, dieser anarchischen Zustände, schon allein, daß in Passau trotz des Räumungsbefehles noch Leute zurückblieben, zeigt doch, daß wohl nur die Oberschicht, das „offizielle“ Rom, nach Italien zurückwich, die kleinen Leute hofften, irgendwie über die Runden zu kommen. Und tatsächlich ging das Leben weiter, wie archäologische Ergebnisse beweisen.

Die Machthaber hatten sich abgesetzt, die Germanenstämme waren mehr auf Beute als auf die Bildung einer neuen Herrschaft aus, fielen ein, plünderten und verschwanden wieder. Für ein Menschenalter – und das war mit durchschnittlich 30 Jahren kurz genug – herrschten hier unsichere Zeiten.

Der Bericht der Vita Severini ist lange Zeit in der Forschung wörtlich geglaubt worden und daraus erwuchs die sogenannte „Katastrophentheorie“: Alle Römer hätten das Land verlassen, nach den Überfällen blieb nur „verbrannte Erde“ menschenleer und verwüstet zurück. Die neuere Forschung hat das düstere Bild etwas aufgehellt. Die dunklen Farben stammten aus der Vorstellungswelt des Vitenschreibers, der sich ein Leben nach dem Abzug Roms nicht mehr recht vorstellen konnte. Das persönliche Erlebnis wirkte sich im Kolorit aus. Zudem erwies die Archäologie Siedlungs- und Bevölkerungskontinuität über diese schwierigen Zeiten hin.

Die politische Großwetterlage

Auch in den Jahren um 500 wohnten noch Menschen in den alten römischen Provinzen, ertrugen die chaotischen Zustände. Doch die politische Lage änderte sich allmählich, die damaligen Großmächte griffen ein.

Wir dürfen darum den Blick weder auf Bayern selbst konzentrieren, noch dürfen wir ihn auf das direkte, quasi nachbarliche Umfeld einengen. Die kommenden Ereignisse blieben unverständlich, bezögen wir nicht die politische Großlage mit ein.

Das römische Großreich war zerfallen – aber nicht tot. Zwecks Verwaltungsvereinfachung und militärischer Sicherung war das Reich bereits im 4. Jahrhundert zweigeteilt worden. Der Westen wurde von Italien aus regiert. Der Westgotenkönig Odoakar hatte 476 lediglich den weströmischen Kaiser Romulus Augustulus abgesetzt. Im Westen gab es demnach keinen Kaiser mehr, doch ein Kaiser saß noch immer in Konstantinopel, das erst seit der türkischen Eroberung 1453 Istanbul heißt.

Mit Odoakars Eroberung zerfiel das Imperium im Westen zwar politisch real, aber die Idee des Imperiums lebte weiter. Schließlich verstand sich der Kaiser im Osten weiterhin als Beherrscher des römischen Reiches in der alten, früheren Größe. Wegen der politischen und militärischen Machtverhältnisse konnte er seine Ansprüche nur äußern, doch bei geeigneter Gelegenheit durchaus versuchen, den früheren Zustand wieder herzustellen. Das Imperium, das alte römische Weltreich, beherrschte noch immer die Vorstellungswelt. Mit der Idee des überwölbenden Imperiums wuchsen die Leute auf, dachten noch in dessen Rahmen.

Auch Theoderich, der Gotenkönig, der Dietrich von Bern der Sage, machte keine Ausnahme. Er gliederte sich in das bestehende Herrschaftssystem ein, unterstellte sich Byzanz. Von dort empfing er seinen Titel. So kam es, daß ein germanischer König in seinem Königreich zugleich auch den römischen Kaiser vertrat. Diese doppelte Funktion müssen wir im folgenden im Auge behalten.

In Italien also hatte sich der Wechsel der Herrschaft vollzogen. Statt eines römischen Präfekten herrschte dort ein ostgotischer König. Der Papst in Rom, damals nicht viel mehr als der Bischof der Stadt, stand immer noch unter der Kirchenhoheit des byzantinischen Kaisers, empfand sich als dessen „Beamter", wie er es früher gewesen war. Noch spielte der Bischof von Rom keine besondere politische Rolle im Westen.

Dort bildete sich allmählich ein weiterer politischer Faktor heraus: die Franken. Aus einigen Kleinstämmen unter Kleinkönigen schmiedeten kraftvolle Herrscher durch List, militärische Gewalt, mit brutalem Mord, aber auch mit realpolitischem Gespür einen einheitlichen Stamm. Zunächst vom Norden, von den Gebieten an der Rheinmündung, wo die Salfranken saßen, und dann vom Rheingebiet um Köln, Sitz der Rheinfranken, setzte die Expansion ein. Die alten römischen Provinzen in Gallien fielen in fränkische Hände. Die Herrschaft wurde schrittweise nach Süden ausgedehnt, übriggebliebene römische Enklaven und Herrschaftsgebiete unterworfen und eingegliedert. Schließlich reichte gegen Mitte des 6. Jahrhunderts die fränkische Herrschaft vom Ärmelkanal bis zu den Pyrenäen – mit einigen Ausnahmen. Die Bretonen konnten sich behaupten, und zunächst blieb den Franken wegen ostgotischer Interventionen der Zugang zum Mittelmeer versperrt.

Die erste Stoßrichtung zielte also nach Süden, in Richtung Mittelmeer. Als das fränkische Großreich dort an seine Grenzen stieß, richtete sich der Blick über den Rhein hinaus nach Osten, wo seit langem ein Machtgegensatz zwischen den Alemannen und den Franken bestand. Die Rivalität führte zu mehreren blutigen Gefechten, in denen um 500 die Alemannen geschlagen wurden. Vor dem fränkischen Druck flüchteten sie sich zum Teil ins Ostgotenreich. Der Stamm wurde nicht ausgerottet, doch bedeutungslos – nicht ohne freilich vorher noch einen Teil bayerischer Geschichte mitgeprägt zu haben. Alemannische Mitwirkung bei der Stammesbildung läßt sich aus dem archäologischen Fundgut ablesen.

Theoderich nahm die Reste des Stammes vor den Franken in Schutz. Ganz in römischer Tradition sah er den alten Limes als Grenze an; und die Franken haben das zunächst akzeptiert. Weiter im Osten hatten die Langobarden die Heruler besiegt und beherrschten ein Gebiet von Südböhmen bis an die Donau. Die im Norden sitzenden Thüringer sind uns schon beim Überfall auf Passau begegnet.

So läßt sich eine recht grob gegliederte Landkarte für die ersten Jahrzehnte des 6. Jahrhunderts zeichnen. Im Westen sitzen die Franken. Nach der Unterwerfung der Alemannen und der Thüringer reicht ihr Einfluß weit nach Osten. In den Alpen beginnt die ostgotische Herrschaft, und weiter im Osten sitzen die verwandten germanischen Langobarden. Weit weg, aber politisch, militärisch aktiv und auf Rückgewinnung verlorenen italischen Bodens bedacht, thronte der Kaiser in Byzanz.

Ihre Expansion ließ die Franken im Süden Galliens mit den Ostgoten aneinandergeraten und sogar schon jenseits der Alpen, in Oberitalien, denn dorthin hatten Frankenscharen Vorstöße unternommen. Die Ostgoten sahen sich so von Nordwesten durch die Franken und in Italien selber durch Ostrom bedrängt. Entstand ein Bündnis zwischen den beiden Großmächten, saßen die Ostgoten zwischen den Fronten.

Von daher gesehen stand es nur zu sehr in deren Interesse, selber nach Verbündeten Ausschau zu halten. Aus Furcht vor der fränkischen Ostexpansion taten sich darum die Thüringer und die Ostgoten zunächst zusammen. Zwischen den beiden Ländern lag aber nun ein herrschaftsloses Gebiet, das spätere Bayern. Theoderich, der Ostgotenkönig, und der Thüringerkönig Herminafried müssen beschlossen haben, dieses Machtvakuum rechtzeitig zu füllen, ehe das die Franken unternahmen. Denn sie hätten einen Keil dazwischen treiben können. In der Mitte zwischen den beiden Machtblöcken befanden sich die alten römischen Provinzen Noricum und Rätien, aus denen, wie wir wissen, 488 die römische Oberschicht abgezogen, damit die Verwaltung zusammengebrochen war. Das Land war zum Plündern freigegeben, es fehlte zunächst eine übergreifende und organisierte militärische Macht.

Das dortige Chaos scheint sich in den neunziger Jahren des 5. Jahrhunderts wieder gelegt zu haben. Die dominierenden Alemannen gerieten unter fränkischen Druck, wurden durch ihre Niederlagen geschwächt. Auch das Thüringerreich scheint an den anderen Grenzen mehr beschäftigt gewesen zu sein und ließ die südlichen Nachbarn in Frieden. Theoderich schließlich betrachtete diese Gebiete noch immer als Teil des

Reiches und erhob Anspruch auf sie. Das zeigt ein Auszug aus seiner Speisekarte, in propagandistischer Absicht mitgeteilt: Auf ihr finden sich Delikatessen aus seinem Herrschaftsgebiet aufgeführt, der Rheinlachs steht darauf und auch der Donaukarpfen. Das Fischereirecht drückte eben ganz geschickt auch das der Herrschaft über das Gebiet aus, in dem die Flüsse lagen. Theoderich scheint sie auch durchgesetzt zu haben, gotische Fundstücke bei Ausgrabungen zeigen die Verbindungen. Das hieße nun aber, daß unser Raum um 500 unter ostgotischer Herrschaft stand und sich unter diesem Schutz wieder konsolidieren konnte.

Wegen der oben schon erwähnten Absicherung gegen die Franken entstand das ostgotisch-thüringische Bündnis. Diesem war kein langes Leben beschieden. Die Thüringer fielen als nächste dem fränkischen Ausgreifen, deren Großmachtpolitik zum Opfer. Sie wurden in mehreren Feldzügen geschlagen, in den dreißiger Jahren des 6. Jahrhunderts an die Franken tributpflichtig. Der Thüringerkönig Herminafried fiel bei einem Staatsbesuch im Frankenreich einem politischen Mordanschlag zum Opfer. Im Auftrag seines Gastgebers wurde er bei deren Besichtigung von der Zülpicher Stadtmauer gestoßen.

Nach dem Tode Theoderichs nach 526 zerfiel auch das Ostgotenreich in Italien. Kaiser Justinian schickte seine Feldherren Belisar und Narses in den Jahren 535–553 gegen die Goten.

Bayern scheint von der relativen Stabilität um die Jahrhundertwende profitiert zu haben, als Theoderich noch ausgreifende Außenpolitik betreiben konnte und die Thüringer noch nicht von den Franken geschwächt worden waren.

Dieses raumübergreifende Bündnis dürfte im Interesse der im Lande Verbliebenen gewesen sein, die ja dringend Schutz vor den plündernden Banden ihrer germanischen Verwandten brauchten. Bis dahin werden sie sich durch lokale Zusammenschlüsse, wie sie Eugippius in der Severinsvita schilderte, zu helfen gesucht haben. Alle, die da waren, mußten sich zusammentun; nur gegenseitige Hilfe sicherte das Überleben.

Es muß ein germanisches Idiom gegeben haben, das so verwandt war, daß eine Verständigung untereinander möglich war – ohne diese sprachliche Brücke hätte es später keine so rasche Einung geben können.

Die Stammesbildung

In dieser Übergangsphase, den Jahren zwischen 488 und 526, vollzieht sich nun die Stammesbildung. Dabei leistete Theoderich Geburtshilfe, doch die entscheidenden Vorgänge liegen bereits vor seiner Zeit. Modellhaft lassen sich die besser erhellten Vorgänge der fränkischen Landnahme einbeziehen. Die Franken, wie die Bayern, vollzogen ja ihre Stammesbildung auf dem Boden alter römischer Provinzen.

Die Römer kämpften in der Spätantike schon lange nicht mehr allein mit Truppen, die in Italien ausgehoben worden waren. Zunehmend überließen sie die Grenzverteidigung im Norden angeworbenen germanischen Hilfstruppen, den Foederaten. Die germanischen Stämme, die außerhalb des römischen Reichs saßen, grob gesagt nördlich der Donau und östlich des Rheins, sickerten schon in der späten Antike ins Reichsgebiet ein, suchten sich dort Platz zum Siedeln. Den fanden sie auch, weil die dort Ansässigen wegen der dauernden Einfälle weggezogen waren. Ackerland war zudem aufgegeben worden, weil das Klima sich verschlechtert hatte.

Die römische Verwaltung nahm dieses Einsickern schließlich hin, suchte sogar einen Vorteil daraus zu ziehen. Sie nahm Germanenstämme in römischen Sold. Das bot den einen vermehrt Schutz und den Germanen eine bessere Einnahmequelle als die Überfälle. Seit das römische Verteidigungssystem verbessert und ausgebaut wurde, stießen die Plünderungszüge auf erbitterte Gegenwehr. Die germanischen Truppen verteidigten schließlich eigenständig unter ihren Befehlshabern, aber unter römischem Oberkommando, die Reichsgrenzen, gerade auch gegen ihre eigenen Stammesbrüder. Weil aber immer wieder römische Truppen nach Italien abgezogen wurden, um dort bei den Auseinandersetzungen um die Macht im Staate einzugreifen, nahm das Gewicht der germanischen Foederaten zu. Die Merowingerkönige begannen ihren Aufstieg als römische Sprengelkommandanten.

So liegt es nahe, dieses Modell auch für den Herrschaftsübergang in unserem Raume zu verwenden. Die Kontingente der germanischen Foederaten zogen wohl nicht nach Italien ab, sondern blieben im Lande. Römische Kommandogewalt fehlte, das begünstigte die lokale Machtübernahme. Nun haben Archäologen versucht, mit Verweis auf einige Keramikfunde, die beiden Forschungsmeinungen, nämlich die der Stammesbildung im Lande selbst und die der Einwanderung, zu verbinden. Die These steht – im wahrsten Sinne des Wortes – auf zerbrechlichen tönernen Beinen.

Die in Regensburg gefundene Keramik ist offensichtlich vom 4. bis zum 6. Jahrhundert durchgängig hergestellt worden, zur Zeit der Römer und auch nachdem sie abgezogen waren. Anhand der Funde derartiger Keramik im Donaugebiet bis hin zu Regensburg, aber auch in Böhmen, meinten die Bearbeiter des archäologischen Materials, daß auch in Regensburg zunächst germanische Söldner stationiert waren, die dann nach dem „Versickern" der römischen Staatsmacht das Kommando selbst übernahmen. Ihre Spuren und die des weiteren Zuzugs führen über die alte Straße von Böhmen her. Das langsame Eindringen, eine Landnahme über einen längeren Zeitraum hin, und schließlich die Verbindungen zu Böhmen ließen sich aus den Funden ablesen.

Keramik der Bajuwarenzeit. Irdenware auf der Töpferscheibe hergestellt. Gefunden im Gräberfeld Straubing-Bajuwarenstraße.

Mit gutem Gespür hätten die früheren und die späteren Ankömmlinge die zentrale Lage der Stadt und die erhaltenen römischen Grenzbefestigungen genutzt. Regensburg hätte demnach eine Schlüsselrolle bei der baiuwarischen Übernahme der Macht eingenommen. Thomas Fischer, der in Regensburg gegraben hat, formuliert das so: *Die zahlreichen Siedlungsfunde innerhalb der römischen Befestigung aus der Völkerwanderungszeit lassen die begründete Vermutung zu, daß sich mit der Übernahme Regensburgs ... auch die politische Führungsschicht hier festsetzt.*

Das würde dann auch erklären, warum Regensburg die erste Hauptstadt Bayerns geworden ist. Die Römer hatten so solide gemauert, daß selbst die Stürme der Völkerwanderungszeit die Mauern nicht umwarfen. Die Befestigungen konnten der Stadt und ihren Bewohnern Sicherheit bieten. Das mußte gerade am Anfang der neuen Herrscherschicht ganz willkommen sein, solange ihre Macht noch nicht gefestigt war.

Fügt man diese ganzen Elemente zu einem Bild zusammen, nimmt man dazu die Thesen der neueren Literatur, dann siedelte bereits zur Römerzeit im späteren bayerischen Raum eine germanische Bevölkerung. Diese dürfte teilweise von früher her schon ansässig gewesen sein, teilweise auf Streifzügen sitzen geblieben sein, sich auch manchmal über die Grenze geschlichen haben. Dazu kamen die germanischen Foederatentruppen, wohl auch mit ihren Familien.

Sie nahmen kein menschenleeres Land in Besitz. Auch nach dem Abzug des offiziellen Roms wohnten noch Lateiner hier. Orts- und Personennamen sprechen für ihr Verbleiben, auch archäologische Spuren. Gerade dieses römische Element bei der Stammesbildung dürfte die späteren Beziehungen über die Alpen erleichtert haben.

Das Machtvakuum nach 488 füllten zunächst wohl lokale Herrschafts-, zunächst eher noch Verteidigungsverbände. Die Herrschaftsübernahme des Raumes durch Theoderich bot nun die gewünschte Stabilität, muß aber auch eine politische Ordnung bedingt haben. Beides führte zur Sicherheit im Lande. Das läßt sich archäologisch daran ablesen, daß die befestigten Orte verlassen und in ihrer Nähe unbefestigte dörfliche Siedlungen angelegt wurden. Dieser friedliche Fleck zog nun weitere germanische Völkerschaften oder zumindest Stammessplitter an. Alemannen mischten sich darunter, Heruler, Rugier, Langobarden. Diese dominierten zusammen mit den Thüringern im 4. und 5. Jahrhundert den böhmischen Kessel. Dann zogen sie weiter nach Südosten, siedelten in der ehemaligen römischen Provinz Pannonien, um das Donauknie. Damit waren sie, bis zu ihrem Abzug nach Italien 568, die östlichen Nachbarn geworden. Damit aber wurden auch die Langobarden in die Stammesbildung einbezogen, sie haben, zumindest in Niederösterreich, deutliche Spuren hinterlassen.

Demnach sind die frühen Baiern „kein einheitliches Ethnikum gewesen". Unter den ganzen Stämmen, die in den Quellen über das Ende der Römerzeit genannt sind, taucht kein Stamm der Bajuwaren auf. Wir haben die Rugier, Heruler, Langobarden und wie sie alle hießen ja schon genannt. „Der Name muß demnach am ehesten von einem Territorium herkommen – und da weisen alle Spuren nach Böhmen. Mit den Männern aus diesem Land ist etwas Neues gekommen", wie Kurt Reindel formuliert. Es ist nun tatsächlich auffällig, daß trotz des bunten Konglomerats von Völkerschaften in unserem Raum, die Männer aus Böhmen namensgebend wurden. Vielleicht gerade deswegen, weil sie als einheitliche größere

Gruppe herausstachen. Vielleicht auch deswegen, weil sie von ihren Machtzentren, dem Raum um Regensburg und Straubing, ihre Herrschaft weiter nach Süden ausdehnen konnten. Möglicherweise spielte eine Rolle, daß sie an der Nahtstelle zu Thüringen saßen und ihnen darum auch im gotisch – thüringischen Bündnis eine bedeutende Rolle als eine Art „Dominostein" zukam.

Die Bajuwaren erscheinen Mitte des 6. Jahrhunderts in unserem Raum. Nicht wie sie sich selbst zunächst nannten, erfahren wir aus den Quellen, sondern wie sie von den anderen bezeichnet wurden. Ihr Name erscheint zum erstenmal, als sie mit den Franken aneinandergeraten. Diese hatten ihre Herrschaft immer weiter ausgedehnt. Nach dem Tode Theoderichs zerfiel die gotische Herrschaft. Der Druck von außen verhalf zum Selbstbewußtsein, zu einer Einheit, die von den anderen registriert wurde. Seit dem 6. Jahrhundert siedelt der Stamm im Lande – das nach dem Stamm den Namen erhielt: Bawaria.

Bayerische Landnahme und Siedelung

Die Bildung der neuen Herrschaft, das Zusammenwachsen des Stammes geschah nicht in einem menschenleeren, unkultivierten Raum. Hier hatten schon die Kelten in vorchristlicher Zeit gewohnt, große stadtähnliche Siedlungen angelegt und zahlreiche Viereckschanzen, die wohl kultischen Zwecken dienten. Moderne Erkundungsmethoden, etwa die Luftbildarchäologie, führten in letzter Zeit zu einer Fülle von neuen Entdekkungen. Auch wenn bereits vor den Römern eine erste germanische Überschichtung eintrat, die Siedlungen untergingen, keltische Bevölkerungselemente jedoch erhielten sich und überlieferten ihre Namen für Flüsse wie Altmühl und Inn. Schließlich soll auch die „urbayerische" Rauflust angeblich noch ein keltisches Relikt sein, ebenso wie die hohe Verehrung des Schweinernen in all seinen kulinarischen Erscheinungsformen. Die Germanen schließlich, die hier schon während der Römerzeit siedelten, müssen Spezialisten in der Viehzucht gewesen sein. Denn als Theoderich 506 die geschlagenen Alemannen in sein Herrschaftsgebiet aufnahm, gebot er den römischen Provinzialen in Noricum, die ermatteten Rinder der Alemannen gegen die eigenen zu tauschen. Diese werden zwar recht mitgenommen ausgesehen haben, aber dennoch die bessere Rasse gewesen sein. Auch beim Ackerbau scheinen die germanischen Formen beibehalten worden zu sein. Nur bei Spezialkulturen und besonderen Techniken hat man von den Römern gelernt. Der Weinbau, den sie an die Donau mitbrachten, überliefert römische Begriffe in der germanischen Sprache: wie Winzer und Kelter. Gleichlautende Dorfnamen bezeugen bis heute die Ausbreitung der Reben, die bis in die frühe Neuzeit überall den Fluß säumten. Nur noch bescheidene Reste haben sich erhalten. Auch die Käseherstellung wäre ohne den auf römische Wurzel zurückgehenden Senner (senior) und seine Arbeitstechniken wohl nicht auf die anerkannte Höhe gekommen.

Das alles erweist die Behauptung in der älteren Literatur, nach der die Vorbevölkerung ausgerottet wurde, als pessimistische Weltsicht. Die politische Herrschaft änderte sich, in den Kriegen um Macht und Herrschaft ging es grausam, wie in jedem Krieg, zu. Aber zur Bearbeitung des Bodens, zum Steuerzahlen brauchten auch die neuen Herrn Leute, warum sollte man sich seine eigene Lebensbasis abhauen? Man brachte die Unterworfenen nicht ums Leben, eher um ihr Hab und Gut. Dazu mußte es freilich in einer der kultivierten, fruchtbaren Flußebenen liegen. Denn an einem kleinen „Sachl" in einer öden Gegend ließ sich weniger Gefallen finden. Zudem gab es ja noch große, siedlungsleere Räume.

Im Bayern des 6. Jahrhunderts muß es stundenlang durch Wald gegangen sein, wollte man von einer Siedlung zur nächsten. Ein großer, dichter, fast undurchdringlicher Waldgürtel zog sich auf der Nordseite der Donau entlang. Der Waldriegel des Tangrintel erstreckte sich hinter Kelheim bis zur Naab, dann wuchsen um den Regen und hinab bis ins Waldviertel dichte Wälder. Nur die Flußtäler stellten hier Verbindungen her, nur wo sie sich zu einer Tallandschaft weiteten, wie der Cham-Further-Senke, bot sich genügend Raum für eine Siedlung. Die guten Böden freilich wurden schon lange unter den Pflug genommen, und so wundert es kaum, daß der Gäuboden, der Landstreifen südlich der Donau ab Regensburg bis Passau und dann weiter nach Linz, auch die neuen Herren anzog. Doch dahinter, in Richtung Süden, den Alpen zu, erstreckte sich wieder ein breiter Waldstreifen bis hin zum Mittellauf der Salzach, der Isar, des Inns und des Lechs. Eine weitere Siedlungszone, wieder durch Wald geschieden, hielt dann im Voralpenland respektvollen Abstand vor den hohen Bergen. Mit denen konnte man wenig anfangen, hier kam nur den Paßstraßen nach Italien Gewicht zu.

Im Wald ließ sich jagen, zu allen Zeiten Vergnügen der hohen Herren. Der Wald lieferte Früchte, Bau- und Brennholz. Die germanischen Stämme galten als äußerst geschickte Handwerker, die raffinierteste Holzverbindungen ohne Nägel herstellen konnten. In den Wald ließen sich auch die Schweine treiben. Denn damals überwogen noch die Laubbäume, und hier boten die Eicheln das Futter, das die Tiere mästete. Über den Winter brachte man nur die Zuchttiere, und noch aus dem späteren Mittelalter gibt es Berichte, wonach die Tiere im Frühjahr fast auf die Weide getragen werden mußten, so sehr hatte sie der Winter geschwächt.

In diesen günstigen Siedlungszonen machten sich nun die neuen Herren breit, verdrängten die römischen Vorbewohner aber nicht ganz. Es scheint zu einem friedlichen Nebeneinander gekommen zu sein. Am Alpensaum häufen sich die Ortsnamen, die auf eine römische Wurzel zurückgehen, um Tölz – und in auffallender Weise um Salzburg. Vielleicht spielte hierbei die Salzgewinnung eine Rolle. Salz brauchte man schließlich in größeren Mengen – nicht als Speisewürze, sondern um Fleisch über den Winter konservieren zu können.

Woher wir hier unser Wissen haben, ist wohl deutlich geworden – die Ortsnamen werden interpretiert. Freilich kann der Name auch trügen. Die Überlieferung nimmt sich eher spärlich aus. Die ersten Ortsnamen erscheinen mit dem Herrschafts- und Machtwechsel von 788 (und darum gab es 1988 auch so viele 1200 Jahrfeiern). Die Klöster zeichneten damals ihren Besitz auf, um eine Sicherung gegen Enteignung zu haben, dieses Material dient nun der Forschung. Freilich sind nicht von allen Klöstern derartige Aufzeichnungen erhalten, entweder haben sie nicht alle angelegt, oder sie sind – wahrscheinlicher – verloren gegangen, so daß wir hier nur eine Auswahl mit allen Möglichkeiten des Zufalls haben.

Vorsichtig aber läßt sich sagen, daß die Ortsnamen, die auf -ing enden und die einen damals schon „altmodischen" Personennamen tragen, auf den ersten Siedler hinweisen oder auf die Leute, die mit ihm zusammenwohnten. In Schwabing, älter als die Hauptstadt selber, siedelten die Leute des Suuapo. Freilich heißt es da aufpassen, es gibt auch spätere, die „unechten" -ing Orte, und das Regensburger Prüfening geht auf keinen Germanen, sondern den Römer Probinus zurück. Und auch andere Orte, wie Quintanis, aus dem Künzing wurde, Regensburg, Passau, enthalten alle den Hinweis auf römische Elemente, die den Namen weitertradieren konnten. Nach den „ing"-Orten kamen andere Ortsnamen auf, zunächst mit der Endung auf -heim, für die neue Heimstatt, die gefunden worden war, dann später, mit ähnlicher Bedeutung: -hausen, -stätten, -hofen, und auch -bach. Letzteres verweist wohl auf die Siedlung, die ja auf frisches Wasser angewiesen war. Die vorletzte und letzte Reihe bilden die -dorf und -brunn Namen, und erst aus der mittelalterlichen Rodungszeit kommen -ried, -reut, -brand, -grün, -zell, -münchen dazu.

Über den eigentlichen Herrschaftsübergang sind wir nicht unterrichtet. Aber wenn wir davon ausgehen, daß die Vorbevölkerung sitzen blieb, das spätere Staatsvolk in bunter Zusammensetzung erwuchs, dann wird hier auch nicht mit einem Mal eine Stunde Null geschlagen haben. Der Vorgang dürfte ein gutes halbes Jahrhundert gedauert haben, und aus dieser Bevölkerung erwuchs der neue Stamm. Es spricht einiges dafür, daß hier germanischen Foederaten eine besondere Rolle zukam. Sie verfügten schließlich über die Waffen und konnten mit ihnen umgehen. Römische Disziplin, aber auch Kultur dürfte ihnen nicht fremd gewesen sein.

Die befestigten Siedlungen, die Römerlager mit ihren dicken Mauern boten immerhin noch einigen Schutz, waren mit damaliger Kriegstechnik schwer zu überwinden, halfen da nicht List, Hinterlist oder Bestechung. So könnten sich lokale Herrschaftsverbände entwickelt haben, unter einem besonders tüchtigen und bewährten Anführer, und es scheint weiterhin nur logisch, daß dann Verbindungen untereinander gesucht wurden. Vielleicht aber ging es auch zu, wie wir es von anderen Germanenstämmen her kennen, daß nun erst recht einmal der Krieg ausbrach und die einzelnen Häuptlinge ihr Territorium zu vergrößern suchten. Wieweit sie dann wieder von außen Unterstützung gesucht und gefunden haben, muß offen bleiben. Die Überlegenheit anderer Heere wurde gewöhnlich anerkannt, auf sinnloses Gemetzel ließ man sich nur im Extremfall ein. Rechtzeitige Unterwerfung sicherte zumindest die weitere Herrschaft im kleineren Rahmen, über die eigenen Leute. Den Großen genügte Unterwerfung und Anerkennung der Oberherrschaft.

Für diese Theorie spräche auch, daß die Landnahme wohl von den Altsiedellandschaften an der Donau ausging, die Täler der von Süden einmündenden Flüsse hinauf. Mitte des 5. Jahrhunderts muß das Stammesgebiet bereits umrissen gewesen sein: Vom Lech im Westen reichte das Land zur Altmühl, vom Nordstreifen jenseits der Donau hinab bis zu den Alpen und im Osten über Linz hinaus.

Vom Zusammenhang der Leute

Stamm

Die Baiern treten um die Mitte des 6. Jahrhunderts als eigener Stamm hervor, festgegründet im eigenen Territorium. Dieses wurde erweitert, reichte im 10. Jahrhundert, zum Zeitpunkt seiner weitesten Ausdehnung, bis nach Verona und Istrien und über die Save hinaus.

Seit der Landnahme wurzelt das Volk in der Landschaft, gingen beide unzweifelhaft eine dauernde Verbindung ein. Das steht in auffälligem Gegensatz zu anderen Germanenstämmen der Völkerwanderungszeit. Der römische Schriftsteller Tacitus zählt um die fünfzig Namen auf, doch von den Stämmen gingen die meisten unter, haben sich allenfalls noch als Orts- oder Landesnamen erhalten, wie die Lombardei an die Langobarden erinnert. Nur wenigen Völkern gelang es, ihr Eigenleben über die Zeiten hin zu bewahren, etwa den Thüringern, Sachsen, Friesen und den Baiern. Aus diesen Stämmen setzte sich dann das deutsche Reich seit dem 10. Jahrhundert zusammen.

Die Geschichte lief nicht zwangsläufig oder naturnotwendig darauf hin. Es bedurfte dazu eines langen historischen Prozesses, vielfältiger Entscheidungen der politisch handelnden Menschen. Dabei wirkten religiöse und kulturelle Gegebenheiten stark mit ein. Die Baiern machten durchaus ihre eigene Geschichte, versuchten es zumindest. Doch diese vollzog sich in einem konkreten Raum, die Herrscher mußten das jeweilige Umfeld, die Nachbarn berücksichtigen. Deren Einwirken darf nicht unterschätzt werden. Das übermächtige Frankenreich spielte die ganze Zeit eine bestimmende Rolle in der bayerischen Politik, bis dann Bayern selbst unfreiwillig ein Teil davon wurde. Von dort führte später der Weg ins deutsche Reich.

Die Festigkeit des Stammes allerdings ließ ihn immer seine Identität bewahren – und das erstaunt doch über so lange Zeit hinweg. Es verwundert vielleicht noch mehr, weil dieser Stamm keine langen Wurzeln in die Vergangenheit zurück besaß, wie etwa die Franken oder die Alemannen, von ersteren hören wir zum erstenmal im Jahr 258, von den Alemannen 213. Die Bayern treten damit vergleichsweise erst spät in die Geschichte ein.

Im Unterschied zu anderen Stämmen fehlt eine eigene bayerische

Stammessage für die Frühzeit. Der Stamm brauchte zum Zusammenhalt eine eigene Identität, ein Bewußtsein von sich selbst. Bei anderen Völkern vermittelten Herkunftssagen dieses Selbstgefühl, sie sind für diese Selbst-Behauptung äußerst wichtig. Die Erzählungen gehen auf keinen wahren Kern zurück, sind, wie es der Name sagt, erfundene und weitererzählte Geschichten, die einen gewordenen Sachverhalt erklären sollen. Die Merowinger etwa leiteten sich von ihrem Stammvater Merowech ab. Soweit wir aber die fränkische Geschichte kennen, erscheint dort zunächst kein König dieses Namens. Die „Erfindung" verfiel auf ein „sagenhaftes" Meeresungeheuer, von dem die Königin, am Strand überfallen, einen Sohn namens Merowech empfing. Von diesem Merowech als Stammesvater wiederum – halb mystischer und wahrlich mythischer Herkunft – gingen die Merowinger hervor. Einer anderen Sage zufolge stammten die Franken von den Trojanern ab. Hier wurde ein alter römischer Ortsname über mehrere Stationen künstlich auf Troja zurückgeführt.

Andere Stämme betonten ihre ethnisch reine Zusammensetzung, hoben die blutsmäßige Gleichheit der Stammesmitglieder hervor. Das stimmte schon damals nicht, das war Fiktion, denn die meisten Stämme erwuchsen aus ethnisch äußerst heterogenen Elementen, waren recht bunt gemischt, wie eben auch die Baiern. Wo nötig sorgte die Fabel für den Zusammenhalt, klammerte einheitsstiftend die heterogenen und besonders die neu dazu gekommenen Bestandteile zusammen. Das ließ deren Integration leichter zu. Die Sagen sollten einigen und die Realität historisch erklären. Einbeziehung der Dazugekommenen war das angestrebte Ziel und nicht deren Ausgrenzung oder Ausschaltung. Die Lehre von der Reinheit des Blutes entstand erst zu einer Zeit, da man es schon besser wußte, diese alte Fiktion auch erkannte. Dabei verlor sie ihre archaische Unschuld, diente sie doch zum gegensätzlichen Zweck: zur Vernichtung der anderen, indem man über seine reine Rasse eine Überlegenheit konstruierte.

Die Baiern beanspruchten das von vornherein nicht. Weder ein sagenhaftes, nach Lage Bayerns nur in Betracht kommendes See- oder Gebirgsungeheuer fiel da über eine Königin her, noch wurde die Fiktion erhoben, alle Baiern stammten von einem Baivarus ab. Das entspringt späterer Phantasie.

Freilich wurden auch in Bayern Stammessagen aufgeschrieben. Die Sagen beschäftigen sich mit der Herkunft des Volkes. Doch sie flossen aus der Feder gelehrter Mönche und sind erst nach über 500 Jahren nach der Stammeswerdung aufgezeichnet worden. Da wird dann, getreu literarischer Tradition, ein Stammesvater Norix, Sohn des Hercules, erfunden, nach dem die Provinz Noricum ihren Namen habe. In Wirklichkeit stand natürlich der römische Provinzname Pate für diese literarische, papierblasse Figur. In einer anderen Überlieferung kamen die Baiern aus Armenien, stammten von Noah ab, der dort auf dem Berge Ararat mit seiner Arche landete. Das hörte sich natürlich noch älter und feiner an und übertraf die übliche trojanische oder römische Abstammung. Die Baiern entsprangen direkt dem Alten Testament.

Faßt man diese Stammessagen als den Erweis für ein eigenes Geschichtsbewußtsein auf, dann wäre das in Bayern erst spät, nämlich im 12. Jahrhundert, erwacht. Man wird dies aber eher als Beweis für eine an der Historie und an der Herkunft interessierte, aber doch rein literarische Übung sehen müssen. Die Zeitumstände gilt es zu berücksichtigen, die aufblühende Scholastik, wo gelehrte Leute, Mönche vor allem, mit ihrer Bildung prunkend, fast ein Dutzend „alter" Namen für Regensburg erfanden. Die Paar Brocken Griechisch, die einflossen, bezeugen den Bildungs- und Einbildungsstand.

In der bayerischen Wirklichkeit war die Bevölkerung schon immer ethnisch gemischt, bildete sich erst zum Stamm. Vielleicht half dazu die Sprachgemeinschaft, ähnliche Sprachen bewirken ein Verwandtschaftgefühl. Vielleicht verhalf auch dazu die elbgermanische Kulturgemeinschaft. Kleidung, Bewaffnung, Schmuck, Sitte, Brauchtum differierten zwar in unserem Raum, doch nicht so sehr, daß man deutlich die Baiern von den Alemannen abheben könnte. Erst das Wissen aus den schriftlichen Quellen um den Siedlungsraum gestattet dann Differenzierungen. Homogenität erreichten dann die Baiern sicherlich durch die Heiraten untereinander. Eine Ausnahme machten hier Adel und König, die heirateten in erster Linie nach politischen Gesichtspunkten – ein freier Baier wohl doch eher nach materiellen.

Wir sprechen immer vom Stamm – doch das Wort wird erst seit dem 19. Jahrhundert in diesem Sinne gebraucht. Romantisches Denken verklärte die Germanen zum unverdorbenen, freien Volk – wie sie schon Tacitus den Römern vor Augen gestellt hatte. Kein Wunder, daß nach solchen Anschauungen auch die Baiern dann als deutscher Stamm vereinnahmt wurden. Liest man bei Schmeller in seinem bayerischen Wörterbuch aus den Dreißiger Jahren des letzten Jahrhunderts, sind die Baiern selbstverständlich Deutsche, was sie mithin nicht waren, wie auch die Franken nicht. So ist denn auch später Karl der Große weder ein deutscher noch ein französischer Kaiser gewesen; die jeweilige nationale Geschichtswissenschaft beschlagnahmte ihn zwar, vor allem im letzten

Jahrhundert, aber den großen Karl hatten schlichtweg die Franken zu ihrem König erhoben. Die Baiern schließlich waren schlichte Baiern.

Der Begriff des Stammes deckt sich mit der Sprache der Quellen, die auch zeigen, daß sich die Stämme als Einheiten verstanden. Sie verfügten über einen eigenen Lebensraum, und gerade Bayern hat sein Stammesterritorium seit den Anfängen im wesentlichen bewahrt.

Bei den obigen stammesbildenden Momenten fehlte noch der wichtigste, der politisch-organisatorische Aspekt. Bei Stämmen mit einem Königtum an der Spitze war dies für das Selbstverständnis des Stammes wichtig, bildete den Ausdruck der politischen Selbständigkeit. Fand im Kampf der König den Tod, bedeutete das den Verlust der gentilen Selbständigkeit. Stand kein König an der Spitze, wie etwa bei den Sachsen, lag die politische Führung bei den Stammesfürsten. Aus den vornehmsten Sippen des Stammes wurde der Herzog, der dux, gewählt.

Da die Anfänge des baierischen Stammes im Dunkel liegen, läßt sich nicht genau sagen, welchen Titel dessen Anführer trug. Die fränkischen Quellen sprechen von einem Herzog, die langobardischen von einem König. Vielleicht stand tatsächlich eine Art Heerkönig zunächst an der Spitze, ein Mann mit militärischem Erfolg und Geschick, wie wir es auch von anderen Stämmen wissen. In den Zeiten nach der politischen Stabilisierung wandelte sich dieses Königtum, konnte erblich werden. In Bayern wurde die Sippe der Agilolfinger zu einer Klammer, sie festigten den noch rohen Stammesverband. Er blieb bestehen, als Bayern ins Frankenreich eingegliedert wurde. Sein Gewicht ließ sogar den eingesetzten landesfremden Herzog allmählich von einem Beauftragten des fränkischen Königs zum Repräsentanten des Stammes werden.

Sippe

Der Stamm verstand sich als Friedens- und Rechtsgemeinschaft, freilich nur für die eigenen Stammesgenossen. Dies ist ein historisches Phänomen. Sie ruhte auf der engeren Verwandtschaft als stärkster und ursprünglichster Bindekraft. Dafür paßt die Bezeichnung „Sippe". Die Verwandten waren gehalten, untereinander Frieden zu bewahren und sich im Falle der Not gegenseitig zu helfen. Rache für erlittenes Unrecht, Fehde zur Durchsetzung des eigenen Rechts ging von der Sippe aus. Die Sippe wuchs und veränderte sich durch die Heiraten ihrer Mitglieder. Früher glaubte man, zwischen agnatischer, als rein männlicher Abstammungslinie von einem Spitzenahn, der häufig auch der Sippe den Namen gab, und cognatischer, als „Gesamtheit der Blutsverwandten einer Person", reinlich scheiden zu können. Daran stimmte zwar die Beobachtung, daß in manchen Familien ein Spitzenahn erscheint, doch dieser kann freilich auch aus der cognatischen Verbindung entstammen. In der Karolingerzeit tritt die Sippe dann hinter die Familie zurück.

Innerhalb der Sippe galt jede Blut- und Gewalttat als unsühnbarer „Friedbruch". Doch schloß ursprünglich der Stammesfriede Rache und Selbsthilfe der Sippen nicht aus. So durfte etwa ein Mord durch die Mitglieder der Sippe gerächt werden. Diese rechtliche Selbsthilfe – wer sonst hätte in der damaligen Zeit diese Vergehen ahnden können – war nach Regeln zu vollziehen, sonst erfolgte die „Friedloslegung". Sie bedeutete den Ausschluß aus der Gesellschaft, enthielt das Recht auf bußlose Tötung des Friedlosen. Freilich suchte dann später der König dieses Selbsthilferecht einzuschränken und die Entscheidung von Gerichten fällen zu lassen, ohne dennoch dieses „Fehderecht" abschaffen zu können. Auch die Lex Baiuvariorum wollte das Fehderecht einschränken und durch eine Bußzahlung entschädigen. Das Fehderecht führte zu unsicheren Verhältnissen. Wenn jeder, der sich beleidigt oder benachteiligt fühlte, mit der Waffe in der Hand sein Recht suchte, mußte es zu Mord und Totschlag, zu wirtschaftlichen Schäden und politischer Instabilität kommen. Doch der Adel pochte auf sein Recht, und solange der König selbst aus dieser Schicht stammte und auf sie Rücksicht nehmen mußte, konnte er solche Privilegien schlecht abschaffen. So darf man sich hier keine besondere Idylle vorstellen. Uneingeschränkter Friede war nur während der Kultfeiern, der Volksversammlung, der Heerfahrt, auch auf dem Weg dahin, geboten. Doch ob er gehalten wurde, steht zu bezweifeln.

Familie

Das Wort Familie in unserem Sinne gibt es erst wieder seit dem 16. Jahrhundert. Im frühmittelalterlichen Sprachgebrauch bedeutete das lateinische „familia" die Familie eines Bauern. Im 8. Jahrhundert änderte sich dies. Nun wird von der „familia" eines Grundherrn ausgegangen, und in den Emmeramer Traditionen in Regensburg hören wir zum ersten Mal von der des hl. Emmeram. Das Kloster von St. Emmeram zählte zu den großen Grundbesitzern und erhielt zahlreiche Leute geschenkt, auf lateinisch tradiert. Die Schenkungen gingen an den Klosterheiligen, von dem man sich Hilfe und Fürsprache erhoffte. Er stand an der Spitze des

Klosters, vor dem Abt. Nach christlicher Vorstellung bildete die Klostergemeinschaft unter ihm eine Familie.

Der Familienvater, der Hausherr also, übte große und weitgehende Rechte über die Familienmitglieder, über Frau, Kinder und Gesinde aus. Er allein verfügte über den nötigen Rechtsstatus, um für seine Angehörigen vor Gericht aufzutreten, er konnte Strafen vollziehen, mußte aber für seine Leute auch solche bezahlen. Er konnte die Töchter ungefragt verheiraten, Leute, einschließlich der eigenen Ehefrau, bei Vergehen aus dem Haus weisen. Ganz willkürlich ließ sich dennoch nicht schalten und scheiden. Die Verwandtschaft, vor allem die männlichen Mitglieder, verfügte über eine Art Mitspracherecht. Das Familienvermögen konnte nicht nach Belieben vermacht werden, die Erben hatten einen festen Anspruch; nur die eigene, persönliche Habe durfte frei vergeben werden.

Diese Grundsätze dürften in allen germanischen Stämmen ähnlich gegolten haben. Sie erklären den Herrschaftsaufbau, erklären allerdings auch die Streitigkeiten innerhalb der Dynastien, gerade bei Herrschaftsteilungen. Wir werden ihnen im Verlaufe der bayerischen Geschichte immer wieder begegnen.

Die politische Geschichte: Herzöge und Könige, Agilolfinger und Merowinger

Der Stamm der Baiern sitzt im 6. Jahrhundert fest in seinem Territorium, die Grenzen des Stammesgebiets lassen sich in etwa umreißen, aber über die innere Entwicklung hören wir zunächst nichts. Sie vollzog sich im Kraftfeld der großen Ereignisse. Bayern stand, schon allein wegen seiner geographischen Lage, nicht im Abseits. Die alten Römerstraßen, bis in die Karolingerzeit die Hauptadern des Verkehrs, verbanden mit dem Westen, Osten und Süden. Eine Straße lief entlang der Donau, stellte die Verbindung zum Rhein her und weiter mit Byzanz, andere Straßen durchquerten die Alpen. Politische Ereignisse wirkten sich darum auch auf Bayern aus.

Die Italienpolitik Byzanz' zielte darauf ab, die dort sitzenden Goten zu unterwerfen. Ein Bündnisvertrag mit den Franken sollte die Goten von zwei Seiten bedrohen. Der Frankenkönig Theudebert aber suchte offensichtlich den Pakt auch zu nutzen, um selber Gebietsgewinne in Italien einzufahren. Dazu sicherte er sich nun selber ab, er heiratete eine Tochter des Langobardenkönigs, des Volkes, das nördlich der Goten und östlich der Baiern saß. Diese ganzen Aktionen betrafen die Baiern nicht direkt, doch sie bezogen das Land mit in ihr Kalkül ein.

Nach diesen Vorbereitungen fiel Theuderichs Nachfolger, König Theudebert, 536 in Italien ein, unsicher ist jedoch, ob er dabei über ein bayerisches Truppenkontingent verfügte. Wenn dem so war, erlaubten es ihm seine Herrschaftsrechte, in Bayern Truppen auszuheben. 539 setzte sich König Theuderich in Venetien fest. Das bedeutete einen Schlag für die Ostgoten, aber auch keine geringe Überraschung für Byzanz. Der Kaiser erkannte nun, welchen Bündnispartner er sich ausgesucht und ins eigene Land geholt hatte. Als Gegenmaßnahme schloß er seinerseits einen Pakt mit den Langobarden. Kaiser Justinian trat dem Langobardenkönig Audoin um 540/1 die civitas Noricum ab: Gebiete wohl am Oberlauf der Drau. Darauf aber erhoben die Franken ihrerseits Anspruch. Die Politik Byzanz' ging hier einmal auf, ein langobardisch – fränkischer Gegensatz trat ein.

Gerade aber das fränkische Bündnis mit den Langobarden muß Bayern einkalkuliert haben. Bayern wirkt als fränkisches Glacis. Derselbe Eindruck entsteht, blickt man auf die Geschichte der westlichen Nachbarn, der Alemannen. Sie wurden, wie schon gesagt, zu Beginn des 6. Jahrhunderts von den Franken unterworfen, gaben daraufhin Teile ihres Siedlungsgebietes auf und flohen in Theoderichs Herrschaftsgebiet. Dieser nahm die Stammesreste in Schutz und teilte dies dem Frankenkönig mit.

Die Stunde schlug den Alemannen, als der Gotenkönig Witigis, der vier Jahre von 536 an regierte, in Italien durch das militärische Vorgehen Byzanz' in Bedrängnis geriet. Witigis wollte sich den Rücken freihalten und trat die Herrschaft über die Alemannen an das Frankenreich ab. Wie der byzantinische Geschichtsschreiber Agathias berichtet, hätte der Frankenkönig Theudebert nicht nur die Alemannen, sondern auch andere, benachbarte Stämme unterworfen. In diesem Sinne schrieb der Frankenkönig an den Kaiser Justinian, daß sich seine Herrschaft vom Ozean bis nach Pannonien, also bis ins heutige Ungarn erstreckte. König Theudebert gab damit zu verstehen, daß er sich an Macht durchaus dem Kaiser gleich betrachtete und er eine politische Größe darstellte, mit der zu rechnen war. Das taten denn vorsichtshalber auch alle Seiten.

Wie die von den Franken geschlossenen und bald darauf wieder gebrochenen Verträge zeigen, war die berühmte „germanische Treue" bei ihnen nicht sonderlich ausgebildet. In ihrem Macht- und Landhunger taktierten sie nach der Gunst der Stunde.

Bei diesen ganzen Ereignissen aber ist von Bayern nirgends direkt die Rede. Doch das Land muß in den fränkischen Gebietsschacher einbezogen worden sein. Die Franken beherrschten in Italien die südlich an die Baiern angrenzenden Gebiete. Ihr territorialer Anspruch erstreckte sich über Bayern hinaus weiter nach Osten, bis an die Grenze Pannoniens, also über Wien hinaus, nach heutiger Landkarte. So gesehen müssen sie über Bayern verfügt haben. Dafür spricht auch, daß die Franken in Noricum, der Provinz, die am Inn bei Passau begann und ihrerseits an Pannonien im Osten angrenzte, ein Wort bei der Bischofserhebung mitzureden hatten. Denn – wie sich später noch zeigen wird – übte das Recht der Bischofsernennung der jeweilige Landesherr aus.

So wie es aussieht, muß Bayern gleich im zweiten Viertel des 6. Jahrhunderts unter fränkische Oberherrschaft gekommen sein. Der Bericht des Geschichtsschreibers Agathias liefert dafür den Hinweis. Ursprünglich hatte wohl Theoderich das Gebiet der alten römischen Provinzen Noricum und Rätien, in denen sich die Stammesbildung der Baiern vollzog, zu seinem Herrschaftsgebiet gerechnet. Dorthin könnten sich auch die von den Franken geschlagenen Alemannen geflüchtet haben. Wenn nun Witigis diese an die Franken auslieferte, Agathias ergänzend berichtet, auch andere benachbarte Stämme seien bei dieser Gelegenheit von den Franken unterworfen worden, dann hätten wir sogar eine Jahreszahl für die fränkische Machtübernahme in Bayern, nämlich 536. Das bedeutete dann, daß in Bayern die Herrschaft wechselte; sie ging von den Goten auf die Franken über. Damit aber wäre der Stamm von Beginn an unter Fremdherrschaft gestanden.

Das geht einem stammesbewußten Bayern von heute natürlich schwer ein. Aber die Hypothesen scheinen begründet. Die byzantinischen Schriftsteller verfolgten die Vorgänge im Westen nun aufmerksamer, berichten von den Koalitionen, vom fränkischen Ausgreifen. Hätte Bayern eine eigenständige Rolle gestalten können, eine Erwähnung wäre ihm sicher gewesen. So aber scheint es schon bald in den Machtbereich des Frankenkönigs gewechselt zu haben.

Dieser hatte wirklich die für ihn günstigen politischen Umstände genutzt. Im Norden war das Thüringerreich zerschlagen, im Süden die Schutzmacht der Goten mit Theoderichs Tod 526 ausgefallen. Byzanz war zunächst an der Rückgewinnung Italiens gelegen, und erst als sich der Frankenkönig zu weit an die byzantinischen Interessengebiete heranschob, suchte man ihm durch die Langobarden ein Gegengewicht entgegenzustellen.

Angesichts der fränkischen Dominanz erstaunt es nicht, daß Bayern von einem Herzog und nicht von einem König regiert wurde. Dennoch verleihen einige Quellen dem Anführer des Stammes den Königstitel.

Herzog oder König?

Die fränkischen Quellen sprechen von Herzog, vom „dux". Doch welcher Wurzel entspringt dieser „dux"? Hat ihn das Volk, nach germanischen Vorstellungen alle freien, wehrfähigen Männer, aus seiner Mitte erhoben? Ist er dann von Theoderich anerkannt worden? Oder wurde er vom Gotenkönig eingesetzt und mußte sich erst die gebührende Anerkennung bei seinem Stammesvolk verschaffen? Für die ersten Jahre wissen wir das nicht. Als die fränkischen Quellen den Baiernherzog nennen, steht er schon in fränkischer Abhängigkeit, eine Stufe unter deren König. Das ist eine klare politische Linie: Es gibt keinen König – außer dem der Franken, erst recht nicht in den von ihnen unterworfenen Gebieten.

Eine andere Frage ist es freilich, ob es nicht in der kurzen Zeit davor einen baierischen König gegeben hat. Hier gelingt bestenfalls ein Indizienbeweis. Die Franken lassen sich selber wieder zum Vergleich dafür heranziehen. Am Beginn ihrer Geschichte, noch in der römisch geprägten Spätantike, siedelten östlich des Rheins und an der Rheinmündung fränkische Kleinstämme – jeder unter einem Kleinkönig.

Auch dies ist wiederum ein Problem der Quellen. Den Römern erschienen sie als eine Art von Kleinkönig, und in den lateinisch geschriebenen Berichten der römischen Schriftsteller werden sie auch so genannt; die Bezeichnung der Franken für einen solchen Mann kennen wir nicht.

Bei den germanischen Stämmen gab es eine herausgehobene Stellung des Heerführers, und dieser stieg in den zahlreichen Auseinandersetzungen zum Heerkönig auf. In ihm ruhte das Heil, und die Kraft des Volkes ging von ihm aus. Die Merowingerkönige hielten lange noch Flurumgänge ab, auf denen ganz archaisch der langhaarige König – Zeichen seiner Kraft und Würde – auf einem Ochsengespann die Felder umrundete, um ihre Fruchtbarkeit zu erhöhen. Fiel der König in der Schlacht, bedeutete das mehr als ein finsteres Vorzeichen; dieses Gottesurteil bedrohte den Bestand des Volkes. Dem König wuchs eine sakrale Rolle neben den heidnischen Priestern zu.

Zu weit erhob er sich nicht über das Volk und seine Heeresversammlung; diese setzte ihn bei erwiesener Unfähigkeit auch wieder ab. Doch bildete sich allmählich eine Sippe heraus, der königliche Stamm, ausgewiesen durch Tüchtigkeit und ausgezeichnet durch eine besondere „Blutsheiligkeit". Den neuen König wählten die Männer des Volkes aus dieser Großfamilie. Hier läßt sich durchaus schon von einem erblichen Königtum sprechen, mit einem „Erbcharisma", das lediglich diese Sippe auszeichnete.

Dies alles wurde historisch bedeutsam, als diese germanischen Stämme mit dem Imperium Romanum in Beziehung traten. Im römischen Staatsrecht gab es keinen Platz für einen römischen König. Doch konnten fremde Völker, die in staatsrechtliche Beziehungen mit dem Imperium traten, die Anerkennung ihres Königs erreichen. Völkerschaften, die ins Reich eingeliedert wurden, konnten weiter unter ihrem König leben. Dieser gebot über seine Stammesangehörigen kraft seines „eigenen" Königtums. Gewöhnlich erhielt er vom Kaiser noch eine Funktion, ein Amt oder eine Würde innerhalb des römischen Staatsapparates. Mit der Annahme dieser Würde aber wurde der König ein kaiserlicher „Beamter", unterstellte sich dem Kaiser, von dem er ja seine Ehrung empfangen hatte. Damit anerkannte der König seine Zugehörigkeit und die seines Volkes zum Imperium. Auf diese Weise konnte ein kleiner Frankenkönig wie Childerich Kommandant eines Grenzabschnittes werden, erhielt sein Sohn das römische Ehrenkonsultat. Das sicherte nicht nur zusätzliche

Einkünfte, sondern gewährte auch einen Abglanz imperialer Würde, denn der Geehrte konnte beanspruchen, nach fein abgestuftem römischen Zeremoniell gemäß seines Rangs geehrt zu werden. Als kaiserlicher Amtsträger konnte aber der germanische König die in seinem Territorium befindlichen Romanen seiner Herrschaft unterwerfen. Das sicherte diesen die Existenz – und ihren Besitz – im germanisch dominierten Königreich. Das bot ferner die Gelegenheit zur Karriere; einzelne Romanen stiegen zu Beratern des Königs auf, und viele Bischöfe entstammten solchen Familien.

Rückblickend läßt sich sagen, daß auch auf diese Weise die weniger kultivierten Germanen der römischen Kultur erschlossen wurden. Die germanischen Könige fingen durchaus an, in imperialen Gedankengängen zu denken. Sehr subtil dürfen wir uns das nicht vorstellen. Sie fühlten sich als Teil eines größeren Staatsverbandes, nahmen immer wieder von Byzanz Titel und die damit verbundenen Geschenke in Empfang – von Theoderich bis hin zu Karl dem Großen.

Als römischem Amtsträger in der alten Westhälfte des Imperiums kam es Theoderich zu, mit den Königen der germanischen Stämme in Verbindung zu treten. So führte er eine Korrespondenz mit dem König der Rugier und mit dem der Heruler, die zu dieser Zeit in Pannonien nördlich der Donau saßen. Die Langobarden setzten einen König ein, die Alemannen, die Thüringer ebenfalls.

Es gibt aber keinen Brief Theoderichs an den Baiernkönig. War das die große Ausnahme? Freilich nennen Quellen einen König. Paulus Diaconus, der Geschichtsschreiber der Langobarden, gibt den Herrschern in Bayern diesen Titel. Der erste Herrscher Bayerns, den wir kennen, Garibald, wird als „rex“ bezeichnet. Doch selbst wenn er diesen Titel beanspruchte, er konnte ihn nicht tragen. Die Gründe dafür erhellen die Umstände seiner Eheschließung, die nur zu deutlich die fränkische Dominanz erweist: Der Frankenkönig Theudebald, der uns schon begegnet ist, hatte Walderada, die Tochter des Langobardenkönigs Wacho, geheiratet. Die Motive für diese Eheschließung lagen in den bereits erwähnten politischen Gründen. Als Theudebald starb, vermählte sich dessen Onkel Chlothar mit ihr. Den Hauptgrund bildete wohl die diplomatische Überlegung, durch die neue Ehe das Bündnis mit den Langobarden weiterhin aufrecht zu erhalten.

Das aber galt als Verstoß gegen die kirchliche Rechtssatzung, nach der solche Ehen, wie auch solche unter nahen Verwandten, verboten waren. Zum ersten, aber nicht zum letzten Male, tritt damit ein Ehekonflikt in der bayerischen Geschichte auf. Die Normen des Kirchenrechts standen gegen alte Überzeugungen, gegen politische Notwendigkeiten. Gelegentlich liefen sie auch tatsächlichen Neigungen zuwider, obwohl diese bei den Ehen der Herrscher höchstens ein Ergebnis der Eheschließung, nicht aber deren Voraussetzung bildeten. Die meisten der hohen Herren trösteten sich noch lange in den Armen von Nebenfrauen, den sogenannten „Friedelfrauen", oder mit Dienerinnen über die diplomatischen Notwendigkeiten hinweg. Eine derartige Unmoral stieß zwar auch auf kirchliche Kritik, doch da es sich dabei nicht um Staatsangelegenheiten handelte, fiel sie nicht so einschneidend aus.

Garibald, der erste Herzog

Die Frankenkönige konnten sich als christliches Herrschergeschlecht dem Kirchenrecht nicht verweigern. Obwohl die Ehe offensichtlich bereits vollzogen worden war, galt sie wegen ihres kanonistischen Mangels als nicht rechtmäßig. Chlothar mußte in die Aufhebung der Ehe einwilligen. Aber auch danach wollte man die arme Walderada nicht aus den fränkischen Banden entlassen. Chlothar entschied, sie nun mit einem seiner Männer, wie der langobardische Chronist schrieb, zu vermählen. Auf diese Weise erhielt Walderada binnen eines guten Dutzend Jahren in Garibald ihren dritten Ehemann, irgendwann um 560. Da der Frankenkönig nur einen seiner Männer so „ehren" konnte, muß Bayern damit als ein Bündnisglied der langobardisch-fränkischen Allianz gelten.

Die Franken sahen also in Garibald einen der ihren, ihren Herzog, der in Bayern regierte. Dieser Garibald muß zu den Großen der Zeit gezählt haben. Denn – auch wenn die Umstände der Eheschließung heute eher mißlich erscheinen – nicht jeder durfte eine langobardische Königstochter heiraten, die zuvor einem Frankenkönig angetraut gewesen war. Der neue Mann mußte schon in den gehobenen Rahmen, mußte vom Stand her passen.

Über diesen Garibald wissen wir weiter nichts. Er wird wohl dem Geschlechte der Agilolfinger angehört haben. Das nun ist eine weitere Mystifikation.

Das Gesetzbuch der Baiern, die Lex Baiuvariorum, von der man nicht weiß, wann genau sie entstanden ist, hält als ehernes Recht fest, daß der Herzog dem Geschlecht der Agilolfinger entstammen muß. Diese Würde war damit in dieser Sippe erblich.

Nun gibt es aber unter den baierischen Agilolfingern keinen einzigen, der tatsächlich Agilolf heißt. Das war bei den Merowingern auch nicht viel anders. Doch diese leiteten sich von Merowech, ihrem mythischen Urahn ab, erklärten die Abstammung ihres Königshauses auf diese Weise. Aber in Bayern gibt es keine dieser Erzählungen, die über einen sagenhaften Agilulf berichtete. Lediglich ein Langobardenkönig trug diesen Namen, und so wurde kurz geschlossen, daß die Agilolfinger langobardischer Abstammung seien. Das blieb nicht unwidersprochen, und im weiteren wurden dann die Wurzeln der Agilolfinger in fast jedem Stamm, von den Burgunden angefangen, gesucht. Die Wahrheit liegt wohl darin, daß bei der engen Verwandtschaft der Herrscherhäuser so ganz feine genealogische Trennungen unmöglich sind, daß vielleicht sogar mehrere Linien existierten – wie sich später noch zeigt, als aus einer alemannischen Verästelung ein neuer Herzog geholt wurde.

Es gibt keine schlüssige Antwort auf diese Fragen. Von der langobardischen Seite aus gesehen, konnte Garibald durchaus einen Königstitel beanspruchen – doch bei der fränkischen Präsenz ihn wohl nicht tragen. Die weitere politische Geschichte zeigt, daß die baierischen Herzöge ihr Land als Königreich, als „regnum", auffaßten, die Würde eines „rex" auch anstrebten – immer von den Franken daran gehindert. Es läßt sich nicht beweisen, soll auch gar nicht behauptet, nur gefragt werden, ob Bayern nicht doch einmal ganz am Anfang unter einem König stand. Vielleicht hatte sich einer der Foederatenanführer zu einem Kleinkönig aufgeschwungen, vielleicht gab es sogar mehrere dieser Art, wie die fünf erratisch in der Lex Baiuvariorum stehenden Genealogien vermuten lassen. Denn zwischen Agilolfingern und dem Volk sind fünf besonders bevorrechtete Familien eingeschoben, von denen aber zur Zeit der schriftlichen Fixierung des Gesetzbuches mit Mühe noch zwei nachweisbar sind. Die Agilolfinger hätten sich, so gesehen, gegen ihre Konkurrenten durchgesetzt, freilich nicht ohne ihnen Konzessionen zu machen.

Theoderich, römisch-rechtlich denkend, hätte ein solches Königtum innerhalb des Imperiums durchaus anerkennen können. Doch mit der fränkischen Vorherrschaft wurde es schnellstens wieder beseitigt. Eine Erinnerung scheint sich gehalten zu haben, scheint der späteren Partei der bayerischen Legitimisten – gegen die karolingischen Aufsteiger – durchaus auch als Argument gedient zu haben.

Diese alte Idee könnte es auch gewesen sein, die in den kommenden Konflikten mit den Franken immer wieder als Stachel wirkte. War die fränkische Dominanz stark, das ist ein Grundgesetz der folgenden 250 Jahre, blieb der Herzog auf die Innenpolitik beschränkt. Wies die Frankenherrschaft Schwäche auf, galt sofort der Versuch der bayerischen

Unabhängigkeit. Eine lange Wellenbewegung, die gleich nach Theudeberts Tod 557 anschwingt.

Die Anfänge der agilolfingischen Herzöge liegen im Dunkel. Umstritten ist in der Forschung, ob sie ihr Amt einer fränkischen Einsetzung verdanken, dafür spräche die Geschichte mit Garibald, oder ob es auf eine eigene unabhängige Wurzel zurückgeht. Verwiesen wird dabei auf den Erbanspruch des Hauses, der gegen eine fränkische Beteiligung spräche. Die Frankenkönige pochten auf ihre Einsetzungsgewalt, damit ist aber nichts über eine vorfränkische Entstehung gesagt.

Die Quellen überliefern nur die offizielle fränkische Auffassung und auch diese erst zwei Jahrhunderte nach Entstehung des bayerischen Herzogtums. Dabei sollte zweifellos der spezifisch fränkische Rechtsstandpunkt fixiert und wohl auch in die Vergangenheit zurückverlegt werden, um ihm die Unanfechtbarkeit eines ehrwürdigen Alters zu geben.

Eine gewisse Begründung läßt sich dafür nicht verleugnen, denn das Gewicht der Frankenmacht lastete bald und für lange auf den Baiern. Auch die nächsten Abschnitte der bayerischen Geschichte sind davon gekennzeichnet.

Expansion und neue Nachbarn
Langobarden, Franken und Byzanz

Mit Theudeberts Tod endete eine Epoche fränkischer Expansion. Seine Nachfolger suchten zwar, die eroberten Gebiete zu halten, sahen sich dann aber doch gezwungen, sie teilweise wieder zu räumen. Die fränkische Herrschaft über Bayern scheint sich abgeschwächt zu haben. Oberitalien fiel zurück an die Herrschaft Byzanz', und für einen kurzen Augenblick gab es eine gemeinsame Alpengrenze mit den Baiern. Die großen Veränderungen aber gingen weiter im Osten vor sich.

Die Langobarden verließen 568 unter awarischem Druck ihre Wohnsitze in Pannonien und Noricum, zogen mit Stammessplittern der Sachsen und anderen Stämmen nach Italien. Das Reitervolk der Awaren drang vom Osten her in diese nun dünn bevölkerten Gebiete ein, stieß weiter vor, besetzte schließlich sogar Binnennoricum. Die Baiern scheinen zwar in Kämpfe mit ihnen verwickelt worden zu sein, doch die eigentliche Stoßrichtung der Awaren zielte – glücklicherweise für die Baiern – nach Südosten. Die Awaren brachten dort weite Gebiete in ihre Gewalt und kontrollierten schließlich die Landverbindung nach Byzanz und durch ihre Herrschaft über die Ostalpen auch die dortigen Einfallstäler nach Italien.

Diese awarische Sperre dürfte sich auch hemmend auf den Fernhandel mit Byzanz ausgewirkt haben, und somit einer der Faktoren gewesen sein, der zum Wandel des europäischen Handels beitrug. Erst im frühen Mittelalter setzte die Veränderung der antiken Handelsformen ein, ging überhaupt der Handel zurück. Besonderes Gewicht kam dabei dem arabischen Vordringen zu, das zur Beherrschung des Mittelmeeres führte.

In den folgenden Jahren bildete sich zwischen den Baiern und Awaren ein breiter Grenzstreifen heraus, der half, Reibungen zu verhindern. Zeitweise scheint man sogar zu einem gut nachbarschaftlichen Verhältnis gekommen zu sein. Denn in Notzeiten konnte man sich baierischerseits gegen fränkische Expansion durchaus auf die Awaren als Bündnispartner verlassen, wahrscheinlich in deren weiser Erkenntnis, daß nach den Baiern sie die nächste fränkische Beute werden konnten.

Nicht nur die Awaren nützten das Vakuum, das die Langobarden hinterlassen hatten, sein Sog erfaßte auch slawische Völkerschaften, die nun ebenfalls im Osten in die Gebirgstäler einströmten. Die Auseinandersetzungen blieben nicht aus. 592 kam es zu Kämpfen im Pustertal, zunächst wurde ein Sieg erfochten. 595 dann unterlagen die Bajuwaren in einer blutigen Schlacht, denn damals kam den Slawen ein awarischer Trupp zuhilfe. Auch 610 bei einem erneuten Versuch erlitt Garibald II. eine Niederlage.

Hier tritt Bayern erstmals auf sich gestellt in den Vordergrund. Die nominellen Oberherren, die Franken, boten keine Hilfe, sie dachten eher an die Eroberung Italiens. Die Langobarden wollten es sich mit den Awaren nicht verderben, ihren Flankenschutz im Nordosten durch sie nicht verlieren. So konnten die Slawen in die Ostalpen vordringen, den Baiern gelang es jedoch, zumindest das westliche Pustertal und die Brennerverbindung in ihrem Griff zu behalten.

Damit war nun aber auch ein modus vivendi gefunden, der für die Jahre ab 600 ein friedlicheres Nebeneinander der drei Völkerschaften gestattete. Das dünn besiedelte Land verhinderte Grenzkonflikte, die Grenzen selber zogen sich ja noch nicht rasiermesserscharf durch die Länder. Breite Grenzsäume schufen einen allmählichen Übergang. Die südliche Grenze zog sich in westlicher Richtung weiter ins Eisacktal, dann das Inntal hinauf bis Rattenberg, vielleicht reichte sogar einmal eine kurze Zeit, zu Beginn des 8. Jahrhunderts, die Herrschaft bis in den Vintschgau und ins Engadin. Im 6. Jahrhundert, in dem wir uns noch immer aufhalten, endete Bayern im Osten wohl an der Enns.

Es wurde oben schon gesagt, daß die Franken ihren Druck von Bayern etwas lösten, daß sie aber weiter Oberitalien zu beherrschen suchten. Dieses Interesse teilten sie mit Byzanz, das die Ende des 6. Jahrhunderts eingedrungenen Langobarden vernichten wollte. So lag es nur nahe, hier Allianzen einzugehen. Dabei erhebt sich die Frage, wer – neben den Langobarden – dafür die Zeche zahlen sollte.

Die Franken fielen, durch byzantinisches Geld in Bewegung gesetzt, 584 in Italien ein. Der Langobardenkönig Authari suchte zuerst die Franken durch Verhandlungen zu bremsen, sah dann aber rasch die Erfolglosigkeit solchen Bemühens ein. Er blickte sich nach einem Bündnispartner um und fand ihn im Norden bei den Baiern. Die antifränkische Spitze dieses Pakts ließ sich nicht übersehen. Gefestigt wurde diese Allianz durch eine Eheverbindung im Jahre 589. Paulus Diaconus berichtet dazu die schöne Geschichte, der Langobardenkönig Authari habe unter fremdem Namen selbst um seine Braut Theodelinde geworben und sie nach Italien geführt: *Als nun Authari in die Nähe der Grenze von Italien gekommen war und die Baiern, die ihm das Geleite gaben, noch um sich hatte, so erhob er sich, so sehr als er konnte, auf dem Pferde, das ihn trug, und stieß mit aller Kraft die Streitaxt, die er in der Hand trug, in einen nahestehenden Baum und ließ sie darin stecken und sprach dazu die Worte: „Solche Hiebe führt Authari". Wie er das gesprochen hatte, da erkannten die Baiern, die ihm das Geleite gaben, daß er der König Authari selbst sei.*

Die Verbindung mit dem alten und edlen Geschlecht der Agilolfinger bedeutete auch eine Legitimation der Herrschaft für Authari. Dieser hatte nach einer herrscherlosen Dekade die Macht an sich gerissen. Doch Authari starb bereits 590, und danach spielte die Königin aus Bayern bis 625 noch eine gewichtige politische Rolle. Auch der Wechsel der Konfession vom Arianismus zum Katholikentum dürfte auf ihren Einfluß zurückgehen.

Die langobardisch-bayerische Allianz veranlaßte die Franken zu energischem Vorgehen. 589, noch im Jahr der Heirat, fielen sie in Bayern ein, drangen erfolgreich vor. Die Kinder Herzog Garibalds mußten zu den neuen Verwandten ins Langobardenreich flüchten, und die fränkischen Militärplanungen dürften sich auf die Eroberung dieses Königtums gerichtet haben. Byzanz sah erfreut die langobardische Herrschaft dem Ende zugehen, doch zur großen Enttäuschung schlossen die Langobarden mit den Franken 591 Frieden. Diese legten eine für sie erstaunliche Mäßigung an den Tag. Sie verlangten an Territorium nur, was ihnen de facto ohnehin schon gehörte, das Etschland und den Vintschgau.

Bayern war zwar wohl seit Theudebert I. (534–548) politisch ans Merowingerreich gebunden. Die Kette schnürte nicht zu sehr ein, wie die Politik Garibalds zeigt, die auf die Langobarden hin ausgerichtet war. Gerade deswegen bezahlten diesmal die Baiern den Preis für die langobardisch-fränkische Einigung. Paulus Diaconus überliefert, daß 591 Herzog Garibald vom Frankenkönig ab – und für ihn Tassilo I. eingesetzt wurde. Garibald I. büßte mit dem Amt wohl auch sein Leben ein. Ihm folgte sein Sohn, oder zumindest ein anderes loyaleres Familienmitglied, in der Herrschaft. Der merowingische König übte seine dominierende Rolle aus und trachtete danach, seinen östlichen Vorposten wieder zu beherrschen.

Der neue Herzog erfreute sich fränkischen Wohlwollens und deren Rückendeckung. Da sich ja bereits die Politik umorientiert hatte, weg von den Langobarden führte, erklärt es sich auch, daß nun eine bayerische Süd-Expansion einsetzte. Bozen scheint in bayerische Hand gefallen zu sein. Aus dem Dukat von Trient fielen Gebiete an Bayern.

Der Schwerpunkt bayerischer Politik lag in der nächsten Zeit im Süden und im Osten. Die von den Langobarden gewonnenen Gebiete mußten behauptet werden, konnten doch somit die Alpenpässe völlig beherrscht werden. Andererseits galt es, das Vordringen der Slawen in den Alpen zu verhindern.

Für das nächste Jahrhundert fehlen die Quellen. Keinerlei Schriften berichten von Ereignissen in Bayern. Ganz vereinzelt steht die Nachricht, die Baiern hätten auf Befehl des Frankenkönigs Dagobert I. (623–639) in einer Nacht 9000 Bulgaren ermordet. Die Bulgaren waren in einem Kampf mit den Awaren entscheidend geschlagen und danach vertrieben worden. König Dagobert, an den sie sich um Aufnahme wandten, wies sie in Bayern zur Überwinterung ein. Den Gastgebern erteilte er dann den Befehl zum Massaker.

Den Wahrheitsgehalt dieser Erzählung können wir nicht überprüfen, es läßt sich nicht feststellen, ob sich die Ereignisse so zutrugen. Der fränkische Geschichtsschreiber Fredegar, der diese Geschichte überliefert, hielt sie für eine Tatsache – und mit ihm manche neueren Forscher. Allerdings ist Fredegar zuweilen wenig glaubwürdig, und seine Geschichte steht völlig vereinzelt. Doch angesichts der fränkischen Mittel in der Politik, die vor Mord und Totschlag nicht zurückschreckte, ist es verständlich, daß derartige Informationen geglaubt wurden.

Sicheren Quellenboden finden wir erst wieder gegen Ende des 7. Jahrhunderts.

Heiden und Christen, Missionare und Ketzer

Das Christentum verbreitete sich in den römischen Provinzen Raetien und Noricum, also im Raume Altbayerns, mit den Römern. Wir haben darüber keine direkten Quellenhinweise. Erst die Christenverfolgungen unter Diokletian am Anfang des 4. Jahrhunderts stellen die christlichen Märtyrer in helles Licht. Lebten sie bis dahin verborgen, auch für die Nachwelt nicht faßbar, belegt gerade ihr Martyrium die Ausbreitung des Christentums. In Lorch fiel der frühere Amtsvorstand des Statthalters den Verfolgungen zum Opfer. Durch Ertränken in der Enns erlitt Florian das Martyrium, den gleichen Tod fand Victorin von Poetovio, dem heutigen Ptuj in Jugoslawien. In den Flammen kam die hl. Afra in Augsburg zu Tode. Man hat lange angenommen, daß der Grabstein der Sarmannina, der in Regensburg gefunden wurde, aus der gleichen Zeit stammt. Eingemeißelt trägt er die Inschrift, Sarmannina sei den Märtyrern beigesellt. Damit glaubten manche, in Regensburg ebenfalls eine Märtyrerin gefunden zu haben. Jetzt wird der Text zurückhaltender interpretiert: lediglich als Zeichen der Zugehörigkeit zum christlichen Glauben. Doch selbst daran sind mittlerweile Zweifel aufgetaucht. Eine genauere Untersuchung datiert den Stein wesentlich später, so daß er als Zeugnis ausfällt. Für Regensburg fehlen zudem Belege für eine Christenverfolgung. Freilich haben spätere Fabeln auch in Regensburg von Katakomben und Märtyrern erzählt, doch ohne historischen Kern.

Nach dem Toleranzedikt von 313 blühte das Christentum in den Provinzen wieder auf, es gab Bischöfe, Mönchsgemeinschaften, Nonnen. Damit existierte auch hier eine Kirchenverfassung und -organisation, lebte doch ein Teil der Bevölkerung zumindest schon nach den Vorschriften des katholischen Glaubens.

Über Regensburg aber und den westlichen Landesteil erhalten wir für die Spätantike keine Nachrichten. Erwähnungen fehlen im schönsten Zeugnis für den christlichen Glauben des 5. Jahrhunderts. Die Lebensbeschreibung des hl. Severin, die Eugippius 511, schon nach dem Rückzug der Römer, in Italien verfaßte, läßt die unruhigen Jahre vor der Wende vom 5. zum 6. Jahrhundert wieder lebendig werden. Das Wirken des Heiligen erstreckte sich von Straubing donauabwärts, über Passau bis nach Noricum und Pannonien. Severin versuchte zu retten, was noch zu retten war, doch wegen der Einfälle der germanischen Völkerschaften zogen sich die römischen Bevölkerungsteile immer mehr zurück, bis dann ein Teil von ihnen 488 nach Italien zurückkehrte. Mitgeführt wurde der Leichnam Severins, der 482 gestorben war. Seine Leistungen, sein Verhandlungsgeschick, sein Einsatz wirken bewundernswert. Vielleicht hat seine hohe Abstammung, die in der Forschung aber noch immer umstritten ist, haben ihn seine in einer früheren Ämterlaufbahn erworbenen Kenntnisse dazu befähigt.

Die kirchliche Organisation und das religiöse Leben der Römerzeit gingen im Verlauf der folgenden Jahrzehnte unter. Das Christentum blieb zwar in einigen Glaubensinseln erhalten, etwa in Augsburg, im gebirgigen Süden, aber für Regensburg etwa und den nördlichen Streifen fehlen bislang die Belege. Auch das Diözesansystem brach nach dem Abzug der Römer zusammen. Freilich ist zu fragen, wie ausgeprägt dies überhaupt war, läßt sich doch nördlich der Alpen lediglich Lorch als Bistum nachweisen, für Augsburg es sich zumindest diskutieren. Im 6. Jahrhundert jedenfalls existierte hier keine kirchliche Ordnung mehr. Die neuen Herren, die Baiuwaren, hingen dem heidnischen Glauben an.

Welche Gottheiten sie verehrten, an welchen Kultstätten dies geschah, ist bislang nicht erforscht, wird auch nur mehr schwer aufzudecken sein. Das Christentum überlagerte das Heidentum, zerstörte die heidnischen und richtete – oft am gleichen Platz – christliche Kultstätten ein. Die Lebensbeschreibungen der christlichen Missionare erwähnen gelegentlich – und eher nebenbei – heidnischen Aberglauben. Magisches Denken, also die Vorstellung vom Gesamtzusammenhang der Natur, die durch geeignetes Handeln des Menschen beeinflußbar sei, erweist sich an den Amuletten aus Gräbern. Die Toten – meist Frauen und Kinder – hatten zum Teil eine reichhaltige Ausstattung mitbekommen. Seltene Mineralien, Tierzähne, Korallen oder alte „mystische" Gegenstände sollten vor Gefahren schützen oder Glück bringen. Bei Männern scheint der „Verzierung" der Waffen eine derartige Bedeutung zugekommen zu sein. Die Abwehrkraft von Schilden ließ sich durch bestimmte Beschläge steigern und wohl auch die Kraft des Schwertes durch Ritzungen oder sonstigen magischen Schmuck.

Der Übergang zurück zum Christentum vollzog sich allmählich. Auf den Friedhöfen – außerhalb der Dörfer gelegen – finden sich im 6. Jahrhundert Reihengräber mit Waffenbeigaben, also heidnische Bestattungen. Im 7. Jahrhundert gruppieren sich die Friedhöfe um die Kirchen der Siedlungen. Noch immer werden den Toten ihre Waffen mitgegeben, doch nun kommen auch Goldblattkreuze zutage. Diese dünnen, handgroßen

Verschiedene Amulette. Zeugnis für magisches Denken – und für die Gefährdungen des Alltags, die es abzuwehren galt.

Der Grabstein der Sarmannina aus Regensburg. Beleg für frühen christlichen Glauben.

Kreuze aus feingewalztem Goldblech wurden auf ein Tuch genäht, das das Gesicht des Toten bedeckte. Damit aber verfügen wir über ein klares Zeichen für eine christliche Bestattung. Im 8. Jahrhundert hören dann die Beigaben auf, die Bevölkerung ist christianisiert. Doch die Ausgrabungen erbrachten auch auf diesen Friedhöfen noch Amulette als Grabbeigaben. Man wollte ganz sicher gehen, und ein Talisman konnte ja nichts schaden. So wundert es auch kaum, wenn selbst noch die Konzilien der Karolingerzeit gegen heidnische Gebräuche ankämpfen. Rituelle Gelage, Sonnwendfeiern etc. wurden weiterhin gern gehalten.

Bereits im 6. Jahrhundert setzte die Bekehrung ein. Sie scheint, wie anderwärts, von der Spitze herab unternommen worden zu sein. Hatte man den oder die Anführer eines Stammes für den Glauben gewonnen, folgten ihm die Stammesmitglieder nach. Da viele der Missionare selbst vornehmer Abstammung waren, taten sie sich im Umgang mit ihresgleichen leichter. Sie wußten, wie man die Herzen gewinnt – in den Viten wird auch ihre materielle Freigebigkeit lobend hervorgehoben. Es gehörte sich, daß man einander große Geschenke machte.

Die Annahme des Christentums bedeutete zu dieser Zeit nichts anderes als den Wechsel des offiziellen Stammeskultes. Es handelte sich auch um eine politische Entscheidung, die mit Zustimmung der Großen getroffen wurde. So hatte der Frankenkönig Childerich 497, nach der Zustimmung seiner Magnaten, den offiziellen Übertritt zum Christentum, den „Wechsel des Stammeskultes" vollzogen. Ganz entsprechend dürfte auch zunächst in der agilolfingischen Herzogsfamilie der katholische Glauben Wurzeln gefaßt haben. Theodelinde, die am Ende des 6. Jahrhunderts den Langobardenkönig Authari heiratete, war bereits katholisch und vermittelte ihren Glauben den arianischen Langobarden.

Arius wirkte um 315 als Priester in Alexandrien. Er leugnete die Wesenseinheit des Sohnes, Christi also, mit dem Vater. Seiner Meinung nach hat der Sohn sein Dasein von Gottvater. Der aber wird erst dadurch zum Vater, daß er den Sohn hervorbringt. Da der Sohn aber nicht aus der Substanz des Vaters hervorgeht, ist er diesem nicht gleich, sondern ähnlich.

Diese Lehre des Arius ist schon bald als Irrlehre auf mehreren Konzilien verurteilt worden, aber gerade bei den Germanenstämmen hielt sie sich recht zäh. Man hat nun aus verschiedenen Belegen zu schließen gesucht, daß auch die Baiern dieser Anschauung nachhingen, doch letztlich sicher ist das nicht. Ob sie nun heidnisch oder häretisch waren, mag dahingestellt sein, christkatholisch sind sie nicht gewesen, sie mußten erst dazu bekehrt werden.

Es dauerte einige Zeit, bis Erfolge auch beim Volk sichtbar wurden. Doch diese darf man sich nicht übertrieben vorstellen. Der Masse des Volkes fehlte lange eine „begriffliche Sicherheit in Glaubensdingen". Heidnische und christliche Vorstellungen vermischten, überlagerten sich, wie sich ja an den Amuletten erweist. Denn nach einer ersten, recht knappen Unterweisung wurden nach der Taufe offensichtlich zunächst die äußerlichen Formen des Kultes befolgt, die sittliche Besserung setzte erst allmählich ein. Es handelte sich zuallererst um eine „massive emotionale Frömmigkeit".

Die irischen Missionare

Die ersten Missionare in Bayern dürften Iren gewesen sein. Kolumban, ihr bedeutendster Vertreter, ging gegen 590 aus seinem Heimatkloster Bangor im Nordosten Irlands fort. Er kam zunächst nach Burgund und gründete dort das Kloster Luxeuil. Die von ihm geschaffene Ordensregel entsprach dem Geist dieser Zeit. Jedes Kloster lebte nach seiner eigenen Regel, nur über größere Klosterverbände setzten sich dann einzelne Regeln breiter durch. So fanden auch die Vorschriften Kolumbans über Burgund hinaus Eingang in Neustrien, dem fränkischen Teilreich, das die heutige Bretagne, die Normandie und den Pas du Calais umfaßt. Verlangt wurden unbedingter Gehorsam gegenüber dem Abt und der Regel, Geringschätzung weltlicher Güter und ein freiwilliges Sündenbekenntnis. Auf Disziplin achtete der Abt mit Strenge: Schläge bei Verfehlungen scheinen häufig ausgeteilt worden zu sein.

Die Abkehr von der Welt wurde gleichgesetzt mit der Hinwendung zur himmlischen Heimat. Sie bedeutete das letzte Ziel, für das es galt, das irdische Leben zu durcheilen.

Die irischen Mönche predigten die Heimatlosigkeit um Christi willen. Sie verließen die Insel, um für gewöhnlich nie wieder zurückzukommen. Das kam einer Verbannung von der Insel gleich. Ursprünglich wurde Exilierung von weltlichen Gerichten als Strafe für schwere Delikte verhängt. Sie versteht sich vor dem frühmittelalterlichen Rechtssystem: Wer aus seiner Sippe ausgeschlossen wurde, wer den Stammesverband verlassen mußte, der verlor Schutz und Unterstützung, war damit praktisch rechtlos geworden. Die Mönche nahmen diese „Strafe" um Christi willen auf sich. Freilich ist diese Loslösung von Elternhaus und Kloster doch häufig auch bloß ein literarischer Topos. Die Familienbindungen blieben erhalten, manchmal erfolgte auch die Rückkehr, um neue Rekrutierungen vorzunehmen, Nachwuchs aus der eigenen Familie zu holen.

Schließlich gingen das Verlassen der Heimat, die peregrinatio, und das Klosterleben ineinander über. Der irische Mönch lebte in einem ausländischen Kloster – durchaus auch mit irischen Landsleuten zusammen. Nun war das Gebot der Mönche, fest auf einem Platz zu bleiben, die stabilitas loci, nicht unbedingt mit den ursprünglichen Absichten der ewigen Pilgerfahrt vereinbar, wird doch dem Mönch die Klostergemeinschaft zur Familie. Freilich das Motiv der Heimatlosigkeit blieb gewahrt – sie konnte ja auch durch Umherziehen innerhalb des Klosterverbands erfolgen.

Die Iren zeigten eine durchaus pragmatische Auffassung: Das Verbleiben im Ausland hing von den Wirkmöglichkeiten dort ab. Sie wollten Heil säen, die Völker belehren und bekehren. Wo ihre Mühe Frucht brachte, da blieben sie; doch wenn sie niemand hören wollte, zogen sie weiter. So durchwanderten iro-schottische Mönche etwa um das Jahr 600 das Land. Sie mögen Aufsehen erregt haben, wie sie daherkamen, „mit langem Haar und gefärbten Augenlidern, den ledernen Quersack auf dem Rücken". Doch der Erfolg blieb ihnen zunächst versagt. Erst stetige Arbeit, dauerndes Bemühen erbrachte die langsame Abkehr vom Heidentum. Dies scheint durch Mönche und Priester geschehen zu sein, deren Namen wir nicht mehr kennen, die still, aber stetig wirkten und im Verlauf eines Jahrhunderts das Land dem Christentum zuführten, freilich noch immer gegen heidnisches Gedankengut ankämpfen mußten. Das taten sie durchaus fanatisch und ohne jedes Verständnis für andere Religionsformen und den sich darin äußernden seelischen Bedürfnissen der Menschen.

Rupert, Emmeram und Korbinian

Mit den großen und bedeutenden Missionsbischöfen Rupert, Emmeram und Korbinian bricht um 700 eine andere Zeit an, trieben andere Männer die Bekehrung voran. Störrische und harte Köpfe wiesen sie auf, bedurften ihrer auch dringend. Sie brausten leicht auf, legten eine heilige Unduldsamkeit an den Tag. Trotz aller Bemühung um Demut, ihre vornehme Abstammung und entsprechende Vorlieben konnten sie nicht ganz verleugnen. Die Biographen, die die lichteren, frommen Züge in den Heiligenleben herausstellten, haben aber die anderen Seiten nicht völlig verschwiegen. Der heilige Korbinian fand seine Freude an Geschenken, schönen Pferden und anderen Dingen. Auch der heilige Emmeram gebärdete sich manchmal eher als Adeliger denn als Priester.

Die Heiligenleben sind von äußerst geringem Quellenwert, sie wollten keine exakten historischen Nachrichten überliefern, sondern nur vom heiligmäßigen Leben auf Erden und den Wundern nach dem Tode berichten. So fehlen historische Informationen, die für uns wichtig wären. Nirgends wird gesagt, wann Emmeram in Regensburg erschienen ist. Wahrscheinlich traf er erst gegen Ende des 7. Jahrhunderts am Herzogshof ein. Nach der Regensburger Tradition allerdings sollte Emmeram bereits 652 seinen Tod gefunden haben, das ist das früheste Datum. Die späteste Datierung wurde auf 715 gelegt. Am wahrscheinlichsten ist wohl die Zeit um 690 anzunehmen.

Arbeo, unsere Hauptquelle, berichtet, Emmeram sei zur Zeit eines Herzogs Theodo aus Poitiers kommend in Regensburg eingetroffen. Dieser Theodo wird gewöhnlich mit dem Herzog Theodo, der um 700 regierte, gleichgesetzt.

Die erwünschte Awarenmission schlug ihm der Herzog aus. Wollte ihn der Herzog keiner Gefahr aussetzen, wollte er eine außenpolitische Krise, verursacht durch den brennenden Glaubenseiferer, verhindern, oder gebrauchte er die Awaren nur als Vorwand, um den Bischof im Land halten zu können? Viele Möglichkeiten, denkbar ist allerdings auch, daß Arbeo mit dem Missionsanliegen seinem Helden ein leuchtenderes Kolorit verliehen hat. Emmeram blieb offensichtlich im Lande und zog gegen den Götzendienst – also das Heidentum – zu Felde.

In der allerdings nicht sehr zuverlässigen Lebensbeschreibung des Arbeo von Freising, geschrieben in den sechziger Jahren des 8. Jahrhunderts, wird der Kampf gegen das Heidentum herausgestellt: *Die Bewohner, die erst vor kurzem zum Christentum bekehrt waren, hatten zu jener Zeit den Götzendienst noch nicht völlig bei sich ausgemerzt; denn wie ihre Väter tranken sie mit ihren Kindern aus dem selben Kelch die Minne Christi und der Dämonen ... Daher beschloß der ehrwürdige Bischof auf göttliche Eingebung, den Götzendienst von Grund auf auszurotten. Drei Jahre zog er predigend durchs Land, pflanzte den Samen des Glaubens in die Herzen ein und tilgte vom Leibe der anderen ... die Sünden mit der Wurzel ab.*

Die Landesbewohner hielten also weiterhin ihre heidnischen rituellen Gelage ab. Die Bedeutung des Trankes für heidnische Völker erfahren wir auch aus dem Frankenreich. Dort wurde für die Heiden nach ihrem Ritus geweihtes Bier ausgeschenkt – die Christen bekamen das gleiche Bier – nur eben ohne Segen. Dieses „Minne"-trinken erhielt sich auch noch christianisiert im Mittelalter. Da hören wir von der Wolfgangsminne in St. Emmeram.

Emmeram konnte sein Aufbauwerk freilich nicht mehr vollenden. Er geriet in den Verdacht, mit der Herzogstochter ein Verhältnis gehabt zu haben, das nicht ohne Folgen blieb. Der Sohn des Herzogs und Bruder der Entehrten hielt den Bischof anscheinend durchaus zu solchen Taten fähig. Emmeram lenkte zudem den Verdacht auf sich, da er sich zu der Zeit, als die Schwangerschaft entdeckt werden mußte, auf den Weg nach Rom machte, also dem drohenden Konflikt aus dem Weg zu gehen schien. So konnte der Herzogssohn ihm nach germanischem Recht einen kurzen Prozeß machen und ihn ohne formelle Verteidigungsmöglichkeit hinrichten lassen. Da aber Emmeram „natürlich" unschuldig war, erlitt er den Märtyrertod.

Arbeo malt die Geschichte des Martyriums recht breit und gräßlich aus. Neuere Historiker haben ihm deswegen „ein gewisses Wohlgefallen an derlei schmutzigen Phantasien" und „moralische Verrohung" vorgeworfen. Doch sie taten dem Freisinger Bischof unrecht. Die schauerlichen Einzelheiten sollten die Standhaftigkeit, die Verdienste und damit das Heiligmäßige Emmerams beweisen. Dadurch erschien auch der Kult begründet und gerechtfertigt, der sich zu Arbeos Zeit, um 760, in Regensburg schon entwickelt hatte.

Emmeram wurde bei der Georgskirche, dem Vorgängerbau der heutigen Emmeramskirche, beigesetzt; hier entstand, zu einem noch unbekannten Zeitpunkt, eine Mönchsgemeinschaft. Wohl schon in der Agilolfingerzeit wurde eine dreischiffige Basilika mit mehr als 2000 qm Grundfläche, einem Chor und zwei Apsiden aufgerichtet, sie gehört zu den Großbauten der Karolingerzeit. An ihr wird eine Anbindung an Rom sichtbar: Vorbild für die Emmeram-Krypta scheint die Ringkrypta in St. Peter gewesen zu sein. Sollte hier eine Art bayerisches Rom als Aufwertung des Herrschaftszentrums des Königreichs entstehen?

Erhard dürfte – vielleicht – nach Emmerams Tod in Regensburg erschienen sein und wie sein Vorgänger am Herzogshof gewirkt haben. Da er aber kein Martyrium erlitt, wurde nach seinem Tode keine Lebensbeschreibung verfaßt. Darum wissen wir nichts über ihn. Doch fanden auch seine Überreste die Verehrung der Gläubigen. In der Niedermünsterkirche von Regensburg ist sein Grab aus der Zeit um 700 über die Zeiten Kultstätte geblieben. Neben den beiden waren wohl auch noch andere Missionare tätig.

Alle diese Männer – Rupert in Salzburg gehört auch dazu – besaßen offensichtlich den Bischofsrang, waren aber keine regulären Diözesanbischöfe. Sie wirkten am und durch den Herzogshof, waren aber zugleich Vorsteher einer Kleriker- oder Mönchsgemeinschaft. Emmeram, Korbi-

Das Martyrium des hl. Emmeram in einer barocken Darstellung, die aus ihrer Vorstellungswelt die Schilderung Arbeos umzusetzen weiß.

nian, Rupert hatten alle Beziehungen zu Luxeuil, einer columbanischen Gründung, waren selber nach irischem Vorbild als Abtbischöfe oder Wanderbischöfe tätig.

Recht vage sind auch die Nachrichten über den heiligen Rupert. Die meisten Quellen über sein Leben geben sehr parteiisch eine Salzburger Sicht der Geschichte wieder. In der dort verfaßten Conversio Bagoariorum et Carantanorum, also der Bekehrungsgeschichte der Baiern und Karantanen, heißt es: *Rupert stammte aus dem königlichen Geschlecht der Franken und war bekannt als edler Lehrer des katholischen Glaubens, des Evangeliums und alles Guten. Er war nämlich ein einfacher Mann, fromm und klug, in seiner Rede wahrhaftig, gerecht im Urteil, vorausschauend im Rat, stark im Handeln, bekannt für seine Nächstenliebe und berühmt für seinen in allem ehrenhaften Charakter.*

Es wurde dem heiligen Bischof Rupert bekannt, daß es an der Salzach einen Ort mit dem alten Namen Iuvavum gäbe, wo in alten Zeiten viele wunderbar errichtete Bauwerke standen, die nun fast völlig zusammengestürzt und von Wäldern bedeckt seien. Der Mann des Herrn begann Herzog Theodo zu bitten, daß er ihm Gewalt über den Ort verleihe, damit er die Gegend roden und urbar machen und dort den Dienst der Kirche einrichten könne, wie es ihm gefalle. Diesem stimmte der Herzog zu und schenkte Landbesitz von zwei Meilen im Quadrat, auf daß er damit mache, was ihm zum Nutzen dieser heiligen Kirche gut scheine.

Herausschälen läßt sich, daß Rupert wohl um 696 nach Salzburg gekommen sein muß, vielleicht früher Bischof in Worms gewesen ist und aus einem dort beheimateten Adelsgeschlecht stammt. Auch über seinem Tod liegt Dunkelheit, in Salzburg scheint er jedenfalls nicht gestorben zu sein; denn wie die Quellen berichten, wurde sein Leichnam erst nach Salzburg überführt. Das Verlassen seines Wirkungsgebietes könnte mit politischen Auseinandersetzungen zusammenhängen – ähnlich vielleicht, wie wir es vom hl. Korbinian erfahren.

Über ihn sind wir besser unterrichtet. Der Freisinger Diözesanpatron hat ebenfalls durch Arbeo eine Lebensbeschreibung erhalten. In Freising muß aber die mündliche Tradition nicht abgerissen sein, denn im Gegensatz zur Vita Emmerams nimmt sich die des Korbinian viel präziser aus.

Korbinian, wohl keltischer Abstammung, also aus Britannien, kam um 716 nach Freising. Er erbaute auf dem Domberg, neben dem Herzogspalast, eine Kirche und begann zu predigen.

In der Lebensbeschreibung des Korbinian bebt noch die Empörung des Heiligen nach. Direkt unter seinen Augen sollten heidnische Riten vollzogen werden. Als nämlich *eines Tages der heilige Korbinian zur Marien-*

kirche in der Freisinger Burg gehen wollte, um dort sein Vespergebet zu verrichten, begegnete ihm eine alte Frau, die als Zauberin verschrien war. Vorsichtig suchte er sie nach dem Zweck ihres Kommens auszufragen. Unwirsch antwortete sie, der Sohn des Herzogs sei durch unsichtbare Dämonen mit Krankheit geschlagen, sie aber werde ihn durch Besprechen und sonstige Mittel wieder gesund machen. Diese Worte erregten den Mann Gottes so sehr, daß er vom Pferd sprang und die Greisin vertrieb.

Die Erregung des Heiligen wird noch verständlicher, sieht man die Auftraggeberin. Das war nicht irgendeine abergläubische Alte, sondern die Herzogin selbst. Der Sohn muß todkrank gewesen sein, und so wird die besorgte Mutter in der alten Bäuerin wohl die letzte Rettung gesehen haben. Zu helfen war dem Kind freilich auch auf diese Weise nicht mehr; kurz danach erfahren wir von seinem Tode.

Kennzeichnend für diese Mission ist ihr enger Zusammenhang mit der Politik. Die Missionare wurden sowohl von den Frankenkönigen – mit Geldzuwendungen – als auch von den bayerischen Herzögen unterstützt, die Herzogspfalzen bildeten den Ausgangspunkt. Die Schattenseiten solcher Bindungen bestanden in Abhängigkeiten von den politischen Mächten. Das erweist sich besonders bei Korbinian. Einerseits erhielt er vom Frankenkönig eine großzügige finanzielle Hilfe, die er zum Güterkauf für seine Kirche nutzte. Andererseits scheint er aber auch mit dem Herzog Theodo auf gutem Fuße gestanden zu haben. Schlechter gestaltete sich das Verhältnis zum Herzogssohn Grimoald. Dieser hatte nach der Teilung des Herzogtums seine Residenz in Freising aufgeschlagen.

Vielleicht veranlaßte dieser fränkische Rückhalt Korbinian zu seinem unnachgiebigen Auftreten. Viel Freunde hat er sich damit nicht geschaffen. Als er dann noch die Ehe des Herzogs aus kanonischen Gründen auflösen wollte, traf ihn der Zorn der Herzogin. Sie wird ihm die Vertreibung der heilkundigen Bäuerin nicht vergessen haben. Pilitrud ließ ihrem Mißmut freie Bahn, und Korbinian mußte seinen Aufenthaltsort nach Mais verlegen, in einen Ort jenseits der südlichen Grenze. Erst die Umwälzung der politischen Lage ermöglichte Korbinian 725 die Rückkehr. Der fränkische Hausmeier Karl Martell, dem Namen nach Untergebener des Frankenkönigs, in Wirklichkeit aber der wahre Herrscher angesichts der Schwäche der Merowinger, war in Bayern eingefallen, Grimoald ums Leben gekommen.

Der neue Herzog Hucbert holte Korbinian wieder zurück, dieser missionierte weiter, übernahm die Patenschaft für den Sohn des Herzogs.

Aber langes Wirken war ihm nicht mehr beschieden, kurz nach 725 ist er gestorben.

Auch zu diesen Missionsbischöfen sind noch zahlreiche Fragen zu klären. Einmal ist die Chronologie ihres Kommens nach Bayern unsicher. Im wesentlichen hat sich das daraufhin zugespitzt, ob Rupert vor Emmeram kam. Eine Richtung in der Forschung hat dies immer vertreten und daraus auch zum Teil die spätere Vorherrschaft Salzburgs, seine zentrale Funktion abgeleitet. Vielleicht ist nun aber doch Emmeram früher in Regensburg gewesen.

Diese Mission ist auch im Zusammenhang mit der fränkischen politischen Expansion gesehen worden. Waren diese Bischöfe eine Art von fränkischen „Agenten", die einen Anschluß Bayerns ans Frankenreich vorbereiten sollten? Denn daß hier die Frankenkönige unterstützend tätig wurden, ist offensichtlich. Da aber auch die bayerischen Herzöge diese Glaubensboten aufnahmen, was sie bei einem politischen Verdacht nicht getan hätten, standen doch eher religiöse Erwägungen im Vordergrund. Über die Männer aus Aquitanien, von daher sollte Emmeram stammen, aber auch über die Iren, floß hier verlorene und dort bewahrte antikische Kultur und Bildung in unseren Raum.

Das starke irische Element führte zu späteren Legendenbildungen über die christliche Bekehrung Europas. Diese Berichte sind eine „bizarre Mischung" aus Fiktion und Wahrheit, denn nicht alle Missionare kamen aus Irland, passen in diesen Topf. War Kilian ein Bischof aus Irland, waren seine Gefährten Germanen oder Iren? Auch hier wurden wieder die Namen untersucht, aber so eindeutig sind die Befunde nicht. In Freising gab es sicher Iren, auch Virgil in Salzburg scheint einer gewesen zu sein. Die „Irisierung" des Erhards in der Legende, auch Ruperts, geht wohl darauf zurück, alle Missionare dieser Zeit von der Insel kommen zu lassen.

So positiv das später dargestellt wurde, in der damaligen Zeit warfen irische Bischöfe durchaus Probleme auf. Die herumziehenden Bischöfe, die „episcopi vagantes", verfügten über keine eigene Diözese oder gar einen festen Aufenthaltsort, sie übten ihr Amt im Umherwandern aus, weihten Priester, ohne den eigentlich zuständigen Metropoliten zu fragen. Das Weiherecht bildet ein wichtiges Amtsrecht des Diözesanbischofs, denn es stellt die Bindung zwischen Bischof und den von ihm geweihten Personen her, schafft den inneren Zusammenhalt der Diözese. Doch durch solche herumziehende und auf Bestellung weihende fremde Bischöfe wurde dieses Gefüge gestört. Das brachte keine kleine Unord-

Das baierische Herzogspaar vor Korbinian. Der barocke Kupferstich setzt alle Elemente der Lebensbeschreibung Arbeos ins Bild: von der Burg von Freising bis zum Bären.

nung ins Kirchenwesen, und so wundert es auch nicht, daß einer von ihnen, Clemens, auf einer Synode 742 exemplarisch abgeurteilt wurde. Die irischen Bischöfe waren zudem nicht nach kontinentalen Vorschriften geweiht. Diese verlangten drei Mitkonsekratoren, nicht nur einen, wie in Irland. Dort konnte praktisch jeder Bischof einen anderen weihen.

Was bei Bischofsweihen möglich war, galt erst recht für die Priesterweihe. Der Eigentümer der Kirche konnte einen seiner Leute auf die Schnelle zum Priester weihen lassen. Diese Priester blieben bischöflicher Oberhoheit, damit kirchlicher Kontrolle, entzogen, was den Großen der Zeit die Möglichkeit bot, eine eigene Hauskirche aufzubauen und den zuständigen Bischof zu übergehen.

Religiöse Zustände

Wir müssen in jener Zeit von ganz anderen religiösen Zuständen ausgehen. Der Kirchenbau und die Einsetzung eines Priesters waren Privatsache: Ein „großer" Grundbesitzer errichtete auf seinem eigenen Grund eine Kirche – darum auch in der Fachsprache der Historiker „Eigenkirche" genannt. An die Kirche schloß sich der Friedhof, zunächst des Herrenhauses, dann später des Dorfes an. Den kirchlichen Dienst versah der Priester, den der Grundherr dazu bestimmt hatte. Wollte ihn der zuständige Bischof nicht weihen, etwa weil die Bildung gar zu schmal war – Latein dürfte kaum einer richtig gekonnt haben – fand sich schon einer der herumziehenden Iren. Das wirkte sich nicht unbedingt förderlich auf die Unterrichtung der Gläubigen und den Kultus überhaupt aus. Teilweise waren diese Priester auch Unfreie – ebenfalls ein Verstoß gegen die Regeln des Kirchengesetzes. Der Grundherr ließ oft Hörige weihen, die zu keiner härteren Arbeit mehr taugten. Gehorchten sie nicht den Anweisungen, konnte es Prügel setzen. Zustände, die sich wenig für einen Geweihten des Herrn ziemten. Ins gleiche Bild paßt, daß die meisten Priester auf dem Lande verheiratet waren. Ohne Frau hätten sie schlecht überleben können. Denn zu ihrem Unterhalt hatte der Grundherr ein Stück Land bestimmt, das bearbeitet werden mußte. So strikt sah im übrigen damals niemand den Zölibat, die rigide Strenge zog erst im 11. Jahrhundert mit dem Investiturstreit auf. Aber auch danach gelang es nicht sogleich, die Regungen des Fleisches auf diese Weise zu fesseln.

Die Eigenkirchen und – nach dem gleichen Muster errichtet – die Eigenklöster bildeten, trotz ihrer wirtschaftlichen und personalen Abhängigkeiten, die Stützpunkte der Mission. Sie lebten von den Donationen der einheimischen Großen. Diese Priester und Mönche trugen – trotz allem – zur religiösen Erschließung der ländlichen Gebiete bei.

Die reine Idylle herrschte dennoch nicht, und auch keine allzugroße Brüderlichkeit, denn es brachen Rivalitäten um die Seelsorge aus. In Deutschland geriet die angelsächsisch organisierte, mit päpstlicher Billigung vorgenommene Mission mit der iroschottischen aneinander. Man schlug dabei mehr als einen unfreundlichen Ton an. Virgil von Salzburg, ein Ire, hielt die Angelsachsen für ein äußerst dummes und nichtsahnendes Volk. Die Konflikte erwuchsen aus der verschiedenen kulturellen und kultischen Ausrichtung. Die Angelsachsen pflegten die römische Liturgie, die Iren verbanden in ihrer verschiedene Elemente: ambrosianische, also die der alten Mailänder Kirche, dazu gallische, wie sie im Frankenreich eingeführt waren. Beide verwendeten unterschiedliche Psalmentexte, unterschiedliche Riten bei der Meßfeier. Gerade weil Bonifaz die römischen Formen so bevorzugte, brachte ihn das gegen die irischen auf. Während also die Angelsachsen völlig auf Romkurs lagen, gingen die Iren ihren eigenen Vorstellungen nach.

Bonifaz folgte ferner der Benediktregel. Diese sah, wie die kolumbanischen Mischregeln, gleichfalls Mäßigung vor, dazu aber strikte Ortsfestigkeit, stabilitas loci, und keinen Wechsel innerhalb der Kongregationen, wie die Iren ihn pflegten.

Unterschiede traten auch in der Bildung zutage. Die angelsächsischen Ziele muten dabei eher bescheiden an, an Lateinkenntnissen genügte das, was man brauchte, um die Mönchsregeln zu verstehen und biblische Schriften zu entziffern. Die Iren dagegen pflegten die alte, antike Bildung. Sie verschmähten auch ihre eigene, noch heidnische Literatur nicht, erzählten die alten Fabeln weiter. Kein Wunder, daß sie mißgünstigen Gegnern eine breite Angriffsfläche boten.

An diesen Unterschieden entzündete sich heftigster Streit, aber es waren nicht nur die Iren und Angelsachsen, die da aneinander gerieten. Im frühen Christentum waren überhaupt dogmatische Streitigkeiten eher die Norm als die Ausnahme, verbargen sich doch oft auch soziale und politische Konflikte in diesem Gewand. Über die Bilderverehrung war es zum Konflikt zwischen Byzanz und Rom gekommen und weitere dogmatische Streitigkeiten entbrannten immer wieder.

Bonifaz hielt, wie die Angelsachsen, strikten Romkurs. Dorthin waren die angelsächsischen Könige gezogen, um bei den Märtyrern beerdigt zu werden. In Rom lag der Hort der wahren Christlichkeit – von dort kopierte Bonifaz auch Kultgebräuche, führte in seinem Bereich die römische Liturgie ein. Bonifaz wollte alle Kleriker dem zuständigen Bischof unterstellen, er forderte ein Verbot absoluter Weihen, verlangte, die Eigenkleriker aus ihrer Abhängigkeit zu entlassen, Gottesdienste, Messe, Taufen nur in einer Kirche bischöflichen Rechts zu feiern. Überhaupt – die irischen Taufgebräuche: lagen auch diese nicht außerhalb der Ordnung: genügte da nicht schon eine Handauflegung?

Welten stehen da gegeneinander; auf der einen Seite die phantasievollere, buntere, ungebändigte, die Vielfalt der Formen zulassende irische Kirche, freilich auch mit einer Tendenz zu Chaos und Unordnung, zu unüberschaubaren Zuständen. Dagegen, auf der anderen Seite, der strenge, römisch-rechtlich handelnde Bonifaz, ohne große Phantasie und Gelehrsamkeit, pragmatisch, in klaren Hierarchien denkend, die politischen Verhältnisse taktisch klug kalkulierend. Er schätzte klare Strukturen, wollte Weisungen geben und empfangen.

Bonifaz gilt nach einem gängigen Schlagwort als der „Apostel der Deutschen". Doch dazu wurde er erst seit dem letztem Jahrhundert, weil im damaligen Kirchenkampf die alte Anbindung Germaniens an Rom zu zeigen war. Mit unserem Raum, mit dem heutigen, ja mit dem damaligen Deutschland (das es so noch nicht gab) hatte Bonifaz eigentlich recht wenig zu tun. Es führen nur Spuren vom Frankenreich des 8. zum Deutschland des 19. Jahrhunderts.

Aus dem Scheitern seines ersten Missionsversuchs in Friesland, 716, blieb Bonifatius die nachhaltige Erfahrung: ohne politische Anlehnung und Unterstützung ließen sich keine Missionserfolge erzielen. Darum hat er sich auch strikt in Zukunft an die Politik gehalten. Die Organisation der bayerischen Bistümer durch Bonifaz wird nur vor diesem Gesamthintergrund verständlich.

Herzöge und Bischöfe
Wer beherrscht die Landeskirche?

Kirche und Staat waren im frühen Mittelalter nicht getrennt, bildeten im Gegenteil eine Einheit. Die Identität von politischer und kirchlicher Ordnung wurde als selbstverständlich empfunden. Die Auseinandersetzung zwischen den beiden Gewalten lag noch in der fernen Zukunft. Aber nur wenn man von dieser damaligen Vorstellungswelt ausgeht, wird das Handeln von geistlichen und weltlichen Machthabern verständlich.

Beide waren in römischen wie germanischen Rechtsvorstellungen befangen. Papst Gelasius I. hatte am Ende des 5. Jahrhunderts in Bezug auf die merowingischen Frankenkönige formuliert: Aufgabe der Herrscher sei es, den Glauben und die Kirche zu schützen. Den Königen seien von Gott die Kirchen anvertraut, sie hätten ihre Untertanen dem wahren Glauben zuzuführen und vor Gefahren für das Seelenheil zu schützen. Damit wird in Zukunft dann ein doppelter Anspruch der Kirche verbunden: Sie verlangt Schutz durch die weltliche Macht, suchte diese aber auch der göttlichen – damit – in Konsequenz – der päpstlichen Kontrolle zu unterwerfen.

Die Kaiser beanspruchten, im ersten Jahrtausend durchaus in Übereinstimmung mit der Kirche, die Leitungsgewalt in Kirchenangelegenheiten. Ähnlich dachten auch die Merowinger. Aufgrund ihres Sakralkönigtums fielen ihnen kultische Funktionen zu. Im Frankenreich unterstand seit Chlodwig, also gegen Ende des 5. Jahrhunderts, die katholische Staatskirche dem königlichen Kirchenregiment. An der Besetzung der Bistümer war der König maßgebend beteiligt. In der Zeit der letzten Merowinger, also gerade um 700, „ist dann das Wahlrecht offenbar überhaupt stark in den Hintergrund gedrängt und der Bischof vielfach einfach vom König oder Hausmeier ernannt worden." Die Sammlung von verschiedenen Formularen für den Kanzleigebrauch der Könige, die Formulae Marculfi, enthält einen Text für eine Erhebung ohne vorherige Wahl.

Diese Verfügungsgewalt über die Bistümer tritt auch im baierischen Stammesgesetz, der Lex Baiuvariorum, zutage. In § I,10 – der Zeitpunkt der Entstehung dieses Absatzes ist allerdings umstritten – findet sich eine Passage über den *Bischof, den der König eingesetzt hat oder den das Volk sich gewählt hat ...* Also auch hier wird mit Bischofseinsetzung durch die weltliche Gewalt gerechnet.

Diese Textstelle des bairischen Gesetzbuches zeigt schon fränkischen Einfluß. Vorher hätte es heißen müssen: *... den Bischof, den der Herzog eingesetzt hat ...* Denn auch der bairische Herzog suchte dieses königliche Recht für sich in Anspruch zu nehmen und eine eigene Landeskirche zu schaffen, ihm genehme Bischöfe zu ernennen. Aus diesen Anschauungen heraus übernahm der baierische Herzog bei der Schaffung geordneter kirchlicher Zustände die Hauptrolle.

Bistumsorganisation

Den ersten Anlauf zu einer Bistumsorganisation unternahm Herzog Theodo 715 oder 716. Er kam als erster seines Stammes nach Rom, um am Grab des heiligen Petrus zu beten. Das ist eine Umschreibung der Quellen für das Hauptunternehmen: nämlich den Verhandlungen mit dem Papst.

Man kann darum wohl wirklich von einer diplomatischen Reise sprechen, mit dem Ziel, eine durchgreifende kanonische Ordnung herbeizuführen und eine eigene Landeskirche zu schaffen. Den Wildwuchs der kirchlichen Zustände galt es zu beseitigen und wieder die kanonische Form, feste Diözesen, einzurichten. Doch sind auch die damit verbundenen politischen Absichten ganz deutlich. Die Landeskirche sollte die Position Theodos und seiner Nachkommen stärken, sollte das Herzogtum mit einer religiösen Klammer – gerade auch gegen das Ausgreifen der fränkischen Hausmeier versehen.

Das zeigt sich am Zeitpunkt, zu dem Theodo aktiv wurde.

Der Hausmeier Pippin der Mittlere war 714 gestorben, die Wirren um die Nachfolge ließen keine geregelte fränkische Außenpolitik zu. In diesen Jahren wandte sich Theodo an den Papst. Er konnte dies tun, da offensichtlich frühere, gute Beziehungen zu Rom existierten: Korbinian empfing seine Bischofsweihe durch Gregor II., auch Emmeram wollte nach Rom ziehen.

Die Verhandlungen kamen zu einem Abschluß, Papst Gregor II. schickte seine Legaten, Bischof Martinian, Presbyter Georgius und Subdiakon Dorotheus, nach Bayern. In ihrem Bevollmächtigungsschreiben vom 15. Mai 716 finden sich Anweisungen zur Einrichtung von Bistümern. Die Herrschaft der einzelnen Herzöge sollte den Bezugspunkt bilden, die Diözesen sollten um die einzelnen Herzogssitze gebildet werden. Der vornehmste Ort war dem Erzbischof vorbehalten. Dieser sollte aus dem Lande genommen werden, ließ sich dort kein geeigneter Kandidat finden, wollte Rom einen auswählen.

Das Schreiben des Papstes enthält nicht zum geringsten Teil die Vorstellungen Theodos. Er hatte vor seiner Abreise das Land unter seine Söhne aufgeteilt. Die Herzogssitze Passau, Freising, Salzburg sollten jeweils Zentrum eines Bistums werden; Regensburg blieb die Hauptstadt und – als vornehmster Ort – wohl für den Metropoliten vorgesehen. Auch das Recht, die Bischöfe, einschließlich des Erzbischofs, zu ernennen, hatte sich der Herzog reserviert.

Die päpstliche Kanzlei in Rom setzte den Brief aus mehreren Vorlagen und Formularen zusammen, um dem Anliegen Theodos gerecht zu werden. Offensichtlich gab es für so einen Fall noch kein Musterschreiben. Für die Päpste blieb der Norden Nebenschauplatz, sie widmeten ihm wenig Interesse und kaum Energie, waren sie doch durch die Vorgänge in Italien zu sehr beschäftigt.

Der Papst fühlte sich weiterhin als Glied des römischen Reichs, pflegte ein reichskirchliches Bewußtsein, auch wenn das für das 8. Jahrhundert schon anachronistisch anmutet. Noch immer orientierte sich das Papsttum zu Beginn des 8. Jahrhunderts nach Osten, nach Byzanz zur Reichshauptstadt. Zwar konnte eine kaiserliche Autorität in Italien um 700 nicht mehr geltend gemacht werden, aber eben auch noch keine päpstliche über die Gesamtheit der griechischen Reichskirche. Doch die Päpste waren in dogmatische Streitigkeiten, in den Bilderstreit vor allem, einbezogen, ferner in die politischen und militärischen Auseinandersetzungen zwischen den byzantinischen Restposten und den expandierenden Langobarden in Italien. Das Papsttum beanspruchte den Primat der Westkirche, zumindest als Ehrenvorrang, machte ihn aber auch jurisdiktionell geltend. Rom kam hier eine besondere Rolle bei der Schlichtung von Streitfragen zu. Die Parteien wandten sich um Rechtsauskunft an den Stuhl Petri. So erwuchs ihm auch über diese Funktion seine spätere Führungsrolle.

Theodo bezog den Papst in seine Pläne ein. Dem Herzog kam dabei zugute, daß Bayern in dieser Zeit eine Vormachtstellung in Oberitalien behaupten konnte. Die baierischen Agilolfinger hatten 711/12 bei langobardischen Thronkämpfen eingegriffen und gegen die Franken ihren Kandidaten durchgesetzt.

Die Möglichkeit einer Kirchenorganisation also wäre gegeben gewesen. Der Brief des Papstes ist nach Bayern gelangt; die älteste Überlieferung stammt aus Salzburg. Ob der Plan allerdings in die Tat umgesetzt wurde, bleibt umstritten. In aller Regel wird daran gezweifelt. Denn es kam zu keiner Einsetzung eines Erzbischofs, zu keiner hierarchischen Organisation der Kirche in Bayern.

Einen Grund für das Scheitern hat man im Tode Theodos gesucht, der bald darauf erfolgt sein dürfte. Ein weiterer lag in den Streitigkeiten nach dessen Tode. Er hatte das Land vor seiner Romreise unter seine vier Söhne aufgeteilt, von denen aber bald drei verstarben. Da aber einer von ihnen, Theodebert, noch einen Sohn hatte, kam es zur Landesteilung zwischen diesem und Grimoald – was zu Auseinandersetzungen führte und die Nachbarn zum Eingreifen geradezu einlud. In diesen Konflikt wurde auch Korbinian einbezogen.

Die Leistung Theodos ist in der Forschung lange zu negativ gesehen worden. Er hat die Grundlagen gelegt, ohne die Bonifaz seine Organisation nicht hätte aufrichten können. Ohne vorhergehende, vorbereitende Arbeiten wächst innerhalb kürzester Zeit keine Kirchenorganisation aus ziemlich kargem Boden. Bonifaz konnte so auf Theodos Ansätzen aufbauen. Doch die Schüler und Freunde des Heiligen neigten dazu, in ihren Schriften die Leistungen ihres Lehrers und Freundes ins hellste Licht zu setzen. Manche anderer fielen dafür unter den Tisch.

Ein Indiz für die Durchführung einer ersten Bistumsorganisation läßt sich auch daraus gewinnen, daß in einzelnen Herzogtümern nach 715/6 Bischöfe amtierten. Es stünde nach dem oben Gesagten zu erwarten, daß Theodo schon Kandidaten ausgesucht und vielleicht eingesetzt hatte. Dem Papst blieb nach damaligen Auffassungen ohnehin nur eine Art von Beratungsrecht.

Wir haben zwei Nennungen für Regensburg. Rathar soll Bischof gewesen sein. Die einzige Mitteilung stammt von Arnold von St. Emmeram, der aber rund 300 Jahre später schrieb. Er berichtet von einer Schenkung Herzog Hucberts an Rathar. Wicpert, der ebenfalls in dieser Zeit Bischof gewesen sein soll, ist allerdings umstritten.

Ein Brief Gregors III. von 738 an Bischöfe in Bayern und Alemannien spricht ferner für deren Existenz – und vom Wissen Roms darüber. Papst Gregor forderte die namentlich, doch ohne Ortsnennung aufgeführten Bischöfe zur Zusammenarbeit mit Bonifaz auf. Problematisch allerdings ist deren genaue Zuordnung. Gehören die genannten Bischöfe nach Bayern – oder eher nach Schwaben? Sicher zu identifizieren ist nur Vivilo. Vivilo muß zwischen 731 und 738 von Papst Gregor III. für Passau geweiht worden sein. Wenn es nun vor 739 schon Bischöfe in Passau und Regensburg gegeben hat, dann müssen auch deren Tätigkeitsbereiche, Diözesen also, gegeneinander abgegrenzt gewesen sein.

Es besteht einhellige Meinung in der Forschung, daß die Diözesangrenzen sich an den politischen Grenzen ausrichteten. Demnach hätten die Grenzen der Landesaufteilung von 712/3 zugleich die Diözesangrenzen von 715 sein müssen. Freilich lassen sich diese Grenzen nicht mehr nachziehen. Offensichtlich hat die Neuordnung Karls nach der Okkupation Bayerns sie verwischt.

Damit gehen auf Theodo die Fundamente der späteren Bistumsorganisation zurück. Aus den Bischöfen an den vier Herzogshöfen um 700 werden durch die Organisation Theodos bereits Diözesanbischöfe. Doch vieles blieb im Rohbau stehen: Es läßt sich bezweifeln, ob eine geordnete Verfassung entstand, ob ein fester Rechtsbrauch in Wahl und Bestallung der Bischöfe erreicht wurde. Ein Blick auf die fränkischen Nachbarn zeigt deren Landeskirche selber in der „bedenklichsten organisatorischen Auflockerung". Von dort konnten keine Impulse ausstrahlen, denn das System der Kirchenprovinzen unter der Leitung von Metropoliten zerbröckelte, der Diözesanverband hatte den inneren Halt verloren. Nach Theodos Zeit aber regierten die Hausmeier in das Land herein. Im Merowingerreich gab es keinen Metropoliten mehr – warum sollte es dann ausgerechnet in Bayern einen geben? Brachte doch der die Gefahr mit sich, daß die unabhängige bayerische Landeskirche an die große fränkische angeschlossen wurde. Das ließ sich so recht gut verhindern.

Der zweite Anlauf

Die politischen Verhältnisse änderten sich, damit wieder die herzogliche Politik. Sie zeigt ein relativ gleichförmiges Muster: in fränkischen Schwächeperioden sucht der bayerische Herzog seine Unabhängigkeit und greift dabei auf bewährte Verbündete zurück. Unruhen im Frankenreich in den dreißiger Jahren des 8. Jahrhunderts ermunterten Herzog Odilo, und zu diesem Zeitpunkt nimmt er den Plan der Kirchenorganisation wieder auf. Der Aufbau einer geschlossenen Landeskirche konnte seiner staatlichen Unabhängigkeit, die er ebenfalls anstrebte, nur zugute kommen. Odilo plante offensichtlich eine mit Rom verbundene Landeskirche unter seiner Herrschaft. Den Papst sah er eher als den Inhaber der normweisenden Gewalt und weniger als Spitze der Universalkirche an. An die Schaffung einer päpstlich dominierten römischen Kirchenprovinz dachte damals niemand. „War die grundlegende Ordnung einmal verwirklicht, dann würde der Papst als oberste Instanz nur noch in jenen Ausnahmefällen in Erscheinung treten, die man mit Willen des Fürsten an ihn herantrug."

Die alten Verbindungen zu Rom waren nicht abgerissen, und in Bonifatius verfügte der Herzog über die geeignete Persönlichkeit, um die Organisation abzuschließen. Er hielt sich zwischen 732 und 739/40 mehrfach im

Lande auf, und dabei wurde wohl auch über diese Pläne gesprochen. Vom Papst erhielt er die nötigen Vollmachten; er wurde zum Legaten ernannt.

Unter Anlehnung an 716 gliederte Bonifatius das Land in vier kanonisch organisierte Diözesen, trennte sie untereinander nach den politischen Grenzen der Teilherzogtümer. Die vorhandenen Bischöfe in Regensburg, Salzburg und Freising wurden von ihm ab- und neue Sprengelbischöfe eingesetzt, die er selbst weihte. Wir hören von Johannes in Salzburg, Erembert in Freising und Gaubald in Regensburg. In Passau mußte er den dort residierenden Vivilo hinnehmen, als dessen Weihe von Rom bestätigt wurde.

Bonifaz muß zu Konzessionen an lokale Traditionen bereit gewesen sein. Vivilo blieb, wie gesagt, in Passau. In Salzburg und Regensburg amtierten die Bischöfe in Doppelfunktion als Klostervorstände weiter. Wie weit der Herzog bei den Kandidaten wieder ein Wort mitredete, wissen wir nicht – aber aus Gaubalds sichtlicher Herrschernähe sind herzogliche Empfehlungen stark zu vermuten. Auch die Namen der anderen Bischöfe verweisen nicht auf die Umgebung Bonifaz'. Er konnte hier nicht, wie anderweitig geschehen, die Bischofsstühle mit seinen Leuten besetzen.

Die Grenzen waren festgelegt, neue Männer eingesetzt, und nun sollte ein Metropolit ausgewählt werden – und wieder kam es nicht dazu. Die Gründe dafür sind nicht mehr im einzelnen nachzuvollziehen. Es dürften verschiedene Momente zusammengespielt haben. Für Regensburg ist das natürlich besonders von Bedeutung, weil zu dieser Zeit allein die Hauptstadt als Sitz des Metropoliten in Betracht kam – und es ist zu fragen, warum Regensburg übergangen – und dann Salzburg Metropolitansitz wurde?

Bonifaz' großes Ziel, die Einrichtung einer Kirchenprovinz Germanien unter seiner Leitung, scheiterte am Widerstand des fränkischen Episkopats, vielleicht auch am Desinteresse des Hausmeiers Karl Martell. Beide verfolgten damals unterschiedliche Ziele. Karl Martell wollte die Macht auf sich konzentrieren, um den Herrschaftsübergang von den Merowingern voranzutreiben. Dazu brauchte er aber auch die großen Familien. In deren Händen aber lagen die Bistümer; ein Mitglied der Sippe saß gewöhnlich auf einem Bischofsstuhl. Die Kirchenreform, die Bonifaz vornehmen wollte, samt der Umbesetzungen im Episkopat, die sich dabei abzeichneten, stieß bei den adligen Familien auf Widerstand. Sie fürchteten um ihre Machtbasis und um ihr Einkommen, das aus einem Bistum floß. So lag Karl Martell genau so wenig an einer Änderung der Dinge wie seinen Großen.

Doch aufgegeben hat Bonifaz seine Absicht nicht. Von daher gesehen dürfte ihm die Stellung als Metropolit in Bayern, als Erzbischof von Regensburg, die sich dann 739 anbot, zu eng gewesen sein. Bonifaz wollte ja eine umfassendere Organisation, mußte sich künftige Entwicklungen offen halten und konnte sich deswegen nicht auf Bayern festlegen lassen.

Nach 739 aber wurde seine Verbindung zur fränkischen Landeskirche enger. Bonifaz unterstellte sich schließlich der Kirchenherrschaft der Hausmeier und wurde 742 zum Metropoliten Austrasiens erhoben, trat damit in die fränkische Landeskirche ein.

Karl Martells Tod 741 hatte die Lage verändert. Sein Nachfolger Pippin konnte zwar auf die Hilfe der Großen zählen, kein Wunder – hatten sie ja von den Karolingern reiche Schenkungen erhalten. Nur fehlte eben seiner Sippe das alte merowingische Königsheil, die sakrale Würde. Um diesen Makel zu beseitigen, benötigte er die Mitwirkung der Kirche. Der Papst konnte ihm durch die Salbung das Gottesgnadentum des Herrschers übertragen. Ungeordnete kirchliche Zustände aber sprachen nicht unbedingt für die Eignung der Hausmeier, darum trat nun ein Bemühen um Reformen ein. Deren Notwendigkeit verdeutlicht ein Brief Bonifaz', 742 an Papst Zacharias gesandt. Selbst wenn eingerechnet wird, daß Bonifaz etwas dunklere Farben aufträgt, weil er die nach dem alten System ernannten Bischöfe gerne durch eigene Leute ersetzt hätte, weil die alten Bischöfe zum Teil auch seine erbittertsten Feinde waren – es zeigt sich doch, daß diese Bischöfe ihre Verhaltensweisen eher an die ihrer weltlichen Verwandten anlehnten, als nach kirchlichen Vorschriften zu leben.

Bonifaz beklagte sich, seit 60 oder 70 Jahren werde die Verfassung der Kirche mit Füßen getreten und sei darum zerrüttet. Seit mehr als 80 Jahren sei keine Synode einberufen worden, um die kirchenrechtlichen Bestimmungen zu begründen und zu erneuern. Es gebe keine Erzbischöfe, die Bischofssitze seien Laien überlassen, denen es um die Kirchengüter gehe, die Unzucht trieben, dem Wucher frönten und weltlichen Genüssen.

Es gäbe Diakone, die seit ihrer Kindheit immer in Unzucht, immer in Ehebruch und immer in allerlei Schmutz gelebt hätten, die jetzt im Diakonat vier oder fünf oder noch mehr Beischläferinnen im Bett hätten – und sich doch nicht schämten oder fürchteten, das Evangelium zu verlesen ... Wenn sie zur Priesterweihe gelangten, machten sie in den gleichen Sünden weiter, reihten eine Sünde an die andere ... Sie durchliefen schließlich mit solchen Zeugnissen die einzelnen Weihegrade und würden zu Bischöfen geweiht. Unter den Bischöfen gäbe es aber auch einige, die sagten, sie seien keine Hurer und Ehebrecher, die aber trunk-

und streitsüchtig seien und eifrige Jäger und die bewaffnet im Heere kämpften und eigenhändig Menschenblut vergossen hätten von Heiden und von Christen ... Was solle mit denen allen geschehen?

742 bot sich nun die Möglichkeit zur Reform, Karlmann hatte zugesagt, in seinem Teilreich eine Synode zu halten. Doch das Reformkonzil wurde nur schwach besucht. Bonifaz wollte die Kirchenverfassung wieder herstellen, jährliche Synoden abhalten und die Geltung des Kirchenrechts wieder einschärfen. Die alleinige Zuständigkeit des Bischofs für die Administration und Jurisdiktion in seiner Diözese wurde festgeschrieben – die Auseinandersetzung mit den irischen Bischöfen zeigt sich in diesem Punkt. Gefordert wurde ferner die Rückgabe des Kirchenguts, das Laien an sich gerissen hätten – also eine Teilenteignung der Sippen. Unkeusche und verheiratete Priester sollten aus ihren Ämtern entfernt werden, weltliche Gewänder und Waffen durften nicht mehr getragen werden. Die Benediktregel galt maßgebend für die Klöster. Die Beschlüsse wurden, wie es sich gehörte, in einem Kapitular verkündet. Der König verhalf ihnen erst durch diese amtliche Veröffentlichung zur Gültigkeit – ganz in den herkömmlichen Bahnen, wie es auch der oströmische Kaiser handhabte.

Bonifaz im Abseits

Diese Integration Bonifaz' in die fränkische Landeskirche muß bei Odilo Mißtrauen erweckt haben. Der Herzog wollte seine Landeskirche behalten, sie nicht – über Bonifaz – in einer fränkischen Reichskirche aufgehen sehen.

Das Verhältnis beider verschlechterte sich. Odilo wandte sich direkt nach Rom, um Bonifaz als Legaten für Bayern auszuschalten. Er suchte die alten guten Verbindungen auszunutzen. Dort blieb man den Baiern gewogen, erkannte aber offensichtlich die politischen Zusammenhänge nicht. Vielleicht rechnete Odilo auch ganz gezielt mit unklaren Vorstellungen Roms über die Geschehnisse nördlich der Alpen. Mit dieser Einschätzung lag er nicht gänzlich falsch: 742 erschien Sergius, ein päpstlicher Legat, den Odilo als Ersatz für Bonifaz betrachtete. Dieser mischte sich auch in die ausbrechenden politischen, schließlich auch militärischen Auseinandersetzungen zwischen Odilo und Pippin ein. Als sich die beiden Heere am Lech gegenüberstanden, befahl Sergius den Franken im Namen des hl. Petrus den Rückzug. Erfolglos. Nach dem Sieg erklärte ihm Pippin, er könne unmöglich im Auftrag des Petrus und des Papstes gehandelt haben, da das Gottesurteil des Schlachtensieges das Gegenteil beweise.

Taufspendung durch Bonifaz und dessen Martyrium in einer Handschrift des 10./11. Jahrhunderts aus Fulda.

Diese Brüskierung Bonifaz' durch Rom ist nicht als überlegte päpstliche Politik zu sehen, auch wenn der Missionar das so auffassen mochte. Briefe des Papstes von 744 und 747 bestätigten Bonifaz die Legatenwürde für Bayern und die Provinz Gallien, doch sein Einfluß im Lande war zwischenzeitlich geschrumpft. Das zeigt sein erfolgloser Kampf gegen Virgil, dem er die Anerkennung als rechtmäßigem Bischof von Salzburg nicht verweigern konnte. Odilo hatte ihn – wohl ungefragt – 747 eingesetzt. Bonifaz sah damit eine Bresche in seine Legatengewalt geschlagen, sah darin ein Hindernis bei seinen Organisationsbemühungen. Auch sonst kam der Herzog ihm nicht entgegen. Er suchte seine Landeskirche fest in der Hand zu halten und: Selbst die von Bonifatius in Bayern geweihten und eingesetzten Bischöfe durften ... nicht auf seinen Reformsynoden im Frankenreich erscheinen. Der Herzog hatte sie nicht ziehen lassen.

Bonifaz geriet auch deswegen ins Abseits, weil Herzog Odilo zu einem Zentrum des antifränkischen Widerstands wurde. Er suchte gegen die Ausdehnungspolitik der Hausmeier Bundesgenossen – und brachte auch eine weitumgreifende Koalition zusammen. Bei seiner Niederlage 743 sehen wir auf bayerischer Seite sächsische, alemannische und slawische Truppen – und eben auch Sergius, den päpstlichen Legaten. Eine seltsame Koalition, vielleicht geeint in der – nur zu berechtigten Furcht vor weiterem fränkischen Ausgreifen, gestützt auf den Vorwurf der mangelnden Legitimität der Hausmeier; nicht umsonst werden sie nochmals 743 einen merowingischen Schattenkönig eingesetzt haben.

Die Präsenz des Legaten erstaunt doch. Odilo muß mehr im Sinne gehabt haben, als bloß Bonifaz zu verdrängen. Warum befand sich der Regensburger Bischof Gaubald an Odilos Seite? Es gibt keinen Beweis. Aber könnte nicht damals versucht worden sein, eine bayerische Landeskirche wieder als stabilisierendes Element gegen die Franken einzurichten? Vielleicht hatte der Papst durch Sergius den Odilo als Herrn einer dem Frankenreiche gegenüber autonomen Landeskirche anerkannt, dem nach Königsart das Recht zustehe, Bischöfe einzusetzen. Wäre es da nicht denkbar, daß nun der Bischof der Hauptstadt, Gaubald, zum Metropoliten hätte aufsteigen sollen – mit einer Spitze gegen Bonifaz – und selbst mit unmittelbarer Bindung an Rom?

Nach der Niederlage Odilos mußte ein derartiger Plan jedenfalls begraben werden. Durch die Machtveränderungen hätte nun Odilo befürchten müssen, über einen Metropoliten wieder in die fränkische Reichskirche eingebunden zu werden. Ein Metropolit der Karolingerzeit war eben „nicht eine rein kirchliche Zwischeninstanz zwischen Papst und Bischöfen, sondern auch ein Beauftragter und Treuhänder der in den Dienst ... (der) Reichsidee gestellten Kirchenpolitik."

Da ein Metropolit über die Landeskirche hinausragte, spielten bei der Ernennung immer politische Überlegungen und Abwägungen eine Rolle – und jedesmal erschien es den Herzögen zum konkreten Zeitpunkt besser, davor halt zu machen. So blieb die bayerische Landeskirche auch die weiteren Jahre in diesem unfertigen Zustand. Denn auch Tassilo, wie wir noch sehen werden, hielt es für besser, keinen Metropoliten wählen zu lassen.

Wir haben bislang nur die Vorgänge in den alten Kernlanden betrachtet, wollen aber nun den Blick kurz über die damaligen Grenzen hinaus lenken und noch die Bistümer ansehen, die später erst dazukamen oder wegfielen.

Neue und alte Bistümer: Würzburg, Eichstätt, Säben

Die fränkische Eroberung des Gebiets der Thüringer im 6. Jahrhundert schuf die Voraussetzungen für die dortige Mission. Thüringen freilich hatte damals eine andere geographische Ausdehnung. Den Mittelpunkt bildete Würzburg, das Gebiet erstreckte sich um den oberen und mittleren Main vom Odenwald bis zur Saale, im Süden bis zu Neckar, Jagst, dem Quellgebiet der Altmühl, zur Rezat bis zur Rhön. Pläne zur Bistumsorganisation wurden schon durch Gregor II. erwogen, doch diese stießen immer auf Schwierigkeiten. Nach den kanonischen Bestimmungen erforderte ein Bischofssitz eine bestimmte Größe – und die Orte dort waren alle zu klein. Zudem verhinderten fehlender Nachwuchs, Sprachschwierigkeiten, die mangelnde politische Unterstützung durch die Franken einen weiteren Fortschritt. Mitteldeutschland wurde so wesentlich durch Bischöfe von Mainz und Trier erschlossen. Von daher leiteten sie auch ihre späteren Ansprüche auf diese Gebiete ab.

Kilian und zwei Gefährten hatten in Würzburg und Umgebung das Evangelium gepredigt, waren um das Jahr 689 ermordet worden. Eine knappe Aussage, aber darüber hinaus verfügen wir, das muß offen gesagt werden, über kein gesichertes Wissen. Jedenfalls erscheint Würzburg als durch Märtyrerblut geheiligter Ort. Doch erst durch Bonifaz wurde, mit der Unterstützung durch die fränkische Staatsgewalt, hier ein Bistum gegründet.

Freilich, weiterhin bildete das Christentum manchmal nur einen dünnen Firnis. Als die Herzöge in Thüringen in die Auseinandersetzungen nach 714 einbezogen und dabei untergegangen waren, regte sich prompt eine heidnische Reaktion. Bonifaz erschien dort, um verirrte Priester wieder auf den rechten Weg zurückzuführen – doch das war nicht die von ihm gewünschte Heidenmission, er ging lieber wieder nach Friesland, wo er schließlich den Tod fand.

Das Zusammengehen mit der weltlichen Macht erweist sich hier recht deutlich. Die militärisch – administrativen Mittelpunkte der fränkischen Reichsgewalt wurden zu Bischofssitzen. Hier gelang es Bonifaz wieder einmal, angelsächsische Bischöfe einzusetzen. In Würzburg weihte Bonifaz seinen Landsmann Burchard. Der Frankenkönig Karlmann sorgte für die Ausstattung des Bistums, er übertrug das dortige Kloster und 24 Eigenkirchen, den Zehnten von 25 Königshöfen. Die vielen Königshöfe und auch die Eigenkirchen des Königs, dazu ähnliche Schenkungen der Großen bildeten die Grundlage und Ausgangsbasis für eine Evangelisation der Bevölkerung. Auch die fränkischen Statthalter übertrugen Gut, stifteten Grundlagen für Klöster. Zunächst war die Marienkirche in der Burg die Hauptkirche, bis schließlich das kirchliche Zentrum ins Tal verlegt wurde.

Doch Bonifaz erwuchsen Widerstände durch andere Bischöfe. Gerold von Mainz beanspruchte – unter Verweis auf die Leistungen seiner Kirche – diesen Sprengel und wollte Eingriffe Bonifaz' dort verhindern. Gerold war eine Art von Militärbischof, gewandter im Umgang mit dem Schwert als mit dem Kelch. Er war schon fast der Prototyp des von Bonifaz verabscheuten Kirchenmanns. Bonifaz hatte geschworen, den Umgang mit solchen Leuten zu meiden, konnte es aber nicht, weil er am Hofe mit ihnen zusammentraf. Das zeigt gerade deren starke politische Verankerung.

Ein Problem der Forschung betrifft das Bistum Eichstätt. Strittig ist überhaupt, ob Eichstätt in den vierziger Jahren des 8. Jahrhunderts noch zu Bayern gehörte. Es wurde irgendwann mit dem Nordgau davon abgetrennt. Vielleicht geschah das erst 744, nach der Niederlage von 743 am Lechfeld. 740 verfügte der bayerische Herzog jedenfalls noch darüber.

Die Gründung des Bistums Eichstätt, darin sind sich die Historiker weitgehend einig, gilt als persönliche Leistung des hl. Willibald. Er wurde ziemlich genau um 700 geboren als Sohn eines Adeligen, hatte fünf Geschwister, darunter Wunibald und Walburga. Aufgrund eines Gelübdes übergaben ihn seine Eltern nach Genesung von einer schweren Krankheit als Dreijährigen einem Kloster. Derartige „Klostereintritte" von Kindern, pueri oblati genannt, erfolgten damals nicht selten. Sie führten mitunter zu schweren Problemen: was tun, wenn die Erwachsenen später gar keine Liebe zum Klosterleben entwickelten?

Willibald erhielt im Kloster die klassische Ausbildung. Doch es hielt ihn dort nicht, mit 20 ist er als Pilger aufgebrochen, wanderte zuerst nach Rom, kam 724 nach Jerusalem, 729 nach Konstantinopel. Danach trat er, zurück in Italien, ins Kloster von Montecassino ein und wurde von dort 739 in den Kreis um Bonifaz berufen. Dieser hatte schon dessen Bruder Wunibald als Hilfe angefordert. Nun schickte er um Willibald. In dessen Vita heißt es: *Und von da kam er zum Herzog Odilo,und dort war er eine Woche. Und von dort kam er zu Suidger, und dort war er bei ihm eine Woche lang. Und von da reisten sie nach Linthart, Suidger und Willibald, zum hl. Bonifatius. Und es sandte sie der hl. Bonifatius nach Eihstatt, damit er sehe, wie es ihnen gefalle. Jenes Gebiet Eihstatt übergab Suidger dem hl. Bonifatius zu seinem Seelenheil. Und der hl. Bonifatius übergab unserem Bischof Willibald das Gebiet, das noch ganz verwüstet war, sodaß kein Haus dort war, außer jener Kirche der Hl. Maria ...* Aus dem Text läßt sich sicher schließen, daß eine Klostergründung erfolgte. Den Boden gab der Eigentümer, Suidger, ein großer Grundbesitzer und mächtiger Mann an Bonifaz, der reichte ihn weiter. Das Einverständnis des bayerischen Herzogs, als Herr der Kirche, mußte anscheinend zudem eingeholt werden.

Zum späteren Bistum führen verschlungene Wege: Willibald wurde wohl 741 zum Bischof geweiht; aber nicht in Bayern und nicht für Eichstätt. Das hängt wohl mit der Einrichtung der Bistümer Würzburg, Erfurt und Büraburg durch Bonifaz zusammen. Er hatte vielleicht Willibald für Erfurt vorgesehen. Doch Büraburg und Erfurt wurden keine Bistümer, die Orte ließen sich gegen die heidnische, sächsische Bedrohung nicht halten.

Willibald nahm 742 am bonifazischen Reformkonzil teil. Wie bereits gesagt, findet sich sonst kein bayerischer Bischof als Teilnehmer. Das spricht dafür, daß Willibald tatsächlich für Erfurt vorgesehen war, denn

Das Modell des frühmittelalterlichen Klosters und des Domes von Eichstätt, 8. Jahrhundert.

die Bischöfe von Würzburg und Büraburg waren auch dort. Die Verbindung mit der fränkischen Landeskirche blieb gewahrt, 762 auf der Synode von Attigny wird der Bischof des Klosters Eichstätt genannt.

777 amtet dann Willibald als Diözesanbischof. Innerhalb der fränkischen oder der bayerischen Landeskirche? Handelte es sich bei der Bistumserhebung um eine fränkische Gegenmaßnahme zu der Bistumsgründung Tassilos von 760 in Neuburg an der Donau? Eichstätt hätte sich dann, durch Pippin unterstützt, dagegengestemmt. Eine fränkische Suprematie muß angenommen werden. Eine Grenze zwischen Eichstätt und Regensburg muß auch gezogen worden sein, denn nach der Diözesaneinteilung von 739 wäre eigentlich Regensburg für die Region zuständig gewesen.

Vielleicht wurde Willibald durch Bonifatius als Klosterbischof nach angelsächsisch-irischem Muster eingesetzt. Ihm könnte als Ersatz und Entschädigung für den Verlust von Erfurt ein Klosterbezirk mit eigener Kathedrale zugewiesen worden sein. Durch seinen Einsatz und seine Tatkraft erhob Willibald Eichstätt zur Diözese. Freilich dürften sich seine Intentionen mit denen der Franken gedeckt haben. Diese wollten einen eigenen politischen Schwerpunkt gegen die Herrschaft eines bayerischen Bischofs setzen. Denn dieser hätte wieder unter der Oberhoheit des Herzogs gestanden und letzterer damit diese Grenzregion beherrscht.

Als dann aber 787 der Nordgau an Bayern zurückfiel, war Willibald schon in die Rolle eines Diözesanbischofs hineingewachsen. Vielleicht war er auch schon von den Franken als solcher anerkannt worden. Wenn er sich dem Herzog unterstellte, dann ließ sich die Region durchaus als bayerischer Grenzpfeiler gebrauchen. Vollgültiges Bistum wurde Eichstätt sicher nach 787, doch noch lange mit fließenden Grenzen. Eichstätts Aufgabe lag darin, eine bislang noch unvollkommen erschlossene und christianisierte Landschaft zugänglich zu machen. Das Bistum sollte eine Lücke im Netz der Bistümer schließen.

Das Bistum Säben wird erstmals am Ende des 6. Jahrhunderts genannt und steht noch im Rahmen der spätantiken Organisation, mit Anlehnung an deren Provinzeinteilung. Dann haben wir für 200 Jahre keine Nachrichten mehr, erst 769 hören wir wieder von einem Bischof. So sind nur Spekulationen möglich, ob es eingegangen war oder irgendwie weiterbestanden hat. Sicher gehörte es jedenfalls 769 zur bayerischen Kirche, denn der Bischof nahm an den Synoden von Dingolfing und Neuching teil.

Nach der Bistumsorganisation wurden zahlreiche Klöster gegründet. Das ist ein Verdienst der agilolfingischen Herzöge und ihrer Großen gewesen. Besonders Tassilo III. tat sich als Klostergründer hervor.

Die Herzöge und ihr Land
Theodo und Odilo

Das ganze 7. Jahrhundert hindurch hat sich offensichtlich an den Kräfteverhältnissen nicht allzuviel geändert. Die Franken sahen Bayern wohl noch immer als Teil ihres Reiches an. Doch nach jahrzehntelangen blutigen Bürger- und Bruderkriegen mußten sie ihre Kraft darauf verwenden, die innere Stabilität des Reiches wieder zu gewinnen. Das bot den Baiern die Gelegenheit, außenpolitisch aktiv zu werden.

Die Agilolfinger griffen in die innerlangobardischen Thronkämpfe ein, suchten ihren Kandidaten zum Sieg zu verhelfen. Eine Herrschaftsteilung im Jahre 661 hatte den Konflikt ausgelöst. Von den Streitigkeiten der Königssippe profitierten auch die langobardischen Großen: Herzog Grimoald konnte sich selbst zum König erheben lassen, und gegen den rechtmäßigen König Perctarit opponierte dann um 680 der Herzog von Trient. Die Agilolfinger suchten dem König Beistand zu leisten, scheiterten aber. Als um 711/12 erneut Thronwirren ausbrachen, intervenierten die Baiern erfolgreicher. Herzog Theodo und dessen Sohn Theodebert verhalfen dem Langobardenkönig Ansprand und dessen Sohn Liutprand nach einem längeren Exil zur Rückkehr. In der Entscheidungsschlacht bei Pavia unterlag der Gegenkönig und ertrank auf der Flucht. Die siegreiche Allianz wurde nach bewährtem Muster wieder mit einer Heirat über die Grenzen hinweg besiegelt. König Liutprand heiratete die bayerische Herzogstochter Guntrut.

Diese eigenständige bayerische Politik verdeutlicht die Schwäche der fränkischen Außenpolitik der Zeit. Obwohl die Franken in Italien die andere Seite unterstützt hatten, waren sie unterlegen. Bayerns Position dürfte in diesen Jahren stark gewesen sein.

Doch in den folgenden Jahren schwächten die Agilolfinger sich selbst. Vor seinem Tode teilte Herzog Theodo das Land unter seine vier Söhne. Das entsprach dem germanischem Erbrecht, führte aber in der Regel meist zu Erbauseinandersetzungen. Sie blieben auch in Bayern nicht aus. Von den Söhnen des Herzogs erhielt jeder ein Teilgebiet. Die Herrschaft über das ganze Land sollten sie wohl zusammen ausüben, denn die Gesamtherrschaft wurde – so wie bei den Franken – nicht aufgesplittert. Das konnte gut gehen, wenn sich die Brüder einig waren. Das ging aber gewöhnlich nicht gut. Kämpfe brachen schnell aus, wenn sich einer der Erben benachteiligt fühlte, oder einer der Teilregenten starb. In diesem Fall setzten dann vehemente Auseinandersetzungen um das Erbe ein, wir kennen das zur Genüge aus der fränkischen Geschichte. Gregor von Tours, ihr Chronist, schildert detailliert die Greuel.

Bayern machte hierbei keine allzugroße Ausnahme: Nach Theodos Teilung müssen in schneller Reihenfolge drei seiner Söhne verstorben sein. Am Leben blieb lediglich Grimoald. Ihm wäre nun die Gesamtherrschaft wieder zugefallen – und wahrscheinlich strebte er sie auch an. Doch dem stand der Sohn Theodeberts, Hucbert, entgegen. Onkel und Neffe konnten sich nicht leiden, gerieten sich in die Haare, und das ermöglichte den Nachbarn ein Eingreifen in Bayern. Der Langobardenkönig Liutprand, wohl im Bündnis mit seinem Schwager Hucbert, nutzte die Gelegenheit, um die Grenze in den Alpen wieder weiter nordwärts zu verschieben.

Auch die Franken sahen die Gunst der Stunde: 725 fiel Karl Martell in Bayern ein und brachte neben großer materieller Beute auch die Herzogin Pilitrud und deren Nichte Swanahild mit zurück ins Frankenreich. Pilitruds Mann, Herzog Grimoald, fiel wohl in diesen Auseinandersetzungen einem Mord zu Opfer. Damit war Grimoalds Linie ausgeschaltet, Hucbert Alleinherrscher. Als Hucbert 736 starb, folgte ihm Herzog Odilo nach. Die Forschung nimmt nun an, daß Odilo der alemannischen Linie der Agilolfinger entstammte. Diese kam zum Zuge, weil der baierische Zweig ausgestorben, der Rechtsanspruch der Sippe auf das Herzogsamt aber verbürgt war.

Für die Zeit von Theodo bis Odilo verfügen wir über eine erste bayerische Aufzeichnung. Im Verbrüderungsbuch von St. Peter in Salzburg ist die Reihe der verstorbenen Herzöge und ihrer Gattinnen eingetragen. In den Klöstern wurde für diese Toten und ihr Seelenheil gebetet.

An der Spitze des Textes steht Theodo. Folchaid, neben ihm eingetragen, müßte seine Frau gewesen sein. Es folgen Theodos Söhne: Theodebert, Grimoald, Theodolt und Tassilo. Theodebert griff seinerzeit in Italien ein. Er ist als erster genannt, war wohl der älteste. Grimoald ist uns aus den Kämpfen mit Hucbert vertraut. Pilitrud, seine Gemahlin, zog schließlich mit Karl Martell ins Frankenreich. Die anderen Söhne Theodos starben bereits früh. Als nächster in der Reihe folgt dann Hucbert, verheiratet mit Radtrud, und als letzter steht Odilo.

Wir haben gesehen, wie die unglückliche Teilung Theodos das Land schwächte, wie die rivalisierenden Herzöge, um sich gegeneinander zu behaupten, von außen ihre Verbündeten herbeiriefen. Für einige Jahre muß das Land zweigeteilt gewesen sein, mindestens bis zu Grimoalds Tod Mitte der zwanziger Jahre des 8. Jahrhunderts. Das erlaubte keine eigenständige Politik mehr, das stärkte die alten Gegner, die nun eingriffen.

Die Merowingerkönige hatten praktisch schon abgedankt, es waren nur noch Schattenkönige, Marionetten in der Hand der Hausmeier. Diese waren uneins. Erst als sich Karl Martell in der Herrschaft durchgesetzt hatte, gewann die fränkische Außenpolitik wieder an Schlagkraft. Hatten seine Vorgänger im Hausmeieramt von 709–712 jedes Jahr einen erfolglosen Feldzug gegen die Alemannen unternommen, gelang es Karl Martell, das Land wieder in Botmäßigkeit zu bringen. Auch bei den Alemannen zeigte sich die Tendenz, die Schwächen des fränkischen Großreichs für eine Rückgewinnung der Eigenständigkeit zu nutzen. Die Agilolfinger scheiterten mit der gleichen Politik ebenfalls an Karl Martell. Nach seinem Einmarsch von 725, mit Pilitrud und Swanahild als lebender Beute, unternahm Karl Martell 728 den nächsten Kriegszug. Hucbert, der nun allein regierte, dies vielleicht auch gerade dieser Intervention verdankte, scheint in Zukunft keine größeren außenpolitischen Aktionen mehr unternommen zu haben. Erst Herzog Odilo gelang es wieder, größere Unabhängigkeit zu erreichen. Das zeigt sich daran, daß Karl Martell bei seiner Reichsteilung 741, vor seinem Tod im gleichen Jahr, nicht über Bayern, wohl aber über Alemannien und Thüringen verfügte ...

Nach dessen Tode beanspruchten Pippin und Karlmann, die beiden Söhne aus Karls erster Ehe, die Herrschaftsgewalt. Doch da griff die bayerische Herzogstochter Swanahild, die zweite Gattin Karl Martells, in die Politik ein. Sie stachelte ihren Sohn Grifo an, einen eigenen Anteil zu beanspruchen. Grifo versuchte dies mit bewaffneter Hand, doch bereits im gleichen Jahr endete der Versuch mit einer Niederlage. Als Anstifterin des Aufstands mußte sich Swanahild in ein Kloster zurückziehen und verlor dadurch ihren Einfluß. Den hatte sie vorher freilich noch dazu genutzt, um Hiltrud, die Schwester Karlmanns und Pippins, nach Bayern zu schicken, wohl schon mit Heiratsabsichten. Gegen den Befehl der beiden Brüder vermählte sich Hiltrud mit Herzog Odilo. Das bedeutete einen harten Verstoß gegen das fränkische Recht. Denn aus der Gewalt, der Munt ihres Vaters, war nach dessen Tod die Schwester in die ihrer Brüder übergegangen. Eine Heirat hätte also deren Zustimmung bedurft. Doch die Ehe, einmal nach katholischem Ritus geschlossen, galt als unauflösbar.

Die Verwandtschaftsbande zwischen den Agilolfingern und den Karolingern schienen so enger geknüpft. Doch der gegenteilige Effekt trat ein: der Konflikt zwischen den Parteien hatte sich eher verschärft.

Die Hausmeier hatten, wie gesagt, die reale Macht in den Händen. Der Merowingerkönig selbst „regierte" in voller Abhängigkeit, konnte nicht mehr darauf hoffen, je wieder die Macht zu gewinnen. Die Hausmeier hatten nur den einen Nachteil, sie besaßen keine Geblütsheiligkeit, sie besaßen nicht das Charisma, das Königsheil der Merowinger. Sie hatten es verstanden, alle erforderliche Macht anzuhäufen, die wichtigsten Leute auf ihre Seite zu ziehen, aber der entscheidende Schritt konnte noch nicht getan werden. Sie übten zwar die Macht de facto aus, doch de jure war immer noch der Merowingerkönig der eigentliche Herrscher.

Diesen Konflikt nutzte Odilo aus. Er stammte aus einem Geschlecht, das an Alter und Vornehmheit den Merowingern selbst gleichkam. Auf die Pippiniden konnte er herabsehen, sie waren bloße Aufsteiger, Usurpatoren der Macht, jedoch keine legitimen Herrscher.

Der Machtanspruch, die Machtgier der Hausmeier bedrohte andere Gebiete. Odilo gelang es, eine umfassende, schon „europaweite" Koalition gegen sie zusammenzubringen. Slawen waren in sie eingebunden, die Teilnahme der Alemannen versteht sich fast von selbst, deren Herzog hatte sich schon früher gegen Pippin den Mittleren aufgelehnt. Die Sachsen wirkten mit und auch der weit entfernte Herzog von Aquitanien – der Ländername hat sich bis ins heutige Frankreich gehalten. Aquitanien tritt immer wieder als ein Gebiet mit ausgeprägtem Eigenstreben auf, hielt während des gesamten 8. Jahrhunderts als Verbündeter zu Bayern.

Die Hausmeier erkannten die Gefahr, die für sie von dieser Koalition ausging. Deswegen setzten sie auf den seit sechs Jahren verwaisten Thron mit Childerich III. noch einmal einen merowingischen Schattenkönig. Nach dessen Einsetzung im Frühjahr 743 ergriffen sie die Offensive. Ein fränkisches Heer rückte an den Lech vor, die alte westliche bayerische Grenze. Gute zwei Wochen stand es dort abwartend den baierischen Truppen gegenüber, bis dann die Franken in einem Überraschungsangriff die Baiern in der Seite und am Rücken packten und entscheidend schlugen. 52 Tage durchzogen die Sieger plündernd das Land. So groß sich die bayerische Koalition auch ausnimmt, sie scheint nicht recht koordiniert gewesen zu sein. Vielleicht warteten die Baiern auf Unterstützung von ihren Verbündeten, doch die Franken zersprengten durch ihren Sieg die gegnerische Front.

Odilo setzte sich hinter den Inn ab. Solange der Herzog lebte, blieb es ruhig in Bayern. Der Friede fiel für die Baiern glimpflich aus – verglichen mit dem Blutbad, das die Franken 746 in Cannstadt nach der Niederschlagung eines alemannischen Aufstandsversuchs anrichteten. Warum die Baiern so schonend behandelt wurden, wissen wir nicht. Möglicherweise wollten die Franken sie nicht durch harte Maßnahmen völlig in die Opposition treiben?

Die letzten Jahre Odilos blieben – wie gesagt – ruhig. Nach seinem Tode im Jahre 748 aber brachen sofort wieder Unruhen aus. Doch die Zeit Theodos und Odilos war nicht nur durch den fränkisch – bayerischen Gegensatz gekennzeichnet, in ihr wurde die zukunftsträchtige Verbindung mit Rom aufgenommen.

König gegen König

Die Anfänge

Die Geschichte von Tassilos Glück – und Ende ist, wie Heinrich Mitteis 1933 ironisch formulierte, schon öfters erzählt worden. Sie soll trotzdem noch einmal erzählt werden, denn die Forschung ist seit 1933 nicht stehen geblieben. Wir sehen genauer als früher die Kirchenpolitik des Herzogs, wissen um seine innerbayerischen Opponenten. Auch die staatsrechtliche Seite der Bindungen, das Verhältnis zu den Karolingern, ausgedrückt durch das Mittel der Zeit: die verschiedenen Eidleistungen Tassilos, stellt sich nun etwas anders dar. Lehnsrecht, Vassalität, Treuepflicht sind dabei zentrale Begriffe.

Bereits die ersten Jahre Tassilos stehen im Zeichen fränkischer Waffen. Sein Vater Odilo starb am 18. 1. 748. Tassilo dürfte damals ungefähr sieben Jahre alt gewesen sein. Da er somit noch unmündig war,übte seine Mutter die Vormundschaft aus. Pippin als dem Mutterbruder kam die Oberhoheit zu. Nach den germanisch-rechtlichen Regeln konnte die Mutter die Regentschaft ausüben, einbezogen war freilich auch ein männlicher Verwandter. Diese Herrschaftsregelung führte zu einer gewissen politischen, aber noch zu keiner rechtlichen Abhängigkeit Bayerns vom Frankenreich. Wie aber schon in den Zeiten davor, wirkten sich die Verhältnisse im Frankenreich auch auf Bayern aus.

In den Jahren vor der Mitte des 8. Jahrhunderts brach die Rivalität zwischen den Söhnen Karl Martells aus. Der Tod seines Mitkonkurrenten Karlmann befreite das Frankenreich vor erneuten Zweiungen, ließ Pippin III. 747 zum Alleinherrscher aufsteigen. Er konnte nun seine eigene Politik betreiben, gewann die außenpolitische Handlungsfähigkeit zurück.

Bayern spürte gleich im nächsten Jahr den erstarkten fränkischen Arm, denn Grifo erschien wieder im Lande. Seine erste Auflehnung hatte er mit Haft gebüßt. Nach seiner Freilassung, 741, reiste er sofort der Reihe nach zu den Gegnern der Hausmeier. Er tauchte in Sachsen auf und in Thüringen. Nach dem Tod Odilos suchte Grifo die Gunst der Stunde in Bayern zu nutzen. Er bemächtigte sich der Herzoginwitwe, seiner Halbschwester Hiltrud, und fand doch einige Unterstützung im Lande; er gehörte ja selbst über seine Mutter zur Agilolfingersippe. So blieb denn Pippin keine andere

Wahl, als erneut nach Bayern zu ziehen und gegen Grifo vorzugehen. Doch diesmal regte sich kein großer Widerstand, das fränkische Heer stieß gleich bis zum Inn vor. Als die Parteigänger Grifos sahen, daß selbst dieser Fluß die Franken nicht hindern konnte, gaben sie auf. Pippin hatte gesiegt und setzte den jungen Tassilo III. in die Herrschaft ein. Damit ging wohl eine Verstärkung des fränkischen Einflusses einher. Gerade die Ereignisse um Grifo erweisen auch die Existenz einer antifränkischen Partei, mit Verbindungen nach außerhalb Bayerns.

Tassilo wurde also restituiert, doch ist damals kein lehnsrechtlicher Einsetzungsakt vorgenommen worden, dem stand ja die Minderjährigkeit entgegen. Wir werden auf diese Probleme noch eigens einzugehen haben.

Nach dem Tod von Tassilos Mutter übernahm Pippin 754 die unmittelbare Vormundschaft. Das bedeutete de facto die Verfügungsgewalt über das Land und durchaus eine Unterordnung Tassilos. Somit erklärt sich auch die Heerfahrtspflicht für den zweiten Krieg Pippins gegen Aistulf, den Langobardenkönig; sie ist in der Lex Baiuvariorum verankert. Deswegen mußten bayerische Truppen über die Alpen ziehen.

All diese Ereignisse sind freilich vor einem veränderten Rahmen zu sehen. Pippin hatte 751 endgültig die Macht übernommen, die Merowinger ausgeschaltet. Das Ziel der Hausmeier, die Königswürde, war erreicht. Das stellte natürlich die politischen Beziehungen auf eine andere Ebene. Die tatsächliche Macht und die Königswürde lagen nun in einer Hand.

Die Karolinger hatten mit Hilfe des Papstes ihren geblütsrechtlichen Makel, ihre fehlende sakrale Fundierung beseitigt. Der Papst vollzog die Anerkennung und Sanktionierung der realen Machtverhältnisse. Er bestätigte die Anfrage der Karolinger und stellte fest, daß der König sein sollte, der die Macht habe und nicht der, der bloß den Namen eines Königs habe, wie die letzten Merowinger.

Die Salbung und Weihe schließlich gewährte den Pippiniden den Ersatz für ihr fehlendes Erbcharisma. Pippin wurde vom Papst 751 gesalbt. Dieser Weihe war die Wahl durch das Volk der Franken als rechtlich entscheidender Akt vorausgegangen. Das Königtum war ihm von den Großen verliehen worden. Aber Pippins Makel ließ sich auch nicht durch den Königsmantel verdecken: er entsprang keinem der alten Königsgeschlechter. Die Kirche, damit Gott, verlieh ihm die fehlende Legitimation. Freilich, viele Franken dachten noch in den alten Bahnen, für sie war die Geblütsheiligkeit ausschlaggebend, nicht die kirchliche Salbung.

An Alter und Vornehmheit konnten sich die Karolinger auch mit den Agilolfingern nicht vergleichen. Sie blieben mit dem Geruch des Parvenüs behaftet. Das muß man ihnen deutlich zu verstehen gegeben haben.

Einige der kommenden Ereignisse in Bayern werden gerade vor diesem Hintergrund, von dieser „Ehrensache" her verständlich.

Die fränkisch-päpstlichen Beziehungen führten zu einer Neugruppierung der Kräfteverhältnisse. Vordem wandte der Papst, wie es so schön in der Literatur heißt, sein Gesicht dem Osten zu, sah sich als byzantinischen Amtsträger im Westen. Damit aber wurde er in die konfessionellen und politischen Streitigkeiten von Byzanz verwickelt. Im 8. Jahrhundert vollzog sich ein Wandel und eine Umorientierung der päpstlichen Politik. Die politischen Motive lassen sich kurz umreißen.

Die wenig erfolgreichen Eingreifversuche durch Byzanz konnten die Festigung der Langobardenherrschaft in Ober- und Mittelitalien nicht verhindern. Die Langobarden suchten ihre Macht auch auf Rom auszudehnen. Die Hilferufe des Papstes nach Ostrom verhallten ungehört. Der Papst sah sich, nach üblicher diplomatischer Manier, nach Verbündeten um, die ihm durch Druck auf die Langobarden Entlastung bringen konnten. Dafür kamen zwei Völker in Frage, die Baiern und die Franken.

Zunächst, wohl in den ersten Jahren des 8. Jahrhunderts, scheinen sich engere bayerisch-päpstliche Beziehungen entwickelt zu haben. Die Baiern standen ja mit den Langobarden in engen Verbindungen, möglich, daß sich dieses auch auf das Verhältnis zum Papst mäßigend auswirkte. Seit dem erfolgreichen bayerischen Eingreifen in die langobardischen Thronkämpfe scheinen sich die Bindungen gefestigt zu haben, schließlich heiratete auch Tassilo über die Alpen.

Auf der anderen Seite fielen aber die Hausmeier als Bündnispartner zunächst aus, weil Karl Martell erst seine Herrschaft sichern mußte und dabei auf die Interessen des Klerus wenig Rücksicht nahm. Seinen Nachfolgern wiederum schien die Durchsetzung ihrer Herrschaft über die sich loslösenden Randgebiete – wie Bayern – vordringlich. Gerade die Unmündigkeit Tassilos schwächte die bayerische Seite und stärkte die fränkische Position gegenüber dem Papst. Mit Pippin III. traten schießlich die Franken als europäische Großmacht hervor. Das erkannte auch der Papst, er wußte auch um den seit langer Zeit existierenden Gegensatz zwischen Franken und Langobarden. So boten sich mit Pippin III. die Franken als Bündnispartner an. Einmal verfolgten sie noch immer eigene Territorialinteressen in Italien, zum anderen ließ sich auch das Problem der Legitimisierung am besten über den Papst lösen.

Der Langobardenkönig Aistulf setzte die Expansionspolitik fort. 751 hatte er Ravenna erobert, und 753 stand er vor den Toren Roms. Byzanz konnte keine Hilfe senden, denn die militärischen Kräfte band der Kampf gegen die vordringenden Araber. Zum anderen bestand vielleicht auch nicht die größte Neigung, hier Hilfe zu bringen. Das Verhältnis beider hatte sich wegen der dogmatischen Auseinandersetzungen und des zunehmenden Machtanspruchs Roms abgekühlt. Die rigide kaiserliche Finanzpolitik trug ebenfalls zur Entzweiung bei. Als der oströmische Kaiser doch wieder in Unteritalien eingriff, seine umfassenden Herrschaftsansprüche, auch über die Kirche, unmißverständlich anmeldete, bedeutete das den Bruch.

Der Papst hatte noch, zusammen mit byzantinischen Gesandten, einen letzten, vergeblichen Versuch unternommen, Aistulf zur Rückgabe Ravennas zu bewegen. Angesichts des Scheiterns der Bemühungen verwundert die Annäherung zwischen Franken und dem Papst nicht mehr. Jede Seite konnte das bieten, was die andere benötigte. Der Papst erhielt durch eine Schwurfreundschaft den Schutz der fränkischen Waffen. Das war ein altes diplomatisches Mittel aus der Römerzeit. Das Verhältnis zwischen den Eidleistenden sollte wie das zweier befreundeter Mächte sein. Auch hier erkennen wir eine archaische Vorstellung im Urgrund, die sich diplomatische Pakte nur als persönliche Bindungen denken konnte.

Die Beziehungen zwischen den Karolingern und dem Papst vertieften sich. Der römische Bischof salbte auch Pippins Nachkommen. Dadurch erhielt dieser gegen die rivalisierende Verwandtschaft Karlmanns und dessen Linie eine bessere Legitimierung. Pippin nutzte seine Macht, er schaltete seine Gegner aus und verbannte sie in ein Kloster.

Seit der Merowingerzeit und auch noch in der Karolingerzeit dienten die großen Klöster zugleich als „Verwahranstalten" für politische Gefangene. Die Klöster eigneten sich gut dafür: sie trotzten der rauhen Welt durch ihre Mauern und lagen manchmal recht abgelegen. Durch die Mönche selbst ließen sich die Gefangenen unter Aufsicht halten. Dazu wurden die Neuankömmlinge zwangsweise in Mönchs- oder Nonnenhabit gesteckt. Mit dem Eintritt in den Klosterverband verloren sie ihre weltlichen Rechte, galten zivilrechtlich als „gestorben". So konnte sich der König seiner Feinde entledigen. Dieses Verfahren stellte durchaus einen gewissen Fortschritt gegenüber der Merowingerzeit dar, in der gewöhnlich Mord politische Differenzen aus der Welt brachte.

Die Zusammenarbeit der Franken mit dem Papst verstärkte sich. Der Papst zog doppelten Gewinn daraus. Er holte sich einen Verbündeten gegen beide bislang in Italien dominierenden Mächte: gegen Ostrom und gegen die Langobarden.

Der König Aistulf wurde von den Franken in mehreren Kriegszügen unterworfen, die Baiern leisteten dazu ihren militärischen Beitrag. Die Hauptstadt des Langobardenreiches, das Exarchat von Ravenna, übertrugen die Eroberer schließlich dem Papst. Mit der Überlassung Ravennas beginnt die Errichtung des Kirchenstaates, beginnt die weltliche Herrschaft des Papstes. Damit aber nimmt auch die Italienpolitik der späteren deutschen Herrscher ihren Anfang, mit ihren für das Reich so gravierenden Folgen.

754 übertrug der Papst an Pippin und dessen Söhne Karl und Karlmann die Würde des Patricius. Bedeutung und Inhalt dieses römischen Ehrentitels wechselten im Lauf der Geschichte. In diesen Jahren beinhaltete er die Vertretung des römischen Kaisers in Italien und haftete am Exarchat von Ravenna. So erklärt sich, warum dem Besitz dieser Stadt eine besondere Bedeutung zukam. Freilich drückte der Patriciustitel auch die Einordnung ins oströmische Imperium aus, versinnbildlichte die Unterordnung des Titelträgers unter den Kaiser.

Unter anderem stand dem Patricius das Recht zu, die Papstwahl zu bestätigen. Damit nahm er aber auch Einfluß auf die Wahl selbst; denn was nützte es, einen Kandidaten zu wählen, dem dann die nötige kaiserliche Zustimmung verweigert wurde? Dieser Titel wurde nun – wohl mit Einverständnis des Kaisers – an die Pippiniden verliehen.

Die Schritte in den Untergang: Das Jahr 757

In der Zeit der Unmündigkeit Tassilos hatten also die Franken die Zukunft prägenden Schritte unternommen. Nur vor diesem neuen Rahmen werden die kommenden Ereignisse auch in Bayern verständlich.

Die Vormundschaft Pippins endete 757. Tassilo, nun volljährig, konnte die Herrschaft in Bayern selbständig übernehmen. Bei seinem Regierungsantritt mußte er einen Treueid für Pippin I., den König der Franken, und auch gleich für dessen Söhne Karl und Karlmann ablegen. Pippin wollte durch diese Vorsichtsmaßnahme den reibungslosen Herrschaftsübergang auf seine Söhne sichern. Der Bayernherzog war im Falle von Thronauseinandersetzungen eidlich zur Loyalität verpflichtet.

Treueide waren damals üblich. Ihnen traute man eine besondere Bindewirkung zu, da ja Gott den Eid garantierte und den Eidbruch strafte. So wurden Versprechenseide auch in der Politik verwandt, um Abmachungen für die Zukunft abzusichern. Das Verhältnis zweier Personen zueinander – die wie hier auch zwei Staaten repräsentierten – legten die Treueide fest. In der Regel enthielt dieser Eid eine allgemeine, unspezifizierte Treueverpflichtung: einfach „treu zu sein". Weitere, konkrete Forderungen wurden nicht verlangt. Der Grundtenor lautete, nichts gegen die

Interessen seines Gegenübers zu tun. Der Eid konnte erweitert werden – und andere Verpflichtungen umfassen, etwa die Heerfahrtspflicht.

Diese uns recht vage erscheinende Formel: treu zu sein – „fidelis esse" – basierte auf den Wertvorstellungen der damaligen Zeit. Beide Seiten wußten, was darunter zu verstehen war, darum mußte der Inhalt dieser Treueverpflichtung nicht genauer aufgeführt werden. Im hohen Mittelalter, als die Treueide vertraglich genauer gesichert, teilweise durch reine Verträge ersetzt wurden, zeigte sich der Nachteil einer solch genauen Festlegung: Was nicht schriftlich niedergelegt war, das galt als erlaubt. Alles aber ließ sich wirklich nicht vorhersehen und auf Pergament fixieren.

Ein Treueid band den Eidleistenden an den, der diesen Eid entgegennahm. Das Verhältnis beider Personen war damit hierarchisch geordnet. In der konkreten Situation von 757 blieb Tassilo nichts anderes übrig, als diesen Eid abzulegen. Der Eid drückte somit eine bayerische Unterordnung aus.

Als Tassilo 763 zum vierten Aquitanienfeldzug Pippins gefordert wurde, kam er zunächst der Verpflichtung nach. Er erschien in Nevers auf dem Sammelplatz, entschuldigte sich dort jedoch wegen Krankheit und zog ab nach Hause. Spätere fränkische Quellen monierten, er hätte dazu eine königliche Erlaubnis gebraucht, darum gelte der sonstige legitime Vorwand nicht, Tassilo sei demnach fahnenflüchtig geworden. Doch die Rechte dieser früheren Zeit erkannten Krankheit als Entschuldigungsgrund an, eine formelle Abmeldung erübrigte sich. Die fränkischen Quellen haben wieder einmal die Ereignisse verdreht: Zum ersten Mal erscheint die Notwendigkeit einer königlichen Erlaubnis überhaupt im Jahre 801 niedergelegt.

Es läßt sich durchaus erklären, warum Tassilo kein großes Kampfinteresse hatte. Schon bei Odilo stießen wir auf eine bayerisch-aquitanische Verständigung gegen die Hausmeier. Diese Verbindungen sind damit älter, sprechen für einen regen gegenseitigen Austausch. Dieser zeigt sich auch daran, daß die Mission in Bayern um 700 unter anderem von Priestern aus Aquitanien durchgeführt wurde. Warum sollte Tassilo also dazu beitragen, einen alten Bündnispartner zu schwächen, der im übrigen die gleiche Politik verfolgte? In Aquitanien ging es ebenfalls um die Behauptung der Eigenständigkeit.

Tassilo also zeigte seinen guten Willen, demonstrierte seine Kampfbereitschaft. Dann aber wählte er die griffigste Entschuldigung und zog ab. Die Franken verstanden sehr wohl, was da gespielt wurde – aber Tassilo hatte ihnen rechtlich keine Handhabe zum Eingreifen geboten. Die fränkischen Quellen schäumen im nachhinein noch vor Wut, sprechen nach fünfundzwanzig Jahren noch von Desertion als einem früheren Verbrechen, um die Schlechtigkeit Tassilos zu zeigen. Gerade aber diese fränkische Geschichtsklitterung erweist die damalige Ohnmacht, erweist die Anschuldigung, wie so oft in den fränkischen Quellen, als eine Rückprojektion, um die kommenden Ereignisse fränkischerseits zu rechtfertigen.

768 starb Pippin, und nun brach im Karolingerreich eine Krise aus. Die Auseinandersetzungen zwischen Karl und Karlmann um die Herrschaft paralysierten die Karolinger. Die Selbständigkeit Bayerns aber zeigt sich schon darin, daß bei der Teilung das Land nicht zur Pippinschen Erbmasse gehörte.

Tassilo profitierte vom Zank der anderen. In dieser Zeit steht er auf dem Höhepunkt seiner Macht: Tassilos Glück. Es setzen nun die zehn Jahre ein, die Tassilo auf dem Gipfel zeigen, die ihm Erfolge auf allen Seiten bescherten. Die ganzen Geschehnisse der folgenden Jahre machen deutlich, daß Tassilo im Inneren Bayerns freie Hand hatte, daß er auch nach Osten ausgreifen konnte.

Tassilo führte die traditionellen Linien der agilolfingischen Politik weiter. Die Verbindungen nach Süden, mit den Langobarden, wurden durch seine Heirat mit der Königstochter Liutbirc nach 764 gefestigt. Tassilo sicherte sich dadurch politisch im Süden ab.

Diese agilolfingische Stärke suchte Karl der Große für sich zu nutzen. Als erneute Bruderkämpfe zwischen ihm und Karlmann drohten, suchte er Verbündete. Seine Heirat mit einer langobardischen Prinzessin verschwägerte Karl mit Tassilo. Ende der sechziger Jahre entstand gegen Karlmann eine große Allianz zwischen Karl, Tassilo und Desiderius, dem Langobardenkönig. Zu den Leidtragenden dieses Paktes rechnete sich der Papst. Der fränkische Druck, der die Langobarden gehindert hatte, ihre Herrschaft auszudehnen, Einfluß auf Rom zu gewinnen, war nunmehr weggefallen.

Mit dem unerwartet schnellen Tod Karlmanns 771 endete die Teilung des Frankenreichs. Karl als Alleinherrscher gestaltete nun seine eigene Politik, er stellte die Weichen neu. Seine langobardische Frau wurde von ihm verstoßen, sie flüchtete nach Hause, zurück zu König Desiderius. Der erkannte Karls expansive Pläne und suchte zu ihrer Abwehr wieder eine Spaltung des Frankenreiches zu erreichen. Gelang es, gegen Karl erneut eine Opposition aufzubauen, konnte dessen Machthunger gebremst werden. Desiderius spielte seine Trümpfe aus. Die Kinder Karlmanns waren nach dem Tod ihres Vater vor der drohenden Verhaftung ins Langobardenreich geflüchtet. Ihnen stand ja eigentlich auch ein Erbteil zu. Desiderius plante, sie zu Königen salben zu lassen. Aufgrund seiner Stärke konnte er tatsächlich nach Rom ziehen und vom Papst die Salbung verlangen. Damit wäre neue Zweiung im Frankenreich entstanden.

Doch diese langobardische Forderung und deren Präsenz schreckten in Rom. Umgehend erging ein päpstlicher Hilferuf nach Norden. Karl folgte ihm nur zu bereitwillig, marschierte in Italien ein, und innerhalb kurzer Zeit wurde das Langobardenreich 773/4 erobert. Karl setzte sich selber an die Stelle des Desiderius als Langobardenkönig. Er übernahm auch den patricius-Titel. Der Papst hielt Karl für den richtigen Partner.

Mit dieser Niederlage der Langobarden schloß sich die Landzange um Bayern bedrohlich. Der wichtigste Verbündete im Süden war weggefallen, das Glacis vor Bayern war ebenfalls schon bereinigt.

Das bedeutete die außenpolitische Isolation. So bleibt es unverständlich, warum Tassilo nicht eingriff. Es ist anzunehmen, daß Karl Tassilo durch Versprechungen geködert hatte – nur den Inhalt kennen wir nicht. Vielleicht, aber das ist eine Vermutung, machte er ihm Zugeständnisse, die sich mit Bestrebungen Tassilos deckten, doch ein eigenes Königtum durchzusetzen. Es wurde ja bereits davon gesprochen, daß offensichtlich die Vorstellung eines alten regnum zu Beginn der bayerischen Geschichte nicht untergegangen war, daß die langobardische Geschichtsschreibung den bayerischen Herzögen den Königstitel zuwies. Manche Indizien sprechen dafür, daß Tassilo in diesen Jahren versuchte, den Anspruch zu verwirklichen.

Der Herzog griff auf Formeln zurück, wie sie in der königlichen Kanzlei gebräuchlich waren. In einer seiner Urkunden, ausgestellt 771 in Bozen, benutzte er selbst einen entsprechenden Titel. Im folgenden Jahr, 772, salbte Papst Hadrian I. Tassilos Sohn Theodo als ersten nichtköniglichen und nichtkarolingischen Prinzen. Tassilo ließ nachvollziehen, was Pippin zur Erhöhung seines Hauses getan hatte. Der Papst stellte den bayerischen Herzogssohn durch die Salbung neben die Karolinger, gab damit auch ihnen eine sakrale Überhöhung.

774 wurde durch Bischof Virgil in Salzburg eine Kirche geweiht, deren Größe schon allein königlichen Anspruch anmeldete. Sie übertraf die fränkische Krönungskirche in St. Denis. Das scheint aber nicht der einzige Großkirchenbau der Tassilozeit gewesen zu sein. Auch der Regensburger Dom erreichte die Dimensionen des Salzburger Baus. Das nähme nicht weiter wunder, bildete doch offensichtlich Regensburg den Herrschaftsmittelpunkt Tassilos.

Schließlich trat der Herzog auch als Herr der Landeskirche auf, beanspruchte somit königliche Rechte.

Im außenpolitischen Bereich deutet weiterhin nichts auf einen Konflikt hin, freilich macht das Fehlen zureichender Quellen es hier nicht leicht, sicheren Boden zu behalten.

778 nahmen den Quellen zufolge wieder baierische Krieger an einem Aquitanienfeldzug teil. Die Verpflichtungen werden diesmal erfüllt.

Auch die Eidesleistung von 781 deutet auf keinen Konflikt hin. Damals erschienen Gesandte des Papstes und Karls bei Tassilo und erinnerten ihn an den früheren Treueid von 757. Dazu forderten sie eine neue Eidleistung. Der Herzog kam nach Worms und legte dort den Eid ab.

Allerdings handelte es sich dabei nicht primär um eine Erneuerung des Treueides von 757, wie man bislang annahm. Der neue Eid muß in Verbindung mit der Salbung und der Königserhebung der Söhne Karls, Pippins und Ludwigs durch den Papst gesehen werden. Der neue Eid wurde parallel zum ersten Treueid angelegt, der ja auch für den König, damals noch Pippin und dessen Söhne Karl und Karlmann, gegolten hatte. Gerade bei den kommenden Ereignissen von 787 und 788 wird auf diese Treuepflicht Tassilos für Karls Söhne hingewiesen. Sie muß demnach 781 begründet worden sein. Auch hier haben die Reichsannalen ex eventu den Tenor verändert. Im Prinzip ging es jetzt wie damals um einen reibungslosen Herrscherwechsel, indem die Anerkennung der Nachfolger von vorneherein gesichert wurde.

Jedenfalls wird deutlich, daß die fränkische Seite Tassilo in den Reichsverband eingeliedert sah, daß Tassilo dies auch durch seine Eide zum Ausdruck brachte. Er erkannte damit die Oberhoheit der Karolinger an. Das alles beengte zunehmend seine politische Bewegungsfreiheit. In Italien hatte der Herzog seinen langobardischen Bündnispartner verloren. Der Papst zählte zu den fränkischen Alliierten. Reibungen an der bayerischen Südgrenze blieben nicht aus. Es scheint sogar zu militärischen Auseinandersetzungen wegen des Etschtals gekommen zu sein. Diese Gebiete hatte Tassilo von seinem Schwiegervater, dem Langobardenkönig Desiderius, als Mitgift seiner Frau bekommen. Der fränkische Graf von Trient suchte sie nach der Machtübernahme im Langobardenreich zurückzuerobern.

Auch im Inneren des Herzogtums scheinen die Zustände zum Teil wirklich bedenklich gewesen zu sein. Auf Versammlungen von Klerus und weltlichen Großen suchte Tassilo die Übel abzustellen.

Der Herzog als Herr der Kirche

Die bayerischen Herzöge stehen in ihrer Kirchenpolitik in den zeitgenössischen Traditionen. Sie verstehen sich als Herren der Landeskirche, nicht anders als die Merowinger- und Karolingerkönige. Aus dieser Leitungsfunktion ergaben sich die Einsetzungsgewalt von Bischöfen und die Durchführung von Kirchenversammlungen, von Synoden.

Die drei im Bayern des 8. Jahrhunderts abgehaltenen Synoden gestatten uns einen Einblick in die religiösen, aber auch in höchst weltliche Probleme der Zeit. Anders aber als im bayerischen Gesetzbuch, der Lex Baiuvariorum, können wir die Bestimmungen nun zeitlich genau einordnen. Einzelne Kapitel verstehen sich auch als Ergänzungen zur Lex, erlassen aufgrund konkreter Veranlassung und Notwendigkeit.

Unter Synoden versteht man heute nur noch Treffen der Geistlichkeit. Doch im 8. Jahrhundert nahmen an solchen Versammlungen auch der Herzog und seine Großen, also Laien, teil. Über die enge Verbindung von Staat und Kirche seit der Spätantike wurde schon gesprochen. Auch hier stand dem Herzog die Leitung der Synoden zu, erhielten die Beschlüsse erst durch ihn ihre Gültigkeit, handelte es sich doch dabei teilweise um weltliche Angelegenheiten.

Die Synode von Aschheim

Die erste Synode fand in Aschheim, jetzt in der Nähe von München gelegen, statt. Sie dürfte wohl noch vor 757, jedenfalls bevor die Minderjährigkeit Tassilos endete, einberufen worden sein. Denn am Anfang der Synodalbeschlüsse finden sich etliche Ermahnungen, die sich ein mündiger Tassilo wohl nicht mehr angehört hätte. Auch die Anordnung, der Klerus habe in den Gottesdiensten zusätzlich für den König, also nicht mehr nur für den Herzog zu beten, paßt noch in die Zeit der Vormundschaft Pippins.

Die Kirche nützte die Gelegenheit, ihre Wünsche und Anliegen festzuschreiben. Kirchenbesitz durfte nicht geschmälert werden. Den Bischöfen wurde die Herrschaftsgewalt in Kirchenangelegenheiten und über Kirchenbesitz zugestanden. Ferner wurde die Abgabe des Zehnts eingefordert. Wer ihn nicht ablieferte, mußte doppelt Buße zahlen, und der Herzog sollte bei der Eintreibung helfen. Diese Abgabe vom zehnten Teil der Agrareinkünfte an die Kirche scheint bis zu diesem Zeitpunkt noch nicht üblich gewesen zu sein, findet sich hier zum ersten Mal erwähnt. Kein Wunder, daß sich die Zahlungsbereitschaft in Grenzen hielt. Der Grundherr zog einen Teil der Ernte ein, und nun hielt auch noch die Kirche die Hand auf. Wurde nicht freiwillig gezahlt, drohten Zwangsmaßnahmen. Freilich galt es, zugleich dem großen Appetit vorzubeugen: Kleriker sollten keine Abgaben einfordern, die ihnen nicht zuständen. Und weil man schon bei Kirchenangelegenheiten war: Mönche und Nonnen sollten nach den Regeln leben, den Bischöfen wurde die Aufsicht über sie zugestanden.

Die Großen und die herzoglichen Amtsträger wurden aufgefordert, die Armen nicht zu unterdrücken, die restliche Bevölkerung, mit Ausnahme von Kapitalverbrechern, nicht um ihr Vermögen zu bringen. Darum sollte auch den herzoglichen Amtsträger immer ein Priester auf seiner Reise durch die Verwaltungsbezirke begleiten, um Täuschungsversuche zu vereiteln. Gleichzeitig sollte er ein Auge darauf haben, daß die beigetriebenen Bußgelder wirklich an den herzoglichen Fiskus gelangten. Regelmäßig sollte öffentliches Gericht gehalten werden, damit der Herzog erfahre, was vorfiele. Bei dessen Urteilen sollte ein Priester beteiligt sein, damit der Spruch des Herzogs gottgefällig sei. Dadurch ließe sich verhindern, die Idee steht dahinter, daß die Richter durch Bestechung die Prozesse verdrehten und Unschuldige unterdrückten.

Die Beschlüsse der Aschheimer Synode lassen sich leicht auf einen Nenner bringen. Die Bischöfe beanspruchten in den staatlichen Angelegenheiten ein Mitwirkungs- ja ein Überwachungsrecht, das sich sogar auf die herzogliche Rechtsprechung erstreckte. Diese wirkt nicht gerade vertrauenserweckend, Korruption scheint an der Tagesordnung gewesen zu sein. Die Großen nutzten ihre Macht gegen die kleinen Leute aus; die Versuchung, in deren Taschen zu greifen, muß allenthalben sehr groß gewesen sein.

Die Synode von Dingolfing

Tassilo berief um 770 eine weitere Synode, diesmal nach Dingolfing, ein. Die Großen waren dabei vor die Aufgabe gestellt, das bayerische Gesetzbuch zu aktualisieren. Darum erscheinen auch rein weltliche Bestimmungen auf der Tagesordnung.

Die Lex Baiuvariorum kannte harte Strafen wegen Sonntagsarbeit. Da diese offensichtlich nicht griffen, wurde die Sonntagsheiligung erneut eingeschärft und die Strafen bis hin zur Versklavung ausgeweitet.

Weitere Kapitel betrafen das Erb- und Vergaberecht. Das alte, strengere germanische Erbrecht band das Eigentum an die Sippe. Schenkungen brauchten deren Zustimmung. Doch nun wurde es einem Adeligen erlaubt, sein persönliches Eigentum frei der Kirche zu übertragen. Diese Schenkung ließ sich nicht ohne weiteres mehr rückgängig machen. Mit dieser freien Verfügbarkeit über den Eigenbesitz ging auch eine Garantie des Erbrechts einher. Sein Erbe konnte niemand verlieren, es sei denn wegen dreier Kapitalverbrechen, Hochverratsfälle, wie sie auch in der Lex verankert waren. Wenn ein Adeliger aber durch ein derartiges Verbrechen sein Erbe verlor, betraf das seine Frau nicht.

Der Herzog nahm in einer weiteren Anordnung eine Personengruppe in Schutz, mit der er seine Herrschaft sicherte, die servi principis, Adalschalken genannt. Diese sollten ihr Wehrgeld so wie früher haben, die anderen kleinen Leute, wie es ihnen zustand. Der Text läßt sich dahingehend interpretieren, daß die Adalschalken nur ein niedriges Wehrgeld beanspruchen konnten, weil sie geringeren Standes waren. Im Herzogsdienst jedoch hatten sie einen Aufstieg erfahren, der sich in einem höheren Wehrgeld niederschlug. Dazu paßt auch, daß der Mord an einem Gefolgsmann des Herzogs nunmehr zu den Kapitalverbrechen zählte. Die Strafe fiel hart aus: Zunächst war das Wehrgeld des Getöteten zu zahlen, dann verlor der Täter sein Erbe. Begründet wurde das mit dem Unrecht, das der Herzog erlitt. Der Adel sah durch diese neue Schicht seine Stellung gefährdet, durchaus verständlich also, daß er gegen deren Angehörige heftige Abneigung faßte. Da sich diese in Gewalt entlud, wundert die Strafe der Enterbung nicht weiter. Sie konnte nur einen Besitzenden, einen Grundherrn treffen.

Doch auch die Großen erhielten ihre Begünstigung. Die von den Herzögen ausgegebenen Güter durften sie behalten, sogar weitergeben, wenn sie treue Dienste leisteten. Damit hatte der Herzog darauf verzichtet, beim Todesfall des Leihegebers oder -nehmers das Rückfallsrecht zu beanspruchen. Das leistete der Erblichkeit der ausgegebenen Lehen Vorschub.

Die Bischöfe wurden zu kanonischem Leben und die Mönche zur Beachtung ihrer Regeln ermahnt. Nonnen durften nicht verführt oder geheiratet werden. Die Moralauffassungen zeigen noch rechte Ursprünglichkeit, doch tritt das ständische Denken zutage. Wenn ein Leibeigener eine freie, sogar vornehme Frau heiratete, ohne daß diese um den rechtlichen Status ihres Ehemannes wußte, wurde sie auch unfrei. Erst wenn sie den Leibeigenen verließ, konnte sie nicht mehr selber als eigen betrachtet werden, sondern gewann ihre frühere Freiheit zurück.

Die Synode von Neuching

Zwei Jahre später, 772, fand die nächste Synode in Neuching statt. Auch hier ging es wieder darum, die Lex zu ergänzen.

So wurde verboten, eigene oder davongelaufene Leibeigene außerhalb des Landes zu verkaufen. Wer die Bestimmung übertrat, haftete mit seinem eigenen Wehrgeld.

Die Nähe zum Sklavenhandel ist auffällig. Anscheinend ließ sich damit Geld verdienen, daß man Leibeigene wie Sklaven über die eigenen Grenzen verschob. Der Verkauf eines entflohenen Leibeigenen bedeutete Hehlerei oder Diebstahl, weil damit der Eigentümer geschädigt wurde. Die schnelle Verschiebung dürfte ein probates Mittel gewesen sein, um sich vor gesetzlich zugelassenen Rückforderungen zu schützen und dennoch einen Profit zu erzielen. Der Menschenhandel scheint geblüht zu haben, anders läßt sich solch ein Verbot nicht erklären. Die großen Eigentümer, Herzog wie Kirche, waren daran interessiert, daß ihre Arbeitskräfte, auf denen ja ihr Lebensstandard beruhte, im Lande blieben. Die Leibeigenen durften, bei hohen 40 Solidi Strafe, nicht über die Landesgrenzen hinaus verkauft werden; das galt wiederum analog auch für gestohlene andere Dinge.

Diese Bestimmungen lassen richtige Räuberbanden vermuten, denn für einen Einzelnen dürfte es schwierig gewesen sein, Menschen, Pferde, Vieh und andere Geräte zu rauben. Dazu müssen Hehler das Gut versteckt und über die Grenzen hin verschoben haben. Das Gestohlene sollte – wenn schon – im Lande bleiben. Doch damit war eben die Rückforderung wieder möglich, was durch den Verkauf außerhalb der Grenze verhindert werden sollte.

Gerade mit diesen Rückforderungen beschäftigen sich noch weitere Paragraphen. Wer jemanden des Diebstahls bezichtigte, den Beweis dafür aber nicht antreten konnte, der hatte dafür dieselbe Strafe zu zahlen, wie sie in der Lex für Diebstahl vorgeschrieben war. Das Gesetzbuch sah nämlich für den Fall falscher Anschuldigungen für den Ankläger die Strafe vor, die der Beklagte bei Erweis für das Vergehen zu gewärtigen hatte. In den nächsten Bestimmungen wurde der Widerstand bei einer legalen Hausdurchsuchung geregelt, als Regelbuße fielen 40 Solidi an.

Der Herzog versicherte sich in einer weiteren Bestimmung der Befolgung seiner Anordnungen. In der Lex hatte es geheißen, wer den Befehl des Herzogs mißachtet, nicht zu ihm kommt, oder nicht das tut, was angeordnet war, sollte 15 Solidi zahlen und dann den Befehl befolgen. Diese Aufforderungen überbrachte ein Bote des Herzogs, der sich durch ein Zeichen ausweisen konnte, einen Ring oder ein Siegel. In der Neuchinger Synode wird darauf Bezug genommen. Wer das herzogliche Siegel verunehrt oder den Anordnungen des Herzogs nicht gehorcht, sollte zuerst einmal ermahnt werden, dann erst wurden die 15 Solidi fällig, wer dann immer noch nicht parierte, schuldete sein Wehrgeld, und danach sollte er sein Amt verlieren.

Fälle von solchem Ungehorsam scheinen nicht selten vorgekommen zu sein. Die Großen ließen sich nicht so leicht vom Herzog dreinreden oder befehlen. Sie hatten ihre eigenen Köpfe und ihre eigenen Rechtsauffassungen. So mußte der Herzog eigens anordnen, daß die Richter die Diebe auch zu bestrafen hätten. Denn wer einen Dieb trotz zweimaliger Aufforderung nicht bestrafte, ihn durch Bestechung freiließe, der bestehle die Armen und sei diesem Dieb gleichgestellt. Vor den Augen Gottes und der Engel sei er ein Dieb, und er müsse für den Schaden aus der eigenen Tasche aufkommen.

Der Herzog hatte demnach durchaus Schwierigkeiten, die Iudikative zu überwachen. Die Richter ließen sich ungern dreinreden und fällten ihre Urteile nach eigenem Ermessen. Der Herzog mußte sich daher ein Weisungsrecht festschreiben lassen, um ungerechte Urteile zu verhindern und derartige Richter zur Rechenschaft ziehen zu können. Die Verbindung beider Paragraphen ermöglichte dann auch die Absetzung solcher ungetreuen Amtsträger, die sich aus dem Adel rekrutierten und ihr Amt als erblich auffaßten.

Es muß einen ausgeprägten Menschenhandel gegeben haben. Denn auch in der nächsten Bestimmung wird davon ausgegangen, daß jemand einen Freien oder Leibeigenen raubte. In diesem Falle durfte der Dieb, wenn er nicht gestellt werden konnte, bußlos erschlagen werden. Die Bestimmungen bezweckten zudem den Schutz des Hausfriedens. Wer in diesen geschützten Bezirk eindrang, um ein Verbrechen zu begehen, einen Menschen zu rauben und dabei ertappt wurde, durfte auf der Flucht sogar noch außerhalb des eigentlichen Hofbezirks getötet werden. Wer überhaupt in ein Haus eindrang, konnte bußlos getötet werden. Es bestand nur Anzeigepflicht an die Nachbarn. Der Friedensbezirk des Hauses wird sehr hochgehalten. Der Eindringling verlor sein Recht auf Leben. Darin sehen wir die starke Betonung des Hauses als eines eigenen geschützten Rechtsbezirks. Kam einer der Verwandten eines getöteten Eindringlings auf den Gedanken, sein Sippenmitglied zu rächen, verlor dieser den eigenen Besitz.

Freigelassene mußten zu den Gerichtstagen erscheinen. Damit aber erhielten diese Rechte, wie sie einem Freien zukamen, nämlich Teilnahme an den Volksversammlungen. So zeichnet sich hier wiederum eine Aufstiegsbewegung ab, die freilich nicht für alle Leibeigenen zum Tragen gekommen sein dürfte. Die Freilassung durch den Herzog zeigt, daß seine Knechte es leichter hatten. Wer einen von der Kirche Freigelassenen tötete, mußte dessen Wehrgeld an sie zahlen – und nicht an die Familienangehörigen des Toten. Der Grundgedanke liegt klar, auch ein Freigelassener gehörte noch immer seiner alten familia an. Freigelassene konnten zwar in unangefochtener Freiheit leben, fielen aber in die Leibeigenschaft zurück, brachten sie die Geldstrafe für ein begangenes Delikt nicht auf.

Einen Einblick in das Eheleben gewähren die beiden letzten Paragraphen. Da wird es einem rechtmäßig verheirateten Mann erlaubt, sich von seiner Frau zu trennen, wenn diese Unzucht begangen, also ein Verhältnis mit einem anderen Mann hatte. Die Verwandtschaft der Frau durfte sich wegen dieser Verstoßung nicht am Ehemann rächen. Im Übertretungsfall erfolgte Vermögensentzug. Durch diese Trennung erfuhr natürlich die Sippe der Frau einen Ehrverlust, den es zu rächen galt. Doch weil hier die Schuld auf seiten der Frau lag, galt die Strafe für ihr Vergehen durch die Scheidung vollzogen. Daran durfte nicht gerüttelt werden – im übrigen zeigt sich auch hier wieder die Unausgeglichenheit des Gesetzes: für den Mann fehlen solche Bestimmungen. Es steht im übrigen zu vermuten, gerade im Hinblick auf manche Traditionsurkunden, in denen außereheliche Kinder versorgt wurden, daß die Männer wesentlich öfter untreu waren.

Den Klerikern wurde verboten, weltlichen Geschäften nachzugehen, weltliche Kleidung zu tragen, im Übertretungsfall sollten sie exkommuniziert werden. Einige Kleriker gingen demnach höchst weltlichen Angelegenheiten nach, trieben wohl Geschäfte und verdienten sich so ihren Lebensunterhalt. Sie traten auf wie ein Weltlicher, verzichteten auf die vorgeschriebene Kleidung. Diesen Hang hatten bereits frühere Konzile verdammt, doch scheint die Versuchung groß gewesen zu sein. Die Verbote bewirkten im übrigen nichts, noch im späten Mittelalter sehen wir Kleriker in weltlichen Geschäften tätig. Sie nutzten die Privilegien des Klerus, weitgehende Steuerfreiheit und eine eigene Gerichtsbarkeit, für ihren Handel. Dadurch konnten sie billiger anbieten, stellten aber ein dauerndes Ärgernis für die weltliche Seite dar, der Gewinn und Steuer entgingen.

Bei gerichtlichen Auseinandersetzungen mußten zum Erweis der Wahrheit Zweikämpfe ausgetragen werden. Die alten heidnisch-magischen Formen sollten jetzt abgeschafft und durch christliche ersetzt werden. Das Gottesurteil durfte aber nicht durch Bezauberung, durch teuflische Ränke oder magische Künste verzerrt werden. Ein ähnlich begründetes Verbot betraf auch die Eintreibung einer Schuld mittels magischer Bräuche. Der Gläubiger mußte die Schuld gerichtlich anmahnen. Der Schuldner konnte diese leugnen, dann wurde ein Gottesurteil angetreten, wobei jeder mit zum Himmel erhobenen Armen schwor. Den Übeltäter werde, so dachte man es sich wohl, dann die Strafe Gottes für seinen Meineid ereilen.

Eine Art von Protokoll faßt alle Beschlüsse der Synode zusammen. Der Herzog hatte diese Versammlung der Großen einberufen, um das Ordensleben der Nonnen und Mönche zu regeln, die bischöfliche Anordnungsgewalt zu festigen und durch allgemeine Übereinstimmung die Gesetze, die durch die Großen mißachtet würden, zu sichern. Bei den Klöstern und Baptisterien sollten Pfarreien eingerichtet werden, um die geistliche Ausbildung und Versorgung der Menschen auf dem Lande zu verbessern.

Die Zustände im Inneren des Landes scheinen nicht gerade von Eintracht geprägt gewesen zu sein. Ganz offensichtlich gab es mehrere Fraktionen, mit denen sich der Herzog auseinandersetzen mußte. Etliche Große im Herzogtum fühlten sich nicht an Recht und Gesetz gebunden, mißachteten ganz offen die Anordnungen des Herzogs.

Die Innenpolitik des letzten Agilolfingers drückt sich auch in den Synodalbestimmungen aus. Die Schicht der Herzogsknechte, der Freigelassenen wurde gegen die Mißgunst der Großen geschützt. Der Nachteil fehlender Disziplinargewalt über den Klerus springt ins Auge. Kleriker übten weltliche Berufe aus, und um die Zucht in den Klöstern scheint es nicht immer zum besten bestellt gewesen zu sein.

Doch der kirchliche Besitz wurde gesichert. Freies Eigen durfte an die Kirche übertragen werden. Einmal vergeben, ließ es sich kaum mehr zurückfordern. Der Herzog stimmte ferner der Einforderung des Zehnten zu.

So gab es doch wohl zwei Gruppen im Herzogtum. Eine antiagilolfingische Fraktion, zusammengesetzt aus Bischöfen und Adeligen – im Prinzip ein einheitlicher Personenkreis, da aus den Adelsgeschlechtern auch die Bischöfe stammten – bildete die eine Partei. Schon die Merowinger hatten sich bemüht, die Bischöfe nicht zu groß werden zu lassen, ihnen die Macht rechtzeitig zu beschneiden. Durch diese Verwandtschaften ließen sich große Machtzentren einer Familie oder Sippe aufbauen.

Auf der anderen Seite stand durchaus ein Teil des Adels hinter dem Herzog – und wie wir sehen, bis zum bitteren Ende. Diese herzoglichen Parteigänger treten in den Zeugenlisten der Traditionen deutlich hervor. Dazu dürften auch die herzöglichen Klöster gehört haben, die Tassilo, wie Kremsmünster beweist, ein rührendes und langes Andenken bewahrten.

Freilich, die Welt des 8. Jahrhunderts scheint aus dem Gefüge. Menschenraub spricht für keine durchgreifende öffentliche Gewalt. Die erforderliche Absicherung der Freien und Freigelassenen zeigt die Gefährdung der Freiheit durch einzelne mächtige Große an.

Die Auseinandersetzung mit den Großen, die Beschneidung der Amtsgewalt der Bischöfe, das alles mag seinen Teil zum Ende des Agilolfingerherzogs beigetragen haben. Tassilos Glück scheint unterminiert.

Karl der Große und Tassilo
Des Herzogs Glück und Ende

Allmählich brauten sich immer dunklere Wolken über Tassilo zusammen. Die Situation in Italien hatte sich verändert, die Langobarden waren ausgeschaltet. Byzanz mußte die Franken als dominierende Macht in Italien anerkennen. Der junge Kaiser in Ostrom wurde mit Karls Tochter Rotrud verlobt. Damit erhielt Karl in gewisser Weise schon die Gleichrangigkeit bestätigt, auf die er Anspruch erhob. Dieses Bemühen und die steigende Rivalität zu Byzanz bestimmten die folgenden Jahre fränkischer Politik, führten in Konsequenz auch zur Kaiserkrönung von 800.

So nimmt vor diesem Hintergrund nicht wunder, daß die Verlobung wieder gelöst wurde, daß es zum Bruch mit Byzanz kam. Die Byzantiner unternahmen 787 einen militärischen Vorstoß in Unteritalien, unterstützt vom Langobarden Arichis. Doch das alte byzantinische Bündnissystem trug nicht mehr recht; der Aufstand wurde im folgenden Jahr niedergeworfen.

Wahrscheinlich bewegte aber dieses Gespenst einer großen Allianz sowohl den Papst, der sich wieder von den alten Feinden bedroht sah, als auch Karl den Großen dazu, gegen einen möglichen Dritten in diesem Bündnis vorzugehen. Papst und Frankenkönig trafen darüber 787 Absprachen in Rom.

Die Vorgänge selbst bleiben dunkel. Überliefert sind sie nur in den fränkischen Quellen, die aber erst nach den Ereignissen verfaßt wurden. Aus der Kenntnis des Geschichtsverlaufs heraus ließen sich Ursache und Ergebnis gut verbinden, als logisch darstellen. Ob allerdings die Geschehnisse tatsächlich so abliefen, bleibt zu bezweifeln. Da aber weitere Nachrichten, andere Quellen fehlen, muß versucht werden, aus den überlieferten ein Bild zu zeichnen.

Karl scheint gefürchtet zu haben, daß Tassilo seine Treueide nicht halten und im antifränkischen Lager stehen könnte. Tassilo hingegen muß erkannt haben, daß seine Position mittlerweile ziemlich schwach geworden war. Er schickte zwei Boten, Bischof Arn und Abt Hunrich, nach Rom, um über den Papst „Frieden mit Karl herbeizuführen". Karl betonte bei den folgenden Verhandlungen seine Friedfertigkeit, schob alle Schuld auf den Herzog. Die Gespräche ließen sich von Karls Seite zum Scheitern bringen, weil angeblich die bayerischen Gesandten keine ausreichenden

Vollmachten für einen Friedensschluß besaßen. Das wurde als bayerische Böswilligkeit ausgelegt und als Beweis dafür genommen, daß Tassilo zu keinem Friedensschluß bereit war.

Die Spannungen waren offensichtlich eskaliert, möglicherweise entluden sie sich in Auseinandersetzungen. Am ehesten hätte das an der Südgrenze geschehen können – doch ob das wirklich der Fall war, wissen wir nicht. Die fränkischen Quellen begnügen sich mit ganz vagen Andeutungen. Tassilo jedoch hatte die Bedrohung durch Karl erkannt. Er versuchte wohl Freiraum zu gewinnen. Dabei zählte er auf den Papst als Vermittler. Doch der stand mittlerweile fest an Karls Seite. Dieser taktierte recht geschickt, ließ die Legation scheitern, erklärte Tassilo als starrsinnig und bewog den Papst, im Sinne seiner Absichten zu handeln. Der drohte Tassilo und seinen Anhängern mit geistlichen Waffen, der Exkommunikation.

Der Frankenkönig kehrte ins Reich zurück, beriet auf dem folgenden Reichstag auch den Fall Tassilos. Das Wortspiel läßt sich gut gebrauchen, denn hier holte sich Karl die Zustimmung der Großen zum weiteren Vorgehen gegen den Bayernherzog. Danach sandte er Boten nach Bayern und lud Tassilo vor sich. Gefordert wurde offensichtlich damals schon eine Unterwerfungshandlung, und nicht mehr wie früher ein Treueid.

Tassilo hatte eine Vorladung vor die Reichsversammlung erhalten. Da diese auch das Königsgericht bildete, wurde damit Tassilo quasi gleich vor Gericht geladen. Der Herzog weigerte sich, zu erscheinen. Er sah wohl keinen fränkischen Rechtsanspruch. Doch Karl nahm diese Weigerung zum Anlaß, militärisch gegen Tassilo vorzugehen. Wieder einmal marschierten fränkische Truppen gegen Bayern, diesmal zur Vorsicht gleich drei Heeressäulen.

Diese Militärdemonstration zeigt doch eine gewisse Furcht vor einem Widerstand Tassilos. Der dachte wohl auch daran, hatte aber offensichtlich nicht mit solcher Schnelligkeit gerechnet und war nicht gerüstet. Er mußte sich der militärischen Überlegenheit beugen. Und er mußte spätestens jetzt erkennen, daß unter den bayerischen Großen eine fränkische Partei existierte, die in dieser Krise von ihm abfiel. Angesichts dieser Umstände blieb dem Bayernherzog keine Wahl. Er unterwarf sich.

Die fränkischen Quellen berichten, Tassilo sei so, „von allen Seiten gezwungen", persönlich vor Karl getreten, habe das ihm vom König Pippin übertragene Herzogtum herausgegeben. „Er erneuerte seine früheren Eide, stellte zwölf Geiseln und als dreizehnten seinen Sohn Theodo." Tassilo übergab, als Symbol für sein Land, ein Herrschaftsszepter, auf dem wohl nach römischem Vorbild eine menschliche Figur stand. (s. Abb. S. 150).

Damit war eine neue Stufe erreicht. Geiseln mußten nur unzuverlässige Verbündete stellen. Die Geiseln bürgten mit ihrem Leben für die Einhaltung der Verträge. Dieses Verlangen mutet mehr als ehrenrührig an, auf eine Demütigung Tassilos dürfte abgezielt worden sein. Dessen Sohn Theodo zog mit den Geiseln ins Frankenreich.

Mit der Übergabe der Herrschaft fielen Land und Leute an Karl. Er schwang sich zum Herrn Bayerns auf, übernahm die Herrschaft und übertrug sie als Lehen, als widerrufliche Leihgabe, nicht mehr als Eigentum, an Tassilo zurück.

Der bayerische Herzog war zum Lehnsmann Karls geworden.

Der Lehnseid bedeutete einen gravierenden Unterschied zu den früheren Eidleistungen von 757 und 781. Ein Treueid verlangte nur eine positive Haltung, Beistand in umrissenen Fällen. Am rechtlichen Status der Person änderte er nichts.

Der Lehnseid, der Eintritt in die Vasallität dagegen bedeutete Unterwerfung, bewirkte eine rechtliche Statusveränderung. Tassilo wurde auf das Niveau seiner eigenen Vasallen gedrückt, wurde ein Mann Karls des Großen, im Prinzip zu einem unter vielen Lehnsmännern Karls.

Die Vasallität entspringt verschiedenen Wurzeln, ihr Kern enthält einen Verknechtungsritus. Dadurch wird ein Mann zum Mann des anderen, er tritt in dessen Dienste und erhält dafür seinen Lebensunterhalt und den Schutz des Mächtigen. Als Gegenleistung hatte er militärische Dienste zu erbringen. Der Vorgang war in dieser Zeit nicht mehr ungewöhnlich, bis dahin traten freilich nur Leute niedriger Abstammung und niedrigeren Ranges in die Vasallität. Ursprünglich stammten diese Leute aus den Schichten der Unfreien.

Zur Zeremonie gehörte auch die Übergabe des Besitzes und dessen Rückgabe als Lehen, als Leihgabe, zur bloßen Nutzung gegen Abgaben. Früher diente die Eigentumsübertragung als Gegenleistung für den Schutz durch den Mächtigen. Hier schuf sie deutlich die Enteignung des Herzogs. Politisch gesehen war das Land nun ein Lehen Karls, Tassilo darin nur mehr der Amtsherzog, von Karl dem Großen als Amtsträger eingesetzt.

Übrigens wird hier zum ersten Male dieses Mittel im „staatsrechtlichen" Sinne angewandt, um Abstufungen in politischen Beziehungen auszudrücken. Vasallität band fester, ordnete tiefer unter als ein bloßer Treueid.

Nun zeigten sich die anderen Gegenspieler Tassilos: Zum einen hatte der Papst seine frühere pro agilolfingische Haltung seit 773 allmählich aufgegeben und war zu einer immer besseren Verständigung mit Karl gelangt. Dem stand damit das geistliche Schwert zur Verfügung, und der Papst konnte dem Bayernherzog mit Bann und geistlichen Strafen drohen.

Im Inneren Bayerns erhob sich eine Adelsopposition. Karl hatte die Großen mit dem Versprechen gekauft, die von Tassilo ausgegebenen Lehen ihnen als Eigentum zu schenken. Der ehemalige herzogliche Besitz sollte über ein königliches Zwischenstadium in das private Eigen der Oberschichten übergehen. Das kostete Karl nur ein Stück seiner Beute und brachte ihm breitere Unterstützung.

Auch im Klerus regte sich Opposition. Das hing mit der agilolfingischen Kirchen-, besonders Klosterpolitik zusammen.

Tassilo hielt die Bischöfe nieder, indem er die Klöster in deren Diözesen stützte; die Bischöfe besaßen vor den Äbten nur einen Ehrenvorrang, konnten keine politische Rolle spielen. Aus den späteren Ereignissen lassen sich die Zugeständnisse Karls an den Episkopat erkennen. Der Frankenkönig verzichtete zum einen auf die Rückforderung der von Tassilo und Odilo ausgegebenen Lehen, stärkte damit die wirtschaftliche Stellung der Bischöfe. Indem er sie zum anderen rechtlich über die Äbte hob, billigte er dem Episkopat dann auch eine politische Rolle zu.

Tassilo war tief getroffen und wohl auch wütend. Ergriff er aber Maßnahmen, bedrohte er das Leben seines Kindes. Doch Tassilo soll gesagt haben, selbst wenn er zehn Söhne verlöre, würde er nicht hinnehmen, was ihm von Karl angetan worden war.

Tassilo muß tatsächlich ernst gemacht haben. Er versuchte, die Anhänger Karls im eigenen Lande abzuhalftern, sie ihrer Ämter zu entsetzen, ihre Machtbasis zu zerstören. Ihre Alarm- und Angstrufe scheinen Karl bald erreicht zu haben. Zudem sickerte wohl durch, daß Tassilo eine große Koalition gegen Karl schmiedete, auf der Suche nach Verbündeten umging.

Die Katastrophe von 788

Karl schlug schnell zu: 788 wurde Tassilo nach Ingelheim geladen, mit den anderen Vasallen des Königs, also seinen eigenen ehemaligen Vasallen. Die Invasionsdrohung stand wieder im Hintergrund.

In Ingelheim fand ein Prozeß statt. Man darf sich das nicht so formaljuristisch wie heute vorstellen. Es war ein politischer Prozeß, gekleidet in die damaligen Rechtsformen. Die Großen des Reiches bildeten sozusagen die Jury. Vor ihnen traten nun bayerische Karlsanhänger als Ankläger auf. Sie bezichtigten den Herzog verschiedener Delikte, die als besonders verwerflich galten: Konspiration mit den Awaren, also Landesverrat. Ferner sollte er den Königsvasallen Gastfreundschaft vorgeheuchelt haben, lediglich in der Absicht, sie leichter töten zu können. Dazu kam die Beschuldigung, er habe seine Leute zur Scheinhuldigung an Karl aufgefordert. Tassilos Vasallen sollten Karl nur vorgeblich Treue schwören, um nicht an ihn gebunden zu sein.

Die Franken stellten einen ganzen Katalog von Vergehen auf. Dabei handelte es sich nicht um einfache Ungehorsams- oder Widerstandsverbrechen, sondern um perfide, hinterlistige Angriffe auf den Bestand des Staates. Denn auf den Treueiden baute das Verhältnis zwischen Herrscher und Untertanen auf, beruhte die staatliche Unterordnung Bayerns. Dies suchte Tassilo außer Kraft zu setzen.

Schwerste Anschuldigungen wurden erhoben. Doch so sehr sie auch übertrieben anmuten, Tassilo erscheint in diesen Punkten nach damaligem Recht tatsächlich anklagbar.

Es spricht einiges dafür, daß er tatsächlich mit dem Landesfeind, den Awaren, verhandelt hatte. Die bayerisch-awarischen Beziehungen hatten sich unter Tassilo verbessert. Awarische und bayerische Truppen zusammen, wahrscheinlich unterstützt durch weitere oppositionelle Kräfte, hätten eine ernste Bedrohung für Karl dargestellt. Für die Berechtigung dieses Anklagepunktes spricht ferner, daß Karl noch im gleichen Jahr vier Schlachten gegen die Awaren schlagen mußte, diese also schon mobilisiert hatten. Vielleicht war das der Grund, warum Karl so schnell eingegriffen hatte. Nach 787 war Tassilo keine eigene Außenpolitik mehr erlaubt – weil er ja als Vassus keinerlei Recht dazu hatte.

Die genannten Delikte lassen sich unter dem Tatbestand der Infidelität – der Treulosigkeit – zusammenfassen. Weil aber die damaligen staatlichen Beziehungen eben auf der gegenseitigen Treuepflicht basierten, damit die Grundlagen des Staates betroffen waren, zählte die Infidelität zu den Kapitalverbrechen. Darauf stand die Todesstrafe.

Als man die ganze Schuld Tassilos würdigte, da erinnerte man sich an seine Heeresflucht im Jahre 763. Dies hätte angeblich – so sagen es fränkische Quellen – den Ausschlag gegeben. Nach dem oben Gesagten ließ sich aber dieses Delikt nicht mehr heranziehen. Das Aufführen der „Herisliz" von 763 diente lediglich der Illustration, lieferte einen Beweis mehr für des Herzogs abgrundtiefe Treulosigkeit. Das Königsgericht – also der Gerichtsumstand – würdigte die Schuld Tassilos und verurteilte ihn zum Tode. Das eigentliche Urteil blieb dem König vorbehalten. Karl erkannte ihn für schuldig, verhängte aber kein Todesurteil, sondern er „begnadigte" Tassilo zur lebenslänglichen Haft in einem Kloster, dem üblichen Verbannungsort für höhere politische Gefangene.

Karl sperrte jedoch nicht nur Tassilo, sondern die ganze Familie ein. Er wollte die Agilolfinger für immer von der Herrschaft ausschließen. Er wollte auch den Anspruch auf Herrschaft durch ein anderes Mitglied der Sippe beseitigen. Das gelang ihm durch die erzwungenen Eintritte der Agilolfinger ins Kloster. Damit trat automatisch der Verlust aller weltlichen Rechte ein.

Die Familie wurde ohne Rechtsgrundlage inhaftiert. Frau, Sohn und Töchter mußten ohne Urteil, lediglich aus den genannten Gründen, hinter den Mauern verschwinden. Die haßerfüllten Berichte über die Schlechtigkeit der Herzogin sollten wohl auch diesen Mangel decken.

Bei all diesen Machenschaften erscheint dennoch so etwas wie Rechtsformalismus. Gerade die Existenz eines bayerischen Stammesrechts spielt hier eine entscheidende Rolle. Karl erkannte dessen Bestimmungen an, was vielleicht für einen fränkischen Einfluß bei der Kodifikation spricht. Er beseitigte nicht den Rechtsanspruch, sondern die Personen, die ihn hätten erheben können. So enthob er Tassilo nicht einfach mit militärischer Gewalt, sondern prozessierte die Sippe hinweg.

An den Absichten Karls gibt es keinen Zweifel. Seinem Großmachtstreben fiel Bayern zum Opfer. Er wollte das Land direkt seinem Imperium eingliedern, sich nicht mehr bloß mit dessen Zuordnung begnügen. Da aber die wilden Zeiten der Merowinger der Vergangenheit angehörten, konnte er schlecht mit rein militärischer Macht das Land annektieren. Darum mußte er eine andere Lösung suchen. Er strengte einen politischen Prozeß an, der das angestrebte Ergebnis genau so sicher bewirkte. Der aber ihn ins Recht setzen – und Tassilo als Übeltäter dastehen lassen sollte.

Tassilo hatte zweifellos nach seiner erzwungenen Unterwerfung Widerstand leisten wollen. Genau dies aber machte sein Verbrechen aus. Es ließe sich anführen, daß ohne Zweifel der Eid von 787 erpreßt war, daß damit Tassilo ein Widerstandsrecht hätte beanspruchen können. Hätte er es getan, die fränkischen Quellen würden es verschwiegen haben.

Gerade aber dieser rechtsförmige Anstrich warf später Probleme auf, die noch ein Nachspiel erforderten. 794 wurde Tassilo aus seinem Kloster geholt. In welchem er verwahrt wurde, läßt sich nicht mehr sagen. Auf dem Frankfurter Reichstag leistete er definitiven Verzicht auf alle seine Rechte, wie sie in der Lex verankert waren.

Er gab nun auch sein Privatvermögen, sein Hausgut heraus. Danach ließen sich weder rechtliche noch privatrechtliche Ansprüche Tassilos und seiner Familie mehr geltend machen. Karl ist damit der absolute Herr im Land und wohl der größte Grundeigentümer. Aus dieser riesigen Verfügungsmasse konnte er auf billige Weise die Schulden bei seinen bayerischen Parteigängern zahlen.

Die Rechtsförmlichkeit des bisherigen Verfahrens hatte ihre weiteren Konsequenzen gefordert. Obwohl Tassilo und seine Familie nicht mehr in der Lage waren, Herrschaft auszuüben, bestand dieser Anspruch der Agilolfinger, wie ihn die Lex formulierte, weiter. Es hatte also nicht genügt, die Familie de facto wegzuschaffen, es mußte nun auch noch de jure geschehen. Darum mußten alle den „Klostertod" sterben, mußte Tassilo danach noch zusätzlich eine formelle, endgültige Verzichtserklärung für sich und die Sippe nachliefern. Das wurde 794 vollzogen, auch hier wieder unter Zwang.

Karl war am Ziel, er hatte sein politisches Spiel meisterhaft betrieben: Einkreisung, Ausschaltung der Verbündeten, geschickte Wahl der Ankläger und der Anklagen. Ein rechtsförmliches Urteil war ergangen, die Verzichtserklärungen Tassilos lagen vor. Karl wollte die Rechtsfiktion, ohne freilich seine Zeitgenossen täuschen zu können. Das haben seine Annalenschreiber für die Nachwelt versucht – mit nicht geringem Erfolg.

Wir wollen aus der Distanz nicht mehr Richter spielen. Die Konsequenzen der Ereignisse liegen klar zutage: 788 bedeutete für Bayern eine „Wende" und die griechische Übersetzung für diese Wort heißt: „Katastrophe"! Das Wort von der „Katastrophe von 788" ist in die Bayerische Geschichtsschreibung eingegangen. Kurt Reindel hat es eingeführt, Gertrud Diepolder es anläßlich der Bajuwarenausstellung 1988 erneut gebraucht. Andere dagegen sehen die Vorgänge von 788 weniger dramatisch: als bloße Eingliederung Bayerns ins Reich – Riezler meinte, Bayern sei damit auf eine „höhere Kulturstufe" gehoben worden. Das ist nicht nur eine überhebliche, sondern auch falsche Sicht, die die damalige bayerische Kulturstufe recht niedrig ansetzte und die des Karolingerreiches um so höher. Denn, wie wir noch sehen werden, stand die Kunst und Wissenschaft unter den Agilolfingern durchaus auf der Höhe ihrer Zeit.

Mit 788 endete das erste Herrschergeschlecht, mit ihm ging aber auch eine eigene Politik zu Ende, die auf die völlige Unabhängigkeit des Landes zielte, die eine eigene Außenpolitik versuchte. Nach diesem Jahr steht das Land, bei allem Streben um Bewahrung seiner Substanz und seines Eigengewichts, doch im größeren Rahmen des Karolingerreiches. Über diese Eingliederung führte schießlich der Weg ins spätere imperium theutonicum, ins Deutsche Reich.

Manche sehen seit damals eine Konstante und ein Grundproblem bayerischer Politik, sehen bis heute diesen Konflikt nachwirken. Kraftvolle Männer aus Bayern suchen eine eigene Politik zu gestalten, geraten dann aber mit der Zentralgewalt in Konflikt.

Ebenfalls eine bayerische Grundkonstante bildet seit dieser Zeit die Ausrichtung, die Verbindung nach und mit dem Osten und Nordosten.

Der nahe und der fernere Osten
Bayerische und fränkische Expansion

Im letzten Viertel des 8. Jahrhunderts müssen sich die Beziehungen zu den Awaren verbessert haben. Bis zur Mitte des Jahrhunderts scheint es sporadisch zu Kämpfen mit ihnen gekommen zu sein. Beide Seiten verzichteten auf eine feste, fixierte Grenzlinie, diese Art von ganz genauen Grenzen riß man ohnehin erst im späten Mittelalter durch die Lande. Vernünftigerweise begnügte man sich mit einem Grenzsaum zwischen Enns und Wienerwald. Der letzte Agilolfingerherzog Tassilo schloß sogar noch ein Bündnis mit den Awaren – gegen Karl den Großen.

Gewöhnlich unterschätzt man die kulturelle Kraft und Leistung dieser Völker, hält sie zwar für kühne Reiter, aber mit wirklich „barbarischen" Sitten behaftet. Dabei werden Hunnen, Awaren, Ungarn unterschiedslos in den Topf der „wilden Reitervölker" geworfen. Primitiv jedoch erscheinen bei genauerem Hinsehen die Awaren keinesfalls. Lange Kontakte mit der persischen und chinesischen Hochkultur wirkten sich bei diesem eher türkisch als mongolischen Stamm in Kleidung und sonstigem Luxus der Oberschicht aus. Ihnen gelang es, mit ausgezeichneten Herrschaftsmethoden vielerlei Völkerschaften beieinanderzuhalten – und wohl auch durch ihre überlegene Waffentechnik. Sie führten den Steigbügel in Europa ein, der dem Reiter ganz neue Möglichkeiten bot, mit Pfeil und Bogen zu schießen, die Lanze einzusetzen. Die militärische Vormachtstellung sicherte ihnen hohe byzantinische Zahlungen. Damit ließ sich trefflich ihr Luxus finanzieren. Schließlich kontrollierten sie die Landverbindungen zwischen dem Osten und dem Westen, waren zu einem nicht zu unterschätzenden Faktor der Politik geworden.

Der Zuzug der Awaren führte zum Vordringen der Slawen in die Ostalpen. Ihrer Expansion fielen der Reihe nach die alten Bischofssitze zum Opfer. Im Pustertal und bei Aguntum, dem heutigen Lienz, kam es wiederum zu Gefechten mit den Baiern, wobei diese den kürzeren zogen. Allein, auf sich gestellt, konnten sie nur das Pustertal und den Brennerübergang behaupten, die Herrschaft über die Ostalpen ging verloren. Slawische Völker siedelten nun in einem Landstreifen im Osten: vom Pustertal nordwärts über das Tal der Enns und der Traun über die Donau hinweg bis zur Moldau. Sie hielten so Verbindung mit den nordslawischen Stammesbrüdern. Zwischen Traun und Enns lag eine Mischzone, Slawen siedelten dort neben Baiern. Im menschenleeren Land war genügend Platz, und das vermied Reibungen.

Den slowenischen Karantanen – im Raum des heutigen Kärnten – gelang es schließlich, einen eigenen Staat zu gründen, der wohl auch noch romanische und kroatische Volksgruppen umfaßte. Nach einer vorübergehenden Schwäche der Awaren nahm deren Druck jedoch wieder so zu, daß sich der Herzog der Karantanen, Boruth, an Herzog Odilo mit einem Hilferuf wandte. Dessen Eingreifen drängte die Awaren zurück, brachte dafür die Karantanen unter bayerische Herrschaft – und vielleicht auch unter fränkische Oberhoheit. Freilich mißtraute man der karantanischen Herrscherfamilie, und so mußten der Sohn des Herzogs und dessen Neffe als Geiseln ins Chiemseekloster ziehen. Dort erhielten sie eine christliche Erziehung. Beide übernahmen schließlich nacheinander, 750 bzw. 753 die Regierung in ihrem Heimatland. Damit bot sich die Gelegenheit zur Missionierung der heidnischen Slawen.

Wir sehen wieder das bewährte Muster: zunächst wurden die Oberschichten gewonnen, ehe dann, mit deren Unterstützung, das Volk Belehrung und Bekehrung empfing. Ganz einfach ging der Konfessionswechsel nicht vonstatten. Zwei Aufstände belegen, daß hier starke katholische Überzeugungsgewalt auf Widerstand stieß. Die Karantanen, das Volk selbst, sind Heiden gewesen und es noch eine Weile geblieben. Die Mission setzte erst mit vollem Nachdruck ein, als sich der Bischof Virgil von Salzburg darum annahm und einen Bischof ins Karantanenland sandte. Auf Virgil gehen auch die ersten Kirchenbauten in Karantanien zurück. In Salzburg wurde eigens ein Traktat verfaßt, die Conversio Carantanorum, um den eigenen Anspruch auf das Missionsgebiet zu untermauern.

Die Conversio drückt die Schwierigkeiten der Mission deutlich aus: *Der Fürst der Karantanen bat den Bischof Virgil, das Volk des Stammes zu besuchen und sie im Glauben fest zu stärken. Dieses konnte jener damals keineswegs erfüllen, sondern er schickte an seiner Stelle seinen Bischof Modestus mit anderen Geistlichen. Modestus blieb dort bis zum Ende seines Lebens. Als der Bischof gestorben war, bat eben dieser Fürst Cheitmar abermals den Bischof Virgil, ob es ihm nicht möglich wäre, zu ihm zu kommen. Jener lehnte ab, da sich ein Aufstand ereignet hatte. Aber er faßte einen Entschluß und schickte dorthin den Priester Latinus. Nicht viel später ereignete sich ein anderer Aufstand, und der Priester Latinus ging wieder von dort weg. Nach der Beilegung des Aufstandes schickte der Bischof Virgil wieder zwei Priester. Da es dann nach dem Tode Cheitmars zu einem Aufstand kam, war dort einige Jahre kein*

Priester, bis ihr Fürst Waltunc wieder Boten sandte und bat, Priester zu schicken. Die Missionspriester trugen römische Namen, entstammten vielleicht auch dieser Volksgruppe.

Die heidnischen Aufstände konnten erst um 772 endgültig unterdrückt werden. Die schließliche Befriedung dieses Gebietes ist nicht zum geringsten ein Verdienst der tassilonischen Gründung Kremsmünster. Doch auch dann kam das Karantanenland nicht völlig zur Ruhe. Die Auseinandersetzungen ziehen sich bis weit in die Karolingerzeit hinein. Die Karantanen beteiligten sich am Aufstand des Liudewit, der von 819 bis 822 fünf Kriegszüge erforderte, bis dessen Ermordung den Aufstand zusammenbrechen ließ. Das slowenische Herzogtum Karantanien reichte nun bis zur Drau, der politischen und militärischen Grenze; die südlich liegenden Teile unterstanden nicht mehr baierischem Einfluß. Im bayerischen Bereich wurden fränkische Grafen eingesetzt, eine Herrschaftsordnung, die bis heute ihre Spuren hinterlassen hat. Karantanien war aber weitgehend unter Kontrolle, von Salzburg wurde dieser Raum weiter missioniert.

Nach der Absetzung Tassilos rückten die Awaren wieder in den Brennpunkt, hatten sie doch durch ihre kriegerischen Einfälle die Gefährdung Bayerns deutlich gemacht. Mit einer Awarenmission hatte Karl der Große wenig im Sinn, ihm ging es um die Niederwerfung dieses Gegners. Er fing zunächst einmal an, die Grenze im Osten abzusichern, ohne auf die Awaren Rücksicht zu nehmen. 790 erschien denn auch vor ihm eine Gesandtschaft – man beachte die diplomatischen Umgangsformen – um dagegen Protest einzulegen. Diese Bemühungen blieben erfolglos, bereits 791 ergriff Karl die Offensive.

Möglicherweise sollte der damals begonnene Rhein-Main-Donau-Kanal, die fossa Karolina, als Nachschubstraße für die Awarenkriege dienen. Daran zeigt sich, daß man mit längeren Kampfhandlungen rechnete. Der erste Vorläufer des heutigen Großprojektes versandete im Sinn des Wortes. Damals konnte man nicht ganze Täler umkrempeln und die Ufer in Beton gießen. So rutschte die Erde immer wieder nach, man mußte die Sisyphusarbeit nach einer kurzen Strecke aufgeben.

Der Vormarsch von 791 stieß auf keinen awarischen Widerstand. Vielleicht hatten das dreitägige Fasten und die Gebete vor dem Kriegszug die erflehte Hilfe bewirkt. Das Heer marschierte bis zur Raab, wobei es der Reihe nach awarische Befestigungen überwand. Erst die Natur ließ den Zug am Ende fast noch zum Fiasko werden. Der nahende Winter erzwang die Rückkehr, weitgehend zu Fuß: eine Seuche hatte die meisten Pferde dahingerafft. Doch auch diese Schwäche wußte der Gegner nicht zu nutzen.

Der Karlsgraben. Ein Rest des ersten Rhein-Main-Donau Kanals, begonnen unter Karl dem Großen und bald versandet.

Die Awaren hatten sich nur taktisch zurückgezogen, das Ende der Kämpfe bedeutete das noch nicht. Immer wieder flackerten Gefechte auf, wir hören in den Quellen jedes Jahr von 795 bis 802 von Kriegen an mehreren Fronten. Über die Höhe der Menschenverluste schweigen die Berichte; sicher ist nur, daß zwei bayerische Grafen umkamen.

Die Angriffe von Bayern aus machten die Awaren langsam mürbe, einzelne Häuptlinge unterwarfen sich, gerieten in fränkische Abhängigkeit. Die Quellen zu 796 berichten ausführlich über derartige Vorgänge: *Pippin aber jagte sie hinter die Theiß zurück, zerstörte ihre Königsburg von Grund aus, die „hring" genannt wird. Er erbeutete fast alle ihre Schätze und zog dann zum Vater Karl ins Winterlager nach Aachen zurück, wo er ihm die gemachte Beute zu Füßen legte. Auch der Tudum blieb seinen Worten getreu und erschien daselbst vor dem König, er wurde mitsamt allen, die mit ihm gekommen waren, getauft und beschenkt, und kehrte, nachdem er den Eid der Treue geschworen hatte, in seine Heimat zurück. Jedoch hielt er seinen Schwur nicht lange und büßte bald darauf auch für seine Treulosigkeit.*

Die Aussicht auf reiche Beute dürfte den Kampfeifer der fränkischen Truppen gesteigert haben. Das Ende der Awaren aber führten nicht die militärischen Einsätze der Franken, sondern die Slawen herbei. Seit 811 nahmen zwischen den beiden Völkern die Auseinandersetzungen zu, bei denen die Awaren letztlich unterlegen sind. Regino von Prüm spricht in seiner Chronik zum Jahr 889 schon von den wüstliegenden Gebieten in Pannonien und im Awarenland. Das Volk der Awaren ist damals also untergegangen.

Im Osten wurde nun zur Sicherung der Grenze eine eigene Grenzorganisation geschaffen, die neuen Gebiete blieben bei Bayern, mit dem Zentrum zwischen Enns und Wienerwald, worin sich erweist, wie gefestigt die bayerische Herrschaft dastand. Die große Ausweitung, streckenweise bis über den Plattensee, war aber nicht mehr beherrschbar, lediglich symbolisch konnte durch Truppenexpeditionen ein Herrschaftsanspruch gezeigt werden.

Die Nachbarn im Nordosten: Böhmen und Mähren

Dagegen richtete sich nun das Augenmerk nach Nord- und Südosten. 805 ließ Karl drei Heeresabteilungen – wir kennen das System des Angriffes von drei Seiten schon vom Kampf gegen Tassilo – in Böhmen einmarschieren. 806 wiederholten sich die Vorgänge, eine völlige Unterwerfung des Gebiets scheint nicht erfolgt zu sein, freilich geriet Böhmen in Abhängigkeit vom Karolingerreich.

Wie sehr Karl auch das Umfeld der Kämpfe bedachte, zeigt nicht nur das Kanalprojekt. Im Diedenhofener Kapitulare, eine in einzelne Kapitel unterteilte Anordnung mit Gesetzeskraft, wurde 806 der Waffenhandel mit Slawen verboten. Die fränkischen Qualitätswaffen waren weitum berühmt, die Schwerter für ihre Härte berüchtigt, verständlich, daß man ihnen nicht in Feindeshand begegnen wollte.

Das Reich der Mährer erscheint zum erstenmal 822 in den Quellen, als Beziehungen geknüpft wurden, die dann in eine Missionierung einmündeten. Hier gewann das Bistum Passau eine eigene Missionsaufgabe bis hin zur Raab, während Regensburg die Böhmenmission betrieb. Einen ersten großen Erfolg bedeutete die Taufe von vierzehn böhmischen Heerführern in Regensburg im Jahr 845, was durch die Taufe und die Christianisierung auch den politischen Einfluß versinnbildlichte.

Diese Bemühungen stießen auf den Widerstand des Mährerherzogs Rastislav. Einst vom Frankenkönig selbst eingesetzt, strebte er nach einer unabhängigen Herrschaft. Ausdruck fand dies in einer religiösen Umorientierung. Rastislav wandte sich von der fränkischen Reichskirche ab und rief byzantinische Missionare ins Land. Nach 863 begannen die Brüder Kyrill und Methodius die Mission der slawischen Völker. Sie hatten sich gut vorbereitet, konnten das Evangelium in der Landessprache predigen, sie hatten auch, von der griechischen abgeleitet, eine slawische Schrift entwickelt. Weil sie sich bei ihren Bemühungen auf die Landessprache stützten, was dem byzantinischen Missionsprinzip entsprach, wiesen sie größere Erfolge auf, als ihre bayerischen Konkurrenten. Offensichtlich zielten Rastislavs Bestrebungen auf die Gründung einer eigenen Kirchenprovinz. Doch dazu erhielt er nicht die Unterstützung durch Byzanz. Erst die Kontaktaufnahme mit Rom schien zunächst zum Erfolg zu führen. Der Papst konnte damit eigene Interessen verknüpfen. Er hoffte, die an die Ostkirche gefallene alte Provinz Illyricum für Rom zurückzugewinnen und sich gegen den fränkischen Episkopat zu behaupten. Die politischen Ereignisse begünstigten die Pläne. 869 besiegte Rastislav ein großes ostfränkisches Heeresaufgebot und hätte damit auch die politische Freiheit gehabt, seine gesamten Absichten zu verwirklichen.

Doch der damalige Regent, König Ludwig der Deutsche, verlegte das Kampffeld und griff zu den feineren Mitteln der Diplomatie. Es gelang ihm, den Neffen Rastislavs auf seine Seite zu ziehen. Der nahm seinen Onkel gefangen, lieferte ihn an die Franken aus. Ludwig ließ seinen Gegner blenden, um ihn unschädlich zu machen.

Der bayerische Episkopat, der die Missionsbestrebungen und die Absichten des Papstes durchaus richtig eingeschätzt hatte und über das Eindringen ins eigene Missionsgebiet verärgert war, nützte nun prompt die Gelegenheit, um die byzantinische Mission zu schwächen. Mit dem Untergang Rastislavs wankte auch die Stellung des Erzbischofs Methodius, die bayerischen Bischöfe ließen ihn gefangen nehmen und in Regensburg vor ihr Gericht stellen. Sie verübelten ihm besonders die Errichtung eines slawischen Erzbistums, weil sie sich dadurch um die Früchte ihrer Missionsanstrengungen gebracht sahen. Die Gebiete waren ihrer Rechtsprechung entzogen – und damit ihrem Macht- und Einflußbereich.

Die Synode verbannte Methodius in ein Kloster. Päpstliche Proteste bewirkten nichts, erst als nach neuen Aufständen und fränkischen Kriegszügen 874 in Forchheim Frieden zwischen Bayern und dem Mährer Swatopluk geschlossen wurde, kam Methodius nach mehrjähriger Haft wieder frei. Vielleicht wechselten in diesem Pakt die Gebiete zwischen Böhmerwald und Donau in bayerische Herrschaft über.

Der Konflikt der bayerischen Bischöfe mit dem Papst markiert den Schlußpunkt der bayerischen Expansion nach Südost. Der Papst verhinderte ein weiteres Ausgreifen. Damit entfiel die Legitimation und zugleich eine Stütze für die Ausdehnung des ostfränkischen Reichs nach Osten.

Im Hintergrund dieser Zwistigkeiten standen eher politische und materielle Interessen als religiöse. Dem Papst ging es darum, die Ausbreitung der Ostkirche nach dem Westen durch den römisch orientierten Method abzublocken. Dem bayerischen Episkopat lag der Erwerb von Land und Leuten am Herzen, vor allem Salzburg besaß bereits große Güter in der Slowakei. So wurde denn auch der Salzburger Bischof, der um sein Eigen fürchtete, zur treibenden Kraft gegen Methodius.

Das mährische Reich zerfiel 894. Die Böhmen erstrebten danach die

Selbständigkeit. Rückhalt suchten sie bei den Baiern: Mitte Juli 895 wurde in Regensburg eine Reichsversammlung abgehalten, *dorthin kamen aus dem Slavenland alle Herzöge der Böhmen, welche Herzog Zwentibald von der Verbindung mit dem baierischen Volk und seiner Macht gewaltsam abgerissen hatte – deren Vornehmste waren Spitignewo und Witzila – zum König, wurden ehrenvoll von ihm empfangen und unterwarfen sich, wie es Sitte ist, durch Handschlag wieder der königlichen Hoheit.*

Im Gegenzug erwuchs dem Herrscher Arnulf von Kärnten die Verpflichtung, seine neuen Untertanen zu unterstützen. In Böhmen war noch dazu ein Bruderzwist ausgebrochen, der Arnulf zum Eingreifen veranlaßte und mehrere Kriegszüge nach sich zog. Doch nach längeren Auseinandersetzungen wurde von Arnulfs Nachfolger, Ludwig dem Kind, dem letzten Karolinger, mit den Mährern Frieden geschlossen. Beide Seiten hatten erkennen müssen, daß nunmehr die heidnischen Ungarn die große Gefahr bedeuteten. 881 hatte die erste Schlacht mit ihnen in der Nähe von Wien stattgefunden.

Damit beginnt ein neuer Abschnitt in der Geschichte, wobei sich aber die Grundzüge ähneln. Mit einem heidnischen Nachbarvolk kommt es zunächst zu kriegerischen Auseinandersetzungen, in deren Verlauf die Anrainer unterworfen werden. Den Kriegern folgen Missionare, welche die sich sträubenden und Widerstand leistenden Heiden zu bekehren suchten. Danach gehörten diese Völker religiös zum Reich Christi, politisch zum fränkischen Reich. Doch bis die Ungarn christianisiert waren, sollte es noch längere Zeit dauern.

Die neuen Herren im Land: Karl der Große und seine Nachfolger

Im letzten Kapitel wurde wegen der inneren Zusammenhänge der Ereignisse zeitlich weit in die Karolingerzeit vorgegriffen. Die Absetzung Tassilos III., des letzten Herzogs aus dem Geschlecht der Agilolfinger, bedeutet eine Zäsur in der bayerischen Geschichte. Der Herzog verschwand in einem Kloster, die Erinnerung an ihn sollte ausgelöscht werden.

Ins Rampenlicht trat der neue Herrscher Bayerns. Gleich noch im Jahr der Machtübernahme, im Oktober 788, erschien Karl in der bayerischen Hauptstadt.

Der Sieger ordnete die Verhältnisse im Lande. Zunächst mußte er seine „Schulden" bei den weltlichen und geistlichen Großen für deren Hilfe bei der Herzogsabsetzung bezahlen. Das ließ sich leicht an, denn der große Karl übernahm einfach den Herzogsbesitz. Aus dem herzoglichen Fiskus wurde der königliche – und aus diesem erfolgten die Schenkungen. Das kostete Karl nur einen Teil seiner Beute.

Seinen Rechtsstandpunkt legte Karl gleich in einer der ersten dieser Schenkungen dar: Bayern habe schon immer zum regnum francorum, zum fränkischen Königreich gehört. Es sei ihm von den übelgesinnten Männern Odilo und Tassilo in treuloser Weise entzogen und entfremdet worden. Durch Gottes Gerechtigkeit und Hilfe sei aber das Land wieder in die richtige, die eigene Botmäßigkeit zurückgekehrt.

Die Auffassung des Siegers ließ sich nicht schöner darlegen: Odilo und Tassilo hätten also fränkischen Besitz an sich gerissen, Karl ihn sich nur zurückgeholt. Damit seien frühere, rechtmäßige Zustände wieder hergestellt worden, und Karl übe nur die ihm zustehende Herrschaftsgewalt aus.

Dieser Rechtsauffassung entsprach die Politik Karls. Bayerische Gebiete wurden nicht abgetreten oder abgetrennt. Im Gegenteil, die Awarenfeldzüge dehnten die Grenzen weiter nach Osten hin aus. Das bayerische Gesetzbuch, die Lex Baiuvariorum, blieb weiterhin gültig, mit der kleinen Ausnahme, daß die Paragraphen über das Erbrecht der Agilolfinger auf die Herzogswürde als aufgehoben galten. Um keine Anknüpfungspunkte zu schaffen, setzte Karl keinen Herzog mehr ein, sondern übertrug die Herrschaftsgewalt an einen Grafen, der aber de facto doch wieder eine herzogsgleiche Stellung einnahm. Freilich mit dem Unterschied, daß er jetzt Karl unterstellt war, daß Bayern ein Reichsteil geworden war. Der Herr des Reiches aber setzte seine Amtsträger ein, wie es ihm beliebte. Bei der Wahl des Herzogs hatte es zumindest noch ein Konsensrecht der Großen gegeben; da es keinen Herzog mehr gab, erübrigte sich auch diese Bestimmung des Gesetzbuches.

Nachdem es Karl gelungen war, den erblichen Anspruch einer Sippe abzuschaffen, konnte es ihm nicht mehr daran liegen, derartige Versuche einer anderen Familie zuzulassen. So nahmen die Karolinger ihre Einsetzungsgewalt bis zum Ende des 9. Jahrhunderts wahr. Freilich fing Karl es geschickt an. Mit dem ersten Grafen oder Präfekten, wie er genannt wurde, hatte Karl einen seiner ergebenen Männer eingesetzt. Gerold entstammte der fränkischen Reichsaristokratie, hatte aber zwei unschätzbare Vorteile: einerseits war er mit Karl verwandt, andererseits aber stammte seine Mutter wohl aus der alemannischen Agilolfingerlinie. Das mochte für entferntere Betrachter noch einen Anschein von Rechtsnachfolge der Linie erwecken. So hoffte vielleicht der Frankenkönig, neue Loyalitäten auf die alten zu gründen. Gerold trat in vollem Umfang an die Stelle des Herzogs und regierte Bayern in den alten Grenzen, mit dem alten Gesetzbuch.

Die alten Bindungen zum angestammten Herrscherhaus hatten sich nicht alle gelöst. Einige Adelige teilten mit Tassilo ein hartes Schicksal: Absetzung und Enteignung trafen seine letzten Getreuen. Doch – und vielleicht gerade deswegen – lebte die alte Legitimistenpartei im Lande weiter. In ihren Augen galt Karl als Usurpator, standen doch die Karolinger den Agilolfingern an Alter und Vornehmheit weit nach. Auch die Vorgänge von 788 wurden wohl schon damals als eiskalte, gut inszenierte Machtübernahme gesehen.

Es existierte auch nach 788 noch immer eine agilolfingische Partei im Lande. Auf sie konnte sich offensichtlich Karls eigener Sohn Pippin stützen, der 792 in Bayern eine Verschwörung gegen seinen Vater anzettelte. Sie flog schnell auf, ein Teil der Mitverschwörer wurde geblendet, ein Teil exiliert. Möglicherweise suchten sich die Angeklagten damit herauszureden, die Herrschaft Karls entbehre rechtlicher Grundlagen. Von diesen Aufständen, der Unruhe im Lande, den divergierenden Rechtsauffassungen her, erklären sich wohl einige Maßnahmen Karls.

Die endgültige Abdankung Tassilos 794 zählte dazu. Auch die Regelungen im Diedenhofener Kapitulare von 805 können in diesem Zusammenhang gesehen werden. Karl forderte ausschließlich Treueide für sich und ließ allenfalls noch solche für den direkten Lehnsherrn zu. Alle anderen

Schwüre galten als verboten. Wer eine Konspiration beschwor, der mußte nach deren Aufdeckung seine Mitverschwörer verprügeln und ihnen das Haar scheren. War es bereits zum Kampf gekommen, verlor der Urheber sein Leben, die anderen Teilnehmer sollten sich gegenseitig die Nasen abschneiden. Verschwörungen galt es, mit allen Mitteln und unter allen Umständen zu verhindern. Selbst bei Erfolglosigkeit erhielt ein beteiligter Leibeigener Schläge, und der Freie büßte mit seinem Wehrgeld. Auch hier stand der König dem Machtwillen der Großen gegenüber und versuchte deren Opposition zu verhindern.

Bayern gehörte nach 788 zum Reich der Karolinger. So wurde auch bei den Erbschaftsregelungen ganz selbstverständlich darüber verfügt. Das Land fiel unter die Reichsteilung von 806. Nach dem alten germanischen Teilungsprinzip splitterte Karl das Reich in drei Herrschaftsgebiete auf, wobei freilich die Einheit unter dem Imperium weiterhin galt. Pippin erhielt Bayern zugesprochen, ohne den Nordgau, der an dessen Bruder Karl ging. Das bayerische Stammesgebiet galt als Einheit und wurde darum nicht aufgesplittert. 814, nach dem Tode Karls des Großen, und nach dem des vorgesehenen Erben, gelangte das Land, mitsamt den übrigen Reichsgebieten, an Ludwig den Frommen. Große Veränderungen traten nicht ein. Die Kirche erhielt ihre Privilegien bestätigt, die Verwaltung lief in den überkommenen karolingischen Bahnen weiter.

Kaiser Ludwig teilte sein Reich 817. Sein ältester Sohn Lothar wurde zum Mitregenten erhoben und gekrönt, sein Sohn Ludwig der Deutsche erhielt die östlichen Reichsteile, darunter Bayern. Die Teilung vollzog sich nach den alten Prinzipien: Lothar sollte zum Kaiser erhoben werden, die beiden Brüder Pippin und Ludwig unter ihrem Bruder in ihren Teilgebieten herrschen. Um eine völlige Zersplitterung der Territorien zu verhindern, sollte bei weiteren Erbfällen die Realteilung, wie im germanischen Recht festgeschrieben, aufgegeben werden. Um endlose Bruderkämpfe zu vermeiden, sollten ferner die Großen eines Teilreiches den Herrscher wählen. Damit war der Einfluß der Großen bei der Königswahl festgeschrieben, damit blieb aber auch die Möglichkeit gewahrt, die Teilreiche zu einem einheitlichen Ganzen zusammenzufügen.

Unter Ludwig dem Deutschen gewann Bayern als karolingisches Teilkönigtum an Bedeutung. 825 erschien er als König der Baiern, die Titulatur drückt das Gewicht und die Bedeutung Bayerns für die östliche Reichshälfte aus.

831 teilte Ludwig der Fromme sein Reich abermals unter seine Söhne. Die Bestimmungen gleichen der Reichsteilung von 806; eine Erbzersplitterung sollte ebenfalls vermieden werden. Auch dadurch wieder wurde

der Einfluß der Großen auf die Königswahl verstärkt, ein Meilenstein auf dem Weg zur späteren Königswahl gesetzt. Bei dieser Teilung erhielt Ludwig der Deutsche den östlichen Reichsteil: Bayern. Doch der Begriff stand nun insgesamt für die Gebiete im Osten, denn Ludwigs Reichsteil umfaßte wesentlich mehr als das alte Bayern. Thüringen war dazugekommen, Sachsen und Friesland, weiters ein Küstenstreifen an der Nordsee.

Der Zerfall der Reichshälften in den östlichen und den westlichen Teil zeichnet sich hier ab. Ludwig der Deutsche nannte sich nach 833 auch entsprechend König im Ostfrankenreich. Mit der Teilung von 843 im Vertrag von Verdun entsteht das Ostreich.

Wir brauchen hier nicht auf die Streitigkeiten unter den Karolingern eingehen, die natürlich auch Bayern berührten. Bei der Reichsteilung 865 erhielt der Sohn Ludwigs des Deutschen, Karlmann, den Osten, also Bayern, dazu die angrenzenden Völkerschaften. Der expansive Gedanke der Karolinger drückt sich hier nochmals aus. Jedes Teilreich sollte einen Herrschaftsmittelpunkt erhalten. Der Gedanke an eine feste Hauptstadt tritt zutage. Sonst finden sich bei diesen Teilungen die alten Gedanken. Die Herrschaft in den Teilreichen sollte von den Söhnen selbständig ausgeübt werden, der Kaiser aber beanspruchte die Oberhoheit, die Regierung des Imperiums.

Ludwig der Deutsche starb 876, nach einer langen Regierungszeit. Bayern war in das Zentrum der Herrschaft über das Ostfrankenreich gerückt; Regensburg seine glanzvolle Hauptstadt geworden. Auch Ludwigs Nachfolger Karlmann identifizierte sich besonders mit Bayern, seine Frau entstammte dem einheimischen Adel. Nachdem er 876 König von Bayern geworden war, übertrug er den Ostteil seinem unehelichen Sohn Arnulf, der nach seinem Herrschaftsgebiet den Beinamen „von Kärnten" erhielt. Arnulf zog dann bei den Thronwirren, nach dem Tode seines Vaters und dem Zwischenspiel seines Onkels Ludwig, zunächst gegen Karl II. den kürzeren. Für Karl aber blieb Bayern nur ein Nebenland. Seine Schwäche suchte er dadurch zu kompensieren, daß er in den verschiedenen Teilen des Landes Grafen einsetzte. Arnulf blieb auf seinen östlichen Vorposten abgeschoben. Es glückte ihm jedoch, eine bayerische Partei auf seine Seite zu ziehen. Als Ostlandpräfekt hatte er die ihm unterstellten Slawen zudem unter seinem Kommando. 887 nützte er sein Potential, um in einem Staatsstreich dann Karl III. um dessen Herrschaft im Osten zu bringen. Mit dem Tode Kaiser Arnulfs, des letzten karolingischen Herrschers, endet 899 ein großer Abschnitt der Geschichte.

Mönche gegen Bischöfe
Kirchen- und Klosterpolitik

Nach ihrer kanonischen Einrichtung durch Bonifaz 739 stand die Landeskirche in Bayern unter der Oberhoheit der Herzöge. Ein Metropolit wurde weder zu Odilos, noch zu Tassilos Zeiten ernannt. Bei Odilo stand letztlich die politische Situation dagegen. Ihm gelang zwar der Ausbau der Herzogskirche, doch dabei bevorzugte er bereits die Klöster und vernachlässigte die bischöflichen Kirchen.

Tassilo befürchtete, ihm könne in einem Erzbischof ein religiös-politisches Gegengewicht erwachsen. Tassilos Kirchenpolitik zeigt fränkische Beeinflussung. Im Frankenreich hatten sich die großen Bistümer mit ihren materiellen Ressourcen, mit der Rekrutierung der Bischöfe aus dem Adel und den daraus folgenden Familienbeziehungen als eigenständige politische Macht gezeigt, die den weltlichen Herrschern Widerstand leisten konnte. Die Hausmeier fanden zwei Gegenstrategien: Die Beschneidung der materiellen Macht und die Schaffung eines innerklerikalen Widerparts. Pippin der Mittlere zerschlug die Großbistümer, die der Alleinherrschaft der Dynastie im Wege standen und nutzte dann die materiellen Mittel des Hochstifts für seine Politik, gab etwa Ländereien an seine Parteigänger aus. Zudem wurden in den Diözesen dynastische Eigenklöster gegründet, denen ein eigener Rechtsstatus garantiert wurde. Da dieses Vorgehen eine empfindliche Einschränkung der Verfügungsgewalt der Bischöfe bedeutete, wehrten sie sich dagegen.

Tassilo verfolgte eine ähnliche Politik. Auch er förderte die Gründung von Klöstern in den Diözesen, stützte die Äbte gegen die Bischöfe. Diese suchten zwar in Übereinstimmung mit dem Kirchenrecht ihre Disziplinargewalt auf die in ihrer Diözese gelegenen Klöster auszudehnen, fanden aber dabei keine herzogliche Unterstützung und auch kein Entgegenkommen bei den Stiftern der Klöster und den von ihnen eingesetzten Äbten. Die Aufwertung der Klöster machte sich nicht zuletzt darin bemerkbar, daß Bischöfe nur noch einen Ehrenvorrang vor den Äbten besaßen. Der Herzog versuchte, die geistliche und weltliche Macht, über die ja der Klerus verfügte, zwischen Äbten und Bischöfen in Balance zu halten, um die Bischöfe nicht zu stark werden zu lassen. Er befürchtete wohl, unabhängige Bistümer könnten als Zwischeninstanzen Herzog und Volk von einander trennen, die Verfügungsgewalt des Herzogs über Land und Leute brechen.

Die Porträtfigur eines weltlichen Großen aus der Kirche St. Benedikt in Mals im oberen Vinschgau, ein Charakterbild wie es aus der Zeit um 800 sonst nicht mehr erhalten ist.

Größeres Entgegenkommen des Herzogs gegenüber seinen Bischöfen wäre zu erwarten gewesen, hätte es sich um rein religiöse Angelegenheiten gehandelt. Doch hier war der Herrschaftsaufbau, waren weltliche-materielle Positionen betroffen. Ein ungehinderter Aufschwung der Bischöfe hätte im Gegenzug eine Machteinbuße für den Herzog bedeutet. Tassilo sicherte sich den Einfluß, indem er auf dem herzoglichen Konsens bei Schenkungen an die Kirche beharrte: ohne seine Einwilligung konnten keine Güterübertragungen vorgenommen werden. Ohne Dotationen wiederum konnte kein Kloster entstehen, kein Bistum größeren Besitz gewinnen.

In diese Auseinandersetzungen einbezogen wurden darum auch die Stifter eines Klosters, einer Kirche. Der Eigenkirchenherr beanspruchte selber die Herrschaft über seine Gründung. Er hatte Grund und Boden gegeben und erwartete dafür eine Gegenleistung. Den Konsens für die erforderlichen Schenkungen erhielt er, wenn sich seine mit des Herzogs Interessen deckten. Das scheint aber nicht das größere Problem gewesen zu sein. Widerstand erwuchs von den Bischöfen.

Nach der Bistumsorganisation von 739 war für die erforderlichen Weihehandlungen der Diözesanbischof zuständig. Diese verwiesen auf die kirchenrechtlichen Grundsätze, die dem Bischof die Kontrolle über Kirchen und Klöster zuwiesen. Demnach hätte der Bischof den Abt einsetzen und die Aufsicht über das Kloster übernehmen müssen. Damit aber wären auch Abgaben an den Bischof fällig geworden. Somit hätte der Bischof wesentliche Rechte erhalten, der Gründer sie verloren. Allenfalls Begräbnisrechte hätten ihm noch zugestanden. Damit aber lohnte sich der Aufwand für den Stifter nicht mehr.

Virgil von Salzburg etwa geriet gleich nach seiner Weihe 749 mit einem Adeligen in dieser Frage aneinander. Anscheinend wurde vor der Kirchenweihe über deren späteren rechtlichen Status verhandelt. Der Bischof verweigerte die Konsekration; erst sollte alles an die Diözese Salzburg übertragen werden; damit hätte es ein bischöfliches Eigenkloster mehr gegeben.

Der Streit mit den Bischöfen um die Herrschaft über die Klöster erwuchs aus der Errichtung der Bistumsorganisation. Die Klostergründungswelle im 8. Jahrhundert ließ die Auseinandersetzungen aufbrechen. Wir brauchen hier nicht auf Einzelheiten einzugehen. Der Herzog und die Großen des Landes standen in dieser Frage gegen die Bischöfe, darum erteilte auch der Herzog den Adelsklöstern seinen Schutz. Vereint konnten beide die Bischöfe fernhalten, die freilich von ihren Ansprüchen nicht abließen.

Die Beschränkung der Leitungsgewalt der Bischöfe auf den Diözesanklerus, die Beschneidung politischer Gewalt erlaubten Tassilo zwar ein ungehindertes Kirchenregiment, führten aber mit zu seinem Untergang. Die Bischöfe schenkten den Versprechungen Karls nach materieller Besser- und politischer Vorrangstellung Gehör und wandten sich vom Herzog ab. 788 fehlte dem der politische Rückhalt im Land.

Der Bruch mit der herzoglichen Kirchenpolitik erfolgte nach 788, dem Jahr der Absetzung Tassilos. Im Gefolge der staatsrechtlichen Neuordnung durch Karl den Großen erhoben die Bischöfe sofort wieder ihre Ansprüche. Nun gelang es, sie durchzusetzen. Die Verfügungsgewalt über die Klöster, deren Abgabepflicht an den Bischof, dessen Möglichkeit, nun seine Äbte einzusetzen, führten zum Machtverlust der Gründersippen. Zahlreiche Prozesse wurden angestrengt, von den Adeligen aber verloren. Das versteht sich vor dem geänderten Hintergrund: anders als vor 788 zu den Zeiten Tassilos, stützte der neue Herr im Lande, Karl der Große, die Bischöfe und diese wiederum ihn. Die Bischöfe wurden in den Dienst des Reiches gestellt, sie halfen bei der Administration, bei der Verwirklichung der königlichen Beschlüsse, an denen sie mitwirkten. Mit der Änderung der Kirchenpolitik stand die Frage nach dem Metropolitanverband wieder an. 798 ist Salzburg zum Erzbistum erhoben worden.

Erste Klöster

Bezeichnenderweise bricht mit dem 8. Jahrhundert die Welle der Klostergründungen ab; was nach dem Gesagten erklärlich sein dürfte.

Sie hatte erst zu Beginn dieses Jahrhunderts eingesetzt. Zwar gibt es etliche Berichte, nach denen einzelne Klöster, wie Weltenburg und St. Emmeram etwa, schon vor diesem Zeitpunkt entstanden sein sollten. Die Hausüberlieferung in St. Emmeram nennt das Jahr 652. Doch diesen Datierungen kommt wenig Glaubwürdigkeit zu, zeigt sich doch zu sehr das Bemühen, sich „älter" zu machen und über ein ehrwürdiges Alter auch eine besondere Stellung zu beanspruchen.

Mönchische Konvente könnten an den Herzogssitzen des beginnenden achten Jahrhunderts bereits vorhanden gewesen sein, denn die damals genannten Bischöfe scheinen in Zusammenhang damit gestanden zu haben. Herzog Theodo förderte die Klostergründung Ruperts in Salzburg, indem er ihm den Ort selbst übertrug und Land und Leute. Dazu kamen noch Salzöfen und sonstige Einnahmen aus der Salzproduktion und dem Vertrieb, sowie Zolleinnahmen. Die Für- und Vorsorge zeigt sich gerade an den Schenkungen, denn Almen und Weinberge lieferten Viktualien und dienten dem leiblichen Wohl des Konvents. Auch Theodos Sohn Theodebert, wohl Teilherrscher mit seiner Pfalz in Salzburg, schenkte weiter. Als dann im Zuge des großen Machtwechsels von 788 der Bischof Arn ein Besitzverzeichnis anlegte, erblicken wir das Kloster als Großgrundbesitzer, begütert im ganzen Lande. Auch das Kloster Nonnberg, dessen erste Äbtissin Erintrud, eine Verwandte Ruperts, wurde, geht auf diesen zurück. Nonnberg kann hier den Primat beanspruchen; es ist das erste belegbare Frauenkloster in Bayern. Unter Herzog Hucbert folgte Kühbach-Rottalmünster als nächstes Frauenkloster.

Vielleicht hat Emmeram das Kloster an der Südwestecke der Herzogsstadt Regensburg gegründet. Dort stand damals eine Georgskirche, in der der Heilige auch begraben wurde. Erst seit einem Patroziniumswechsel trägt die Kirche Emmerams Namen. Doch ist eher anzunehmen, daß sich erst nach dem Tode des Heiligen eine Mönchsgemeinschaft an seinem Grab niederließ.

Nach Emmeram und nach Rupert kam Korbinian nach Bayern. In Freising, seiner Wirkungsstätte, erhob sich damals schon auf dem Domberg die der Jungfrau Maria geweihte Pfalzkapelle. Schließlich residierte dort auch ein Herzogssohn in den üblichen Palastbauten. Ferner gab es ein dem hl. Stephan geweihtes Bethaus. Daraus entwickelte sich das Kloster Weih-St. Stefan. So dürften auch die Klöster an den anderen Bischofssitzen entstanden sein.

Auch wenn die einzelnen Nachrichten nicht besonders zuverlässig erscheinen mögen, kristallisieren sich doch die Jahre nach 700 als Gründerjahre heraus. Über Theodo wurde gesprochen. Auf die Zeit Odilos und damit auf die Jahre vor 750 gehen zurück: Elsenwang, Mondsee und Chammünster. Agilolfingische Gründungen sind ferner die Klöster auf den Chiemseeinseln. Auch Niederaltaich nennt Odilo seinen Gründer. Vielleicht erfolgte die Stiftung des Klosters als Dank für die Geburt des Herzogssohnes Tassilo. In den Altaicher Annalen jedenfalls stehen beide Nachrichten nebeneinander. Odilo beschenkte seine Gründung ausgiebig. Im Breviarius Urolfi, einem Güterverzeichnis, angelegt in der Angst vor Verlusten beim Herrscherwechsel von 788, sehen wir, daß allein Odilo über 100 Hufen an Niederaltaich schenkte. Dazu kam eine große Zahl von Leibeigenen. Das Kloster hatte so eine solide Basis. Aus Niederaltaich holte bereits wenige Jahre später Wessobrunn seinen Abt. Odilo gründete seine ersten Klöster, ohne einen bayrischen Bischof mit der Weihe zu beauftragen. Bei Niederaltaich z. B. kam der Konsekrator aus Straßburg.

In den Schenkungen, in der Haltung zu den Klöstern, ja sogar in den Weihehandlungen selbst, tritt die herzogliche Klosterpolitik zutage. Der

Herzog schuf sich damit neue herrschaftliche Zentren geistlicher Art. In dieser Linie folgte ihm auch sein Sohn.

Kremsmünster kann die Stiftung Tassilos schlechthin genannt werden. Nach dem Sieg über die Karantanen wurde es 777 geweiht, Ziel des Klosters war die Missionierung der heidnischen Slawen. Tassilo suchte in den neueroberten slawischen Gebieten seine Macht zu festigen. Aus Herzogsbesitz wechselten größere Ländereien in den des Klosters. Slawen hatten in diesem Gebiet schon den Wald gerodet. Da aber Rodungsland vom Herzog als Eigentum beansprucht wurde, konnten sich die Vorbesitzer lediglich entscheiden, entweder das Gebiet zu verlassen, oder als Knechte in den Klosterdienst zu treten.

Auch hier erstreckte sich die Fürsorge des Herzogs für seine Mönche weiter. Das Kloster erhielt Salinen und Weinberge in der Wachau, die Winzer wurden gleich mitgeschenkt. An den Fasttagen brachten zwei Fischer ihre Fänge auf den Tisch, und für die Süße des Lebens sorgten zwei Imker. Dazu kamen noch Bauern und Handwerker, die zum Klosterverband gehörten.

Diese Schenkungen dienten zur Versorgung mit dem Lebensnotwendigen, denn ohne regelmäßige Lebensmittellieferungen hätte kein Konvent existieren können. Doch die lokal weitgestreuten Schenkungen erfolgten aus einer klaren Zwecksetzung. Die Mönche besorgten dort zugleich den Kultus in den herzoglichen Eigenkirchen. Auf diese Weise gewann der Bischof in diesen Sprengeln keinen Einfluß.

Herzog Tassilo ist als der größte Klostergründer in die Geschichte eingegangen. Die Pflege seines Andenkens – wie etwa in Kremsmünster – verdankt er seinen Klöstern. Chammünster, schon fast eingegangen, wurde von Tassilo wieder ins Leben zurückgerufen, Innichen durch große Schenkungen überhaupt erst lebensfähig gemacht.

Neben den Herzögen und in frommer Konkurrenz trat auch der Adel als Klostergründer auf. Benediktbeuern ist von drei Brüdern der Huosisippe gegründet worden, Tegernsee, Ilmmünster ebenfalls von Adeligen. Metten, eine Stiftung des Edlen Gamelbert, zählt ebenfalls zu den typischen Familienklöstern.

Die Gründungen erfolgten nach üblichem Muster auf eigenem Grund. Dort wurde die Kirche gebaut, an sie Besitz übertragen. Mönche wurden berufen, die am Aufbau der Anlage mitarbeiteten. Den Abt suchte der Gründer selbst einzusetzen, womöglich ein Mitglied der eigenen Sippe.

Motive für die Klostergründungen mitsamt den reichen Stiftungen liegen in wirtschaftlichen und politischen Interessen, sowie in der Sorge um das eigene Seelenheil.

Es fällt bei einer Betrachtung der Landkarte auf, daß diese frühen Klöster in Bayern häufig nach strategischen Gesichtspunkten, etwa an wichtigen Straßenverbindungen, oder an den Paßstraßen zum Süden angelegt wurden. Sie sollten als politische Vorposten an exponierten Stellen dienen. Klöster halfen beim Landausbau, gewannen dem Wald Ackerland ab, wie die Linie der Klöster im Norden der Donau belegt. Am Rande des dichten, einsamen Nordwalds schlugen sie Siedlungsinseln in ihn hinein, kultivierten und vermittelten Kultur. Auf die Flußläufe schauten Schäftlarn

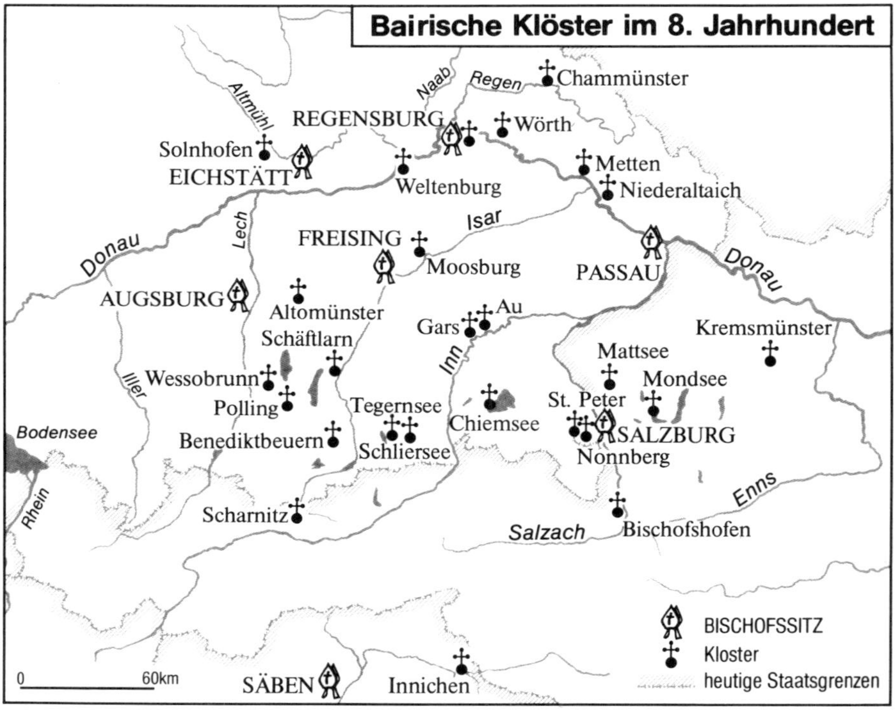

und Moosburg herab, am Inn lagen die Klöster Au, Gars, Kufstein. Zu nennen sind auch noch die Seeklöster: Mondsee, Mattsee, Herren- und Frauenchiemsee.

Die Klöster zogen ihren Nutzen aus ihrer Lage an den Straßen. Menschen, Waren und Nachrichten passierten durch die Tore. Die Mönche beherbergten Boten und Pilger. Die Interessen wirtschaftlicher und politischer Art wurden von den Mönchen auch als Aufgabe akzeptiert. Ganz im

Gegenteil zur vorherrschenden Auffassung eines besinnlichen Lebens in der Abgeschiedenheit, sehen wir hier die Klöster eine wichtige Rolle im öffentlichen Leben der Zeit spielen.

Die Klöster entwickelten sich zu bedeutenden Wirtschaftsmächten, aufgrund ihres Land- und Personenbesitzes und durch ihre kluge Ökonomie. Weil aber die Klöster auch die Rechte über Land und Leute besaßen, bildeten sie richtige Herrschaften. So war es nur konsequent, daß ihnen auch eine politische Rolle zufiel. Das war von den adeligen Stiftern durchaus beabsichtigt, ein legitimer Grund, um Geld, Ländereien hinzugeben. Das Kloster diente als ein Zentrum der Sippenherrschaft, als Kapitalanlage und Versorgungsanstalt. Diese Zwecke wurden gleich bei der Gründung mitbedacht. Die Stifterfamilie durfte Abgaben einziehen, Kinder konnten dort eintreten, zum Vorsteher ernannt werden. Der Familienbesitz blieb auf diese Weise beieinander. Zudem entzog sich der Kirche übertragenes Gut besser feindlichem Zugriff. Über den weltlichen Aufgaben darf man freilich die religiösen Zielsetzungen nicht übersehen. Von der Mission ist schon gesprochen worden: dazu kam noch die Kultur, die mit den Bauten, den Bücherstuben, den prachtvollen Kultgeräten die geistige Wildnis zurückdrängte. Die Meßopfer, die Gebete in den Klöstern sollten dem Seelenheil der Gründer und ihrer Familien zugute kommen. Weil man sich das anders als heute viel direkter dachte und auch der größeren Menge und Nähe eine bessere Wirkung einräumte, baute sich die Gründerfamilie ihre Grablege in die Klosterkirche, die Mitglieder nahmen als Tote auf diese Weise noch am Meßkult teil.

Das Leben in den Klöstern?

Über das Leben in den Klöstern sind wir für diese Zeit in Bayern schlecht unterrichtet. Archäologische Spuren gibt es wenige. Wir wissen nicht einmal genau, nach welchen Regeln die Konvente lebten. Die Benediktinerregel war zwar durch Kolumban innerhalb des irofränkischen Systems verbreitet worden, sie war in Bayern im 8. Jahrhundert auch durch Konzilien vorgeschrieben – aber es ist nicht genau erwiesen, ob die Mönche wirklich nach ihr lebten. Karolingische Normierungsversuche um 800 zeigen das Bemühen, den Anordnungen Geltung zu verschaffen, doch wie vieles in dieser Zeit blieb die Norm die Theorie.

Es herrschte wohl eine Mischregelobservanz. Denn persönliches Eigentum, dessen private Nutznießung, wie es damals in den Klöstern vorkam, wurde durch die Benediktregel ausgeschlossen. Bis zum Tode Karls des

Großen dürfte darum benediktinisches Mönchtum in Bayern „noch immer nicht recht Fuß gefaßt" haben. Erst im 9. Jahrhundert setzte sie sich durch die Lothringische Klosterreform durch.

Die Zahl der Mönche in den Klöstern ist schwer zu ermitteln. Für Mondsee wie Herrenchiemsee wird sie um die 75 gelegen haben. Zum Herrschaftsverband eines Klosters aber gehörten in der Regel Hunderte von Leuten. Liest man die Traditionen durch, zählt die Leute, die geschenkt wurden zusammen, dürften für die großen Klöster über tausend Personen gearbeitet haben.

Die Klöster produzierten bereits für einen Markt. Staffelsee etwa verkaufte Getreide auf dem Johannismarkt. Die Transporte dafür, aber auch der Weintransport waren über die Scharwerkspflicht für Hörige geregelt. Diese stellten die Pferde, lenkten die Fuhrwerke, holten die Fässer. Botendienste fielen vor allem für den Klosterherrn selbst an.

Das Ende des 8. Jahrhunderts markiert den Umschwung. Die Klostergründungen hören auf, denn die Neuordnung nach der Machtübernahme durch Karl den Großen erstreckte sich auch auf Kirchenangelegenheiten. Die Herzogskirche wird zur Reichskirche, was für die Bischöfe Vorteile, für die Klosterstifter aber Nachteile mit sich brachte.

Von der bayerischen Landes- zur fränkischen Reichskirche

Der Machtwechsel von 788 brachte Unruhe ins Land. Damals scheint die große Angst umgegangen zu sein, der König werde alles Gut zurückfordern, das aus dem herzoglichen Fiskalbesitz weggeschenkt worden war. Das Gerücht dürfte wohl einen ziemlichen Schreck eingejagt haben, besonders dem Klerus, den Klöstern, die alle reich bedacht worden waren.

Die Möglichkeit dieser Rückforderung hatte sich Karl der Große geschickt geschaffen. Er ließ die herzoglichen Urkunden und Erlasse für rechtsungültig erklären. Darunter fielen auch die Schenkungen des Herzogs an geistliche Institutionen. Das wurde schlicht damit begründet, daß Tassilo überhaupt kein rechtmäßiger Herrscher gewesen sei, er habe sich die Regierungsgewalt nur angemaßt, aber sie nicht legitim ausgeübt. Von daher gesehen seien seine Gesetze und sonstigen Regierungsmaßnahmen von vornherein ungültig gewesen. Um überhaupt Rechtskraft zu erlangen, mußten deshalb alle Regierungsakte überprüft und vom Frankenkönig erneut bestätigt werden. Dieser Vorwand, diese Rechtsfiktion konnten nicht verdecken, daß rein die reale Macht es Karl ermöglichte, alle vom Herzog ausgefertigten Privilegien zu sichten und – gegen Gebühr – wieder neu zu bestätigen. Freilich – es wäre höchst unklug gewesen, den gesamten ehemaligen Herzogsbesitz zurückzufordern. Das hätte die Klöster vor größte wirtschaftliche Probleme gestellt – und durch die entsprechenden Darstellungen in den klösterlichen Überlieferungen der Nachwelt ein schlechtes Herrscherbild hinterlassen. Abgesehen davon, daß dem großen Karl an guter Propaganda lag, dürfte aber ausschlaggebend gewesen sein, daß Enteignungen größeren Ausmaßes sofort die Opposition hätten wachsen lassen. Doch zu unterschätzen war diese Waffe keinesfalls, ermöglichte es wohl auch im Einzelfall, gegnerische Große auszuschalten, indem ihr Besitz wieder vom Fiskus zurückgefordert wurde.

Um sich gegen die Unwägbarkeiten der Politik abzusichern, ließen damals vorsichtige Klostervorstände ihre Besitzungen verzeichnen. Die Listen des Bischofs Arn von Salzburg, der Indiculus Arnonis, die Breves Notitiae und das Besitzverzeichnis für Niederaltaich, der Breviarius Urolfi, sind erhalten. Die Güterverzeichnisse lassen uns den klösterlichen Landbesitz und auch dessen Schenker erkennen, mit ihnen liegt eine wichtige Quelle für die Sozial-, Wirtschafts- und Religionsgeschichte der Zeit vor.

Wie politisch opportun, gab sich Karl als milder Herrscher, bestätigte die Schenkungen und damit die Besitzungen. Mit der einen Hand sicherte er den Klöstern ihr Eigen, mit der anderen aber nahm er ihnen Rechte. Denn er machte auch die Zusagen an die Bischöfe wahr. Die Klöster wurden deren Disziplinargewalt unterstellt, der Diözese eingegliedert.

Nach den langen Anläufen in der Agilolfingerzeit brachte der neue Herrscher die Organisation der bayerischen Landeskirche zum Abschluß. Die früheren Hinderungsgründe waren entfallen. Der Episkopat stand auf seiner Seite, erscheint fest eingebunden in das karolingische Herrschaftssystem. Nach bewährtem königlichen Muster suchte Karl selbst den Erzbischof aus. Die Wahl fiel auf Arn von Salzburg. Dessen Herrschernähe dürfte den Ausschlag gegeben haben, um Salzburg die Vorrangstellung in Bayern zu verschaffen. Zudem hatte die Diözese reiche Schenkungen erhalten, das Missionsgebiet weit in den Osten ausgedehnt. Die Rupertsche Tradition wurde ebenfalls weitergeführt.

Der Salzburger Bischof sollte eine wichtige Rolle bei der Verwaltung des Reiches einnehmen. Wie bereits in den bayerischen Synoden angeordnet worden war, sollten jeweils ein weltlicher und ein geistlicher Richter zusammen durch die Lande ziehen, um Kontrolle und Reform zu sichern. Die praktische Durchführung dieser Anordnung wurde Arn übertragen. Seine Bewährung im Königsdienst verhalf dem Salzburger wohl auch zu seiner weiteren kirchlichen Karriere. 798 zog er auf Geheiß seines Herrn nach Rom, um zum Erzbischof erhoben zu werden.

Der neue Metropolit brachte ein Schreiben des Papstes mit, gerichtet an die Bischöfe von Säben, Freising, Regensburg, Passau und Neuburg, die bayerischen Bistümer dieser Zeit. Der Papst betonte darin, er sei den Bitten nach Einsetzung eines Erzbischofs gefolgt. Von derartigen Bitten und den Bittstellern wissen wir allerdings nichts. Der einzige, der den Wunsch – und damit schon den Befehl geäußert haben könnte, dürfte Karl selber gewesen sein. Von den anderen Bischöfen ging der Ruf nach Rom nicht aus. Sie scheinen von einem Metropoliten wenig begeistert gewesen zu sein, wurden sie damit doch der Aufsicht und Leitung eines Amtsbruders unterstellt. Vom Volk gingen die Bitten erst recht nicht aus. Das wurde weder gefragt, noch hatte es etwas zu sagen.

Die Freude über den neuen Erzbischof muß sich wirklich in Grenzen gehalten haben, denn der Papst richtete bald ein schärferes Schreiben an die bayerischen Bischöfe. Er ermahnte sie zur Brüderlichkeit, zur Einig-

Das Porträt des Stifters der Kirche St. Benedikt in Mals. Der Geistliche hält das Modell der Kirche in der Hand. Der viereckige Nimbus weist ihn als Lebenden aus.

keit und zum Gehorsam gegenüber Arn. Mit der brüderlichen Eintracht scheint es also nicht recht weit her gewesen zu sein. Darum fehlte auch der Wink mit dem Zaunpfahl nicht: Es sei schließlich der Wunsch Karls gewesen, einen Erzbischof einzusetzen. Das Konzept für den Brief dürfte wohl von Salzburg nach Rom gesandt worden sein.

Bayern war damit zu einer eigenen Kirchenprovinz geworden. Nach den ersten Versuchen unter Theodo um 715 brauchte es fast das ganze Jahrhundert, um den Abschluß zu erreichen. Kirchliche und politische Grenzen deckten sich weiterhin. Die bayerische Landeskirche blieb erhalten, doch über den Erzbischof wurde sie Teil der Reichskirche. Der Wunsch Karls nach einem Erzbischof hatte es deutlich gemacht, daß er sich, nicht anders als vor ihm der Bayernherzog, aber auch nicht anders als die Merowinger und der römische Kaiser, als Herrn der Kirche verstand. Die bayerische Landeskirche hatte er direkt vom Herzog, wie dessen Fiskus, übernommen. So stand es ihm als dem Herrn der Kirche zu, Entscheidungen zu treffen.

Bayerische Bischöfe nahmen in der Folge an den Reichssynoden teil. Um 810 wurde in einem Kapitular angeordnet, die Amtsträger, die missi Karls, hätten darauf zu achten, daß die Bischöfe nach kanonischer Vorschrift lehrten und ihre Amtsgeschäfte ordnungsgemäß führten, dazu gehörte explizit die Leitungsgewalt über die Klöster, über ihre Diözesanpriester und die Laien.

Die Bischöfe erlangten durch Karl die volle Gewalt über den Diözesanklerus. Andere, früher konkurrierende Gewalten, etwa die Klöster, unterstanden nunmehr ebenfalls den Bischöfen. Das galt auch für die Priester draußen im Lande. Konnte früher ein Eigenkirchenherr seine Priester auswählen und einsetzen, verbot dies jetzt ein Kapitular Karls. Ohne bischöfliche Erlaubnis durfte kein Priester eingestellt werden. Der Bischof hatte vorher diesen auf seine Tauglichkeit und Würde zu prüfen. Damit war die Kontrolle über die Eigenkirchen der Großen gewonnen, denn nun mußte die Zustimmung des Bischofs bei einer Priesterernennung eingeholt werden. Im Diesenhofener Kapitular wurde diese Linie fortgesetzt. Neue Kirchen durften ohne die Zustimmung des Bischofs nicht errichtet werden – wieder ein Schlag gegen das Eigenkirchenwesen. Auch die Verehrung von aufgekommenen Heiligen hatte der Bischof zu billigen. Eine formale Kanonisation von Heiligen durch den römischen Stuhl gab es damals noch nicht. Als erster wurde im übrigen Ulrich von Augsburg, Mitsieger der Lechfeldschlacht gegen die Ungarn 955, kurz vor der Jahrtausendwende in Rom heiliggesprochen. Bis dahin hatten lokale Verehrung, Wunderglaube und großer Zulauf des Volkes den Heiligen gemacht.

Dadurch stand natürlich Mißbrauch Tor und Tür offen. Aus dem Westteil des Frankenreichs hören wir von selbsternannten Heiligen, die durch teilweise laszive Reden und Taten großen Zulauf, breiten Anhang und Verehrung fanden. Schon allein solche Umstände und erst recht ihre Lehren verraten die Häretiker. Durch die Kontrolle und Aufsicht der Bischöfe sollte der blinden Wundergläubigkeit des Volkes ein Riegel vorgeschoben werden.

Die Stärkung der Position der Bischöfe ermöglichte die Regelung des Steuerwesens. Der Zehnt, schwer durchzusetzen in Tassilos Zeiten, wurde nun von den Gläubigen abgeliefert. Auf einer Synode von 817 setzten die Kleriker den Verteilungsschlüssel fest. Sie stützten sich dabei auf ein älteres römisches Dekret und teilten den Zehnt in vier Teile: einer sollte dem Bischof gehören, der andere den Klerikern, der dritte den Armen, der vierte stand dem Kirchenvermögen zu.

Die bayerische Kirche war ein Teil der karolingischen Reichskirche geworden. Das zeigt auch die Liste der Reichsklöster. Auf einer Reichsversammlung in Aachen, die 817 stattfand, legten die geistlichen wie weltlichen Großen des Frankenreichs ein Verzeichnis der Reichsklöster an. Aufgeschrieben wurden alle Klöster, die dem König selber gehörten, verzeichnet wurden die Leistungen, die sie für ihn zu erbringen hatten.

Entsprechend ihrer Aufgaben gab es drei Klassen. Zur obersten, mit hohen Abgabepflichten und militärischen Verpflichtungen, zählten vierzehn Klöster im ganzen Reich, darunter Mondsee und Tegernsee. Sie müßten demnach zu den wohlhabendsten in Bayern gezählt haben. Lediglich materielle Leistungen für ihren Herrn hatten 16 Klöster zu erbringen. In Bayern fielen darunter Weltenburg, Niederaltaich, Benediktbeuern und Kremsmünster. Ausschließlich Gebete schuldeten dem Kaiser 18 Klöster. In Bayern beteten die Mönche in Berg, Metten, Schönau, Moosburg und Wessobrunn.

Genau ein Viertel der Reichsklöster lagen innerhalb der Landesgrenzen. Zwei gehörten zur Diözese Freising, drei zur Passauer, ebensoviel zu Augsburg und vier gehörten zum Bistum Regensburg.

In der Karolingerzeit erhielt die Kirche Grund und Boden, dazu weltliche Herrschaftsrechte, wurde dafür auch zum Königsdienst herangezogen. Die Könige stärkten zudem die Bistümer durch die Verleihung von Königsschutz und Immunität. Der König sicherte der Kirche und all ihren Ländereien und Leuten, also Bischof und Hochstift samt Vasallen, eine besondere Rechtsstellung zu. Immunität bedeutete, daß kein königlicher Richter oder sonstiger Amtsträger innerhalb der Eigengüter dieser Kirche eine Amtshandlung vornehmen durfte. Sie bekamen schlichtweg den

Zutritt verboten. Die Gerichtsbarkeit übte an deren Stelle ein Beauftragter des Bischofs aus. Damit war ein eigener Herrschaftsbezirk entstanden, auf den der König keinen direkten Zugriff mehr hatte. Diese Bezirke mit besonderen Rechten fielen dadurch aus dem umliegenden Land heraus.

Die Disziplinargewalt des Bischofs erstreckte sich in geistlichen Angelegenheiten über die gesamte Diözese, in weltlichen Dingen nur auf die Güter, die dem Bischof, dem Hochstift selber gehörten. Diese lagen weit verstreut im ganzen Land, auch in anderen Diözesen. Da aber später diese Immunitäten ausgedehnt wurden, auch andere Herrschaftsträger solche verliehen bekamen, ging der König Stück für Stück seines Einflusses und seines Durchgriffes auf alle Untertanen verlustig. Denn nun schoben sich die Zwischengewalten ein, die schon die bayerischen Herzöge gefürchtet hatten.

Karl der Große hatte die Immunität zuerst 816 an Salzburg verliehen, sie wurde unter seinen Nachfolgern bestätigt und dann auch Säben zugestanden. Passau erhielt sie 886, Regensburg muß sie erhalten haben, doch ist dafür kein Dokument überliefert.

Die Immunitätsträger brauchten für die richterliche Tätigkeit eigene Beamte. Kleriker durften mit derartigen weltlichen Angelegenheiten nicht behelligt werden. Deswegen wurden Vögte eingesetzt. Das waren gewöhnlich hohe Adelige, die in der Nähe eines Klosters lebten. Oft hatten sie die Gründung initiiert und versuchten nun, über die Vogtei ihren Einfluß auf das Kloster und über die Einkünfte aus der Vogtei auch ihren Nutzen aus dem Kloster weiterzubehalten. Der Vogt vollzog also die weltlichen Geschäfte des Klosters, kassierte dafür auch Abgaben.

Insgesamt gesehen verloren die Gründer der Klöster Einfluß und Rechte. Diese fielen dem Bischof zu. Der König verlieh ihm Land und Privilegien, forderte dafür verstärkt materielle Leistungen, einschließlich der Stellung seiner Leute zum Kriegsdienst. Der große Reichtum der Kirche diente auch für weltliche Aufgaben; nicht ausschließlich jedoch: denn Kirchenbauten und Ausstattung basierten ebenfalls auf diesen Schenkungen.

Aus diesem System führte der Weg ins ottonisch-salische Reichskirchensystem. Die Kirche trug den überwiegenden Teil der Herrschaftsaufgaben, stellte den größten Teil des militärischen Kontingents. Die Trennung von Staat und Kirche, wie sie im Investiturstreit verlangt wurde, hätte die wirtschaftlichen Grundlagen des deutschen Königtums zerstört.

Die Kirchen und ihre Ausstattung
Bescheidenheit und Prunk

Die Forscher haben lange nach den Verbindungen zwischen Antike und frühem Mittelalter auf kirchlichem Gebiet gesucht. Nach all den neuen, zum Teil mühsam ergrabenen Ergebnissen läßt sich heute sicher sagen, daß keine Kultuskontinuität von der Antike her in unserem Raum existiert. Wie die spätantiken Kirchenbauten, ohnehin eher dünn gesät, verfielen, so ging auch das religiöse Leben der Zeit unter.

Das frühe Mittelalter mußte einen eigenen Neuanfang nehmen, fand dafür seine Formen. Diese freilich treten erst allmählich zutage. Die Überlieferungssituation ist leider recht schlecht. Zwar sind etliche Kirchen vor 800 in Urkunden erwähnt, doch für die meisten fehlen die Belege aus der Frühzeit. Bei archäologischen Ausgrabungen aber kommen jetzt immer mehr Kultbauten ans Licht. Der Befund verdichtet sich, daß wohl zu jeder größeren Grundherrschaft eine Kirche gehört haben dürfte. Sie lagen bevorzugt in den Altsiedellandschaften, an den großen Flüssen und auf den fruchtbaren Ackerböden.

In der frühen Baiernzeit stand die Kirche gewöhnlich noch entfernt von den Gehöften. Wie die Römer kannten auch die Germanen eine strenge Bestattungssitte. Die Römer hatten die Toten aus ihren Städten verbannt, die Friedhöfe an den großen Ausfallstraßen angelegt. Ein Rest dieser alten Vorschriften hielt sich noch im kanonischen Recht, das die Bestattung in Kirchen untersagte. Doch diese Bestimmung wurde im Mittelalter bald durchlöchert.

Die Germanen legten Reihengräber außerhalb der Siedlungen an. Auf diesem Friedhof errichteten die Dorfleute zunächst eine kleine, aus Holz gebaute Kirche. Als dann die Reihengräber unter christlichem Einfluß aufgegeben wurden, fanden die Bestattungen um die Kirche im Dorf statt. Bei dieser hatte zunächst bloß die dörfliche Oberschicht, hatten die Mitglieder der Familie des Grundherren ihre letzte Ruhe gefunden, worauf auch die reichen Grabbeigaben hindeuten. Das Kirchengebäude selbst allerdings stand allen Angehörigen der Grundherrschaft, auch Mägden und Knechten, offen.

Die Größe, Konstruktion und Ausstattung des Gebetshauses hing wesentlich von der Freigiebigkeit des Grund- und Kircheneigentümers ab. Wer mehr hatte, der dürfte auch größer und aufwendiger gebaut haben. Ein reicher Herr verfügte zudem über ein zahlreicheres Gesinde, und die Ausmaße der Kirche richteten sich auch nach der Zahl ihrer Besucher. Selbst wenn ein Großer baulichen Aufwand trieb – eine Eigenkirche auf dem Lande nahm sich gegen eine Klosterkirche eher schmächtig aus. Diese wiederum dürfte einem Vergleich mit der Bischofskirche oder der ausladenden Anlage eines Herzogsklosters nicht standgehalten haben.

In den Baumustern freilich gab es Gemeinsamkeiten. Die Kirchenmauern dieser frühen Zeit umfingen einen rechteckigen Saal, dessen Größe allerdings zwischen 20 und 200 Quadratmetern schwanken konnte. Die kleine Friedhofskirche von Harting bei Regensburg zählt zu den kleinsten Anlagen, sie wurde von der Holzkirche von Straubing übertroffen, die mit ihren 100 qm schon knapp über dem Durchschnitt lag. Alles übertrumpften die Anlagen in Passau Niedernburg mit 260 qm und die spätere Niedermünsterkirche in Regensburg mit annähernd 200 qm. Zu den Großbauten der frühen Zeit zählte auch die Eichstätter Bischofskirche.

In der Karolingerzeit, im endenden 8. Jahrhundert, setzte dann eine neue Welle von Kirchenbauten ein, die die alten Maße sprengten. Die Kirche von St. Emmeram in Regensburg erstreckte sich auf 1300 qm, und der Salzburger Dom umfing 2000 qm. Diese Basilika, zwischen 767–777 von Virgil erbaut, gehörte mit ihren drei Schiffen, einer Länge von 66 m, einer Breite von 33 m, mit ihrer dreifachen Ostapsis zu den Großbauten der Agilolfingerzeit. Ihre Dimensionen verraten eine politische Absicht: Der Dom sollte als bayerisches Gegenstück zur Krönungskirche der Karolinger, zu St. Denis bei Paris, dienen. Der königsgleiche Anspruch der Agilolfinger äußerte sich also auch im entsprechenden Bau.

Für St. Emmeram in Regensburg fehlen die archäologischen Untersuchungen. Eine spätrömische Wurzel ist öfters angenommen worden, doch fiele diese völlig aus dem Rahmen, da kein einziger Bau aus dieser Zeit erhalten ist. Eine Kirche muß allerdings bereits zu Emmerams Tod existiert haben, doch ist deren Größe wie auch deren Funktion nicht letztlich geklärt. Der Abt Sindpert nahm aber eine Vergrößerung um 783 vor. Aus dem 8. Jahrhundert stammt noch die Ringkrypta mit der Konfessio, die nach stadtrömischem Vorbild entstand. Ein tonnengewölbter Gang, mit stückweise jetzt freigelegter zeitgenössischer Bemalung, folgt halbrund der Apside der Kirche. In der Mitte des Halbkreises zielt ein

Das Oktogon der Altöttinger Gnadenkapelle.

Außenansicht von St. Benedikt in Mals mit einem Turm, wie er sich im Vinschgau noch öfter erhalten hat.

Schacht zum Grab. Dieser Bau diente ebenso zur Intensivierung des Reliquienkultes, sollte wohl eine stärkere Verehrung des Heiligen bewirken. Dieses Ziel verloren die Mönche von St. Emmeram das ganze Mittelalter nicht aus den Augen.

Wie in St. Emmeram stecken noch in manch anderen Kirchenbauten die alten Vorgänger, kommen bei Grabungen die früheren Grundrisse zutage. Mehr blieb bei den späteren Um- und Neubauten nicht mehr übrig. Erhalten haben sich lediglich zwei Kapellen: der spätagilolfingische Zentralbau der Taufkapelle in Altötting, der jetzigen Gnadenkapelle, und die Marienkapelle in Würzburg. Nach der Legende hat Rupert von Salzburg in Ötting einen heidnischen Tempel in ein Marienheiligtum umgewandelt. Ein römisches Heiligtum ist allerdings auszuschließen, möglich wäre noch am ehesten, daß es sich um einen germanischen Kultplatz handelte. Die Linde, die im Barock dem neuen Kirchenbau weichen mußte, könnte dafür ein Zeichen sein.

Die Bauleute errichteten im 8. Jahrhundert ein turmartiges Achteck, innen mauerten sie sieben Nischen ein. Vielleicht lief damals schon ein Umgang außen herum. Im agilolfingischen Bau zeigt sich ein spätantikes Muster: Dem Typ nach dürfte in Altötting ein Umgangsbaptisterium erbaut worden sein, wie es sich in der Antike entwickelt hatte. Bauliche Parallelen verweisen auf den Einfluß aus Italien, wo sich derartige Taufkirchen erhalten hatten. Doch auch hier fehlt die direkte Anknüpfung über die Zeiten hin an die Römerzeit (Abb. S. 141).

Ähnlichkeiten mit Altötting weist die Marienkirche in Würzburg aus dem frühen 8. Jahrhundert auf. Bei ihr handelt es sich um eine kreisrunde Anlage mit sechs Nischen im Inneren; der Altarraum springt als Rechteck aus. Der Baubefund wirft Rätsel auf, auch hier scheinen Ideen über die Alpen herübergekommen zu sein, denn es treten typologische Verwandtschaften mit dem Süden auf. Doch errichteten die unbekannten Baumeister kein Baptisterium, und für eine Kirche fällt der Raum zu ungewöhnlich aus. In der Krypta fanden zudem 752 die Frankenapostel ihre Grablege. So wird eine „mehrschichtige Funktion" diskutiert: der Bau könnte als Bischofskirche, Taufkirche und Märtyrerkirche in einem gedient haben. Doch fehlt für jeden einzelnen Zweck die entsprechende klare Raumform, es herrscht eine „wählerische Unentschiedenheit".

Für die meisten frühen Kirchen fehlen genaue Höhenangaben. Begreiflicherweise, denn die einzigen Spuren erhielten sich im Boden. Lediglich aus der Dicke der Mauern oder der Mächtigkeit der Holzpfosten läßt sich die Höhe erschließen. Eine gewöhnliche Dorfkirche dürfte die umstehenden Häuser kaum überragt haben. Die einfachen Kirchen werden ohnehin wie die Häuser im Dorf von den dörflichen Handwerkern konstruiert worden sein: Ein weit heruntergezogenes steiles Dach ruhte auf einer Balkenunterlage. Statt Fenstern wird es einfache Lichtöffnungen nach Süden gegeben haben. Wie die Wände selber gebaut waren, ist nicht eindeutig geklärt, es lassen sich Lösungen denken, wie sie beim Hausbau vorkamen: Flechtwerk mit Lehmbewurf, mit schützendem Kalkanstrich versehen. Die Wände könnten auch aus stehenden oder liegenden Bohlen, handwerklich geschickt verzahnt, gezimmert worden sein.

Durch eine Tür in der Südseite – bei vielen romanischen Kirchen noch erhalten, etwa bei St. Ulrich in Regensburg – gelangte man in den düsteren Raum. Innen betrat der Gläubige wahrscheinlich einen gestampften Fußboden. Der Altar fiel schlicht aus. Damals befand sich noch kein Kreuz auf dem Altar, es stand, wie ein Vortragekreuz, in einer eigenen Halterung daneben.

Das Innere der Holzkirchen werden wir uns recht einfach vorzustellen haben. Die Ausstattung dürfte sich im wesentlichen auf den rechteckigen Altarraum und hier auf den Altar selbst beschränkt haben. Die nach Osten hin angebauten Chöre gehören zum Bautyp dieser frühen Kirchen. Seltener dagegen finden sich die halbrunden Apsiden. Bei dieser Bauform könnten sich spätantike Erinnerungen gehalten haben, denn sie ließen sich aus Stein leichter herstellen als aus Holz.

Gelegentlich wurden römische Ruinen christlich weitergenutzt. In Harting bei Regensburg diente ein Raum des alten Badehauses für kultische Zwecke, die vorhandene Apside paßte recht gut dazu. Noch auffälliger sind die Befunde in Bad Gögging. Als christlicher Kirchenraum diente dort der zentrale Raum einer römischen Thermenanlage. Mit seiner westöstlichen Ausrichtung schien er geradezu für eine Kirche prädestiniert. Bestattungen im Umkreis lassen sich schon für das 7. Jahrhundert nachweisen. Erste Umbauten erfolgten noch im 7./8 Jahrhundert, gestalteten die Kirche zu einem Saalbau um.

Im Vergleich zu den bis ins hohe Mittelalter hölzernen Dorfkirchen nehmen sich die Kloster- und Bischofskirchen luxuriöser aus. Zwar folgten die Baumeister auch hier den üblichen Plänen, zumindest bis zu den karolingischen Monumentalbauten, doch die Dimensionen weiteten sich. Zudem wurden diese Gotteshäuser schon mit Stein gemörtelt, hoben sich so von den Holzhäusern ihrer Umgebung ab. Doch derartige Bauten bildeten die rare und staunenswerte Ausnahme. Die verputzten Innenwände trugen wohl Bilder. Die kahlen Wände mit dem abgeschlagenen Putz, die „Steinsichtigkeit", wie sie heute oft noch auftritt, die im 19. Jahrhundert als original galt, vermitteln einen ganz falschen Eindruck.

Massiv zu bauen kam wesentlich teurer, und der Bauherr brauchte dazu nun wieder spezialisierte Handwerker, die Zimmerleute aus dem Dorf waren damit überfordert. Steine mußten gebrochen, zugerichtet und transportiert werden. Keine einfache Aufgabe, die großen Lasten mit Ochsengespannen zu bewegen und mit einfachen Kränen hochzulupfen. Nur an den großen Orten ließ sich derartiges bewerkstelligen. Die Fensteröffnungen an der Südseite verschlossen dünngeschliffene Steinplatten, die, halbwegs transparent, etwas Licht hereinließen. (Die luxuriöseste Ausführung einer derartigen Fensterscheibe kann man heute noch in Ravenna sehen.) Ein glatter, ebener Estrich bildete den Boden. Der Altar erhob sich, wie bei allen anderen Kirchen, in einem rechteckigen Chor.

Um 800 setzt dann auch in Bayern der Einfluß der karolingischen Monumentalbauten ein. In Solnhofen erhielt sich von der alten Kirche noch relativ viel: Baureste, Spuren von Wandmalereien, ein Stuckmedaillon entweder als Bildnis Ludwigs des Frommen oder des hl. Sola, des Ortsheiligen, zu interpretieren.

Die Innenausstattung

Einen Eindruck von der Form- und Farbenkraft der gemalten Innenausstattung vermitteln z. B. die Fresken in Naturns. Biblische Szenen dürften auch anderswo die Wände der Kirchen geschmückt haben, bildhafte Erklärungen und Vermittlung der Christenlehre für Leute, die nicht lesen konnten. Dazu werden ornamentale Muster, Streifendekore, Friese gemalt worden sein. In den größeren Kirchen boten die weiteren Wandflächen Platz und die größeren Wandöffnungen das Licht für die Bilder.

Die Anfänge der Wandmalerei spiegelt der Freskenzyklus der kleinen Kirche in Naturns im Vintschgau. Nach den Einschätzungen der Kunsthistoriker gehören die Bilder zu einer germanisch – irischen Entwicklungsphase. Die Nähe zur irisch beeinflußten Buchmalerei ist evident, doch mischt sich auch schon etwas südländischer Einfluß darunter. Dort fand der erste uns bekannte Versuch statt, die Darstellungen der Miniaturen in den Büchern monumental zu vergrößern und auf die Wandfläche zu übertragen.

Ein älterer Maler skizzierte die Engelsfiguren, abstrakt, mit einem ausdrucksvollen Strich. Von einem jüngeren Nachfolger stammen die Bilder der biblischen Szenen; bei ihm erweist sich vermehrt spätantikes Stilgut: „Ornamentalisierte Figuren, ganz aus einfachen linear umrissenen Formen gebildet", füllen die Flächen. Der Jüngere liebt die Szene, drängt die Figuren zusammen, „erzählt heftiger und naiver". „Schwere bäuerliche Typen" sehen uns an. „Starke Nasen, dicke Hälse" weisen die Heiligen der ältesten Malereien im deutschen Sprachbereich auf. Freilich sie geben, ebenso wie die späteren, karolingisch-antikisierenden Malereien in Mals, nur einen kleinen Eindruck von der Vorstellungswelt der Zeit. Engel füllen den Raum, in dem sich die Geschichte vollzieht.

Auch auf der Fraueninsel, in einem Kapellenbau des 9. Jahrhunderts, fanden sich Reste karolingischer Wandmalerei. Hier spürt man ebenfalls einen Einfluß von Italien her; manche Elemente lassen sich nur aus der Kenntnis der Antike erklären.

Doch die derben Figuren der Heiligen von Naturns sprechen uns vielleicht gerade in ihrer naturhaften Schlichtheit mehr an, als der kühlantikisch gemalte Kirchenstifter von Mals, mit seinem Schwert als Zeichen der Herrschaft (s. Abb. S. 125). Das drückt die Macht aus, über Land und Leute – und über die Kirche. Wie anders, ungleich lebendiger springt uns da der Hund an, der die Rinder bewacht.

Ein Detail sicher auch zur Freude der damaligen Kirchenbesucher farbig an die Wand gebannt …

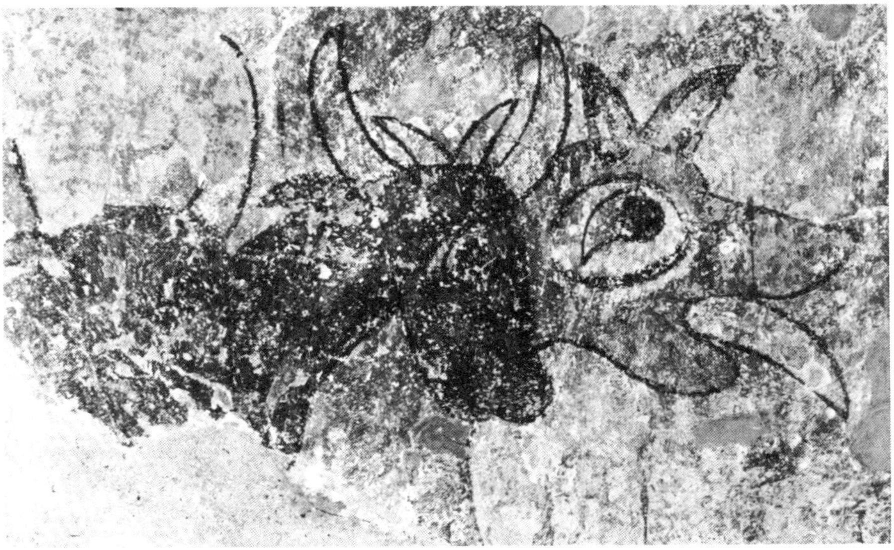

Rinder mit Herdenhund aus der sog. Tierprozession in St. Proculus bei Naturns im Vinschgau. Der hl. Proculus galt als Viehpatron, zugleich versinnbildlicht die Darstellung die Rolle des Bischofs als Leiter seiner Herde.

So dürften manche Kirchen durch Masse und Ausstattung die Zeitgenossen überwältigt haben, wie es uns heute noch mit den großen barocken Domen geht. Bei den frühen Großbauten wurde ein anderes Raumprogramm durchgeführt. Mächtige Pfeiler, oft aus älterem römischen Material, wenn es in der Nähe lag, wie in Regensburg, trennten das Hauptschiff von den beiden Nebenschiffen ab. Der Chor schloß in einer Apsis an.

Die Aufgliederung des Raumes in drei Schiffe blieb auf besondere Bauten beschränkt. Dabei war offensichtlich weniger die schiere Größe das Baues entscheidend, als dessen Bedeutung und Funktion. Die Alte Kapelle, als Pfalzkapelle um 850 errichtet, und der gegen Ende des Jahrhunderts in Regensburg erbaute Dom weisen Seitenschiffe auf. Ähnliche Pfeilerbasiliken standen in Passau, Sandau und Solnhofen. Daneben kamen oktogonale Formen vor, wie in Ötting, diese wurde abgeleitet von der Aachener Pfalzkapelle und deren Vorbild wiederum stand in Rom.

Die Pfeilerbasiliken, die einbezogenen Krypten unter dem Hochaltar erforderten Steinmetze. Diese verzierten Kapitelle mit Blattornamentik, richteten in den Kirchen kunstvoll gestaltete Chorschranken auf, die den Raum der Laien gegen den des Klerus abtrennnten. Reste solcher Steinplatten haben sich erhalten, etwa von der Fraueninsel, von Ilmmünster. Sie zeigen Verzierung im Flachrelief, geometrische, pflanzliche Muster mit christlicher Symbolik, die Zeichen des Heiles.

Zu den Steinmetzarbeiten zählen die Taufsteine, von denen nur noch ganz bescheidene Reste überkommen sind – und die Altäre selbst. Wie diese genau aussahen, wissen wir nicht. Sie dürften gemauert gewesen sein.

Die Rekonstruktion der Chorschranken von Ilmmünster, die in die 2. Hälfte des 8. Jahrhunderts datiert werden, zeigt die Trennung des Kirchenraumes in zwei Zonen: für Klerus und Laien.

Über die Nebengebäude läßt sich wenig sagen. Es wird in den größeren Kirchen schon eine Art Sakristei angebaut worden sein; in den kleineren muß wenigstens eine Kiste oder eine Art Schrank zur Aufbewahrung der Kultgegenstände gestanden haben. Diese waren aus kostbaren Materialien verfertigt und mußten sicher verwahrt werden. Denn wie wir aus den Gesetzestexten entnehmen können, schreckten Diebe selbst vor Kirchengerät nicht zurück.

Der Priester des Dorfes wohnte offensichtlich in einem der Häuser, die zur Kirche gehörten. Denn in den Traditionen wird immer wieder auf solchen Besitz der Kirche hingewiesen. Die Klosterbauten der frühen Zeit werden ebenfalls den zeitgleichen Bauformen entlehnt worden sein. Baubefunde lassen sich hier nur schwer erheben, denn die „stabilitas loci", die in den Ordensregeln verlangte Ortsfestigkeit, übertrug sich auf die Anlage selbst. Einander folgende Bauten auf dem alten Platz überlagerten sich, zerstörten ältere Vorgänger. Nur wo das Kloster bald wieder aufgelassen wurde, oder doch einmal den Ort wechselte, wie in Herrenchiemsee, zeigen sich noch die ersten Bauphasen. Rechtwinklig zueinander stehende längere Gebäude, nicht miteinander verbunden, bildeten das Kloster. Der Schluß liegt nahe, daß zeitgleiche Formen des Wohnhausbaues für die Klosteranlage genutzt wurden. Dazu gehörten offensichtlich noch weitere Nebengebäude. Vielleicht wurde das Muster eines Gutshofes übertragen und modifiziert. Mehr läßt sich zur Zeit nicht sagen. Wir können aus dem Grundriß keine Nutzung ablesen, wissen nichts über die Raumgestaltung.

Ganz selten erfahren wir aus den Quellen einmal etwas über die Ausstattung einer Kirche oder eines Klosters. Zu den seltenen – und bislang kaum beachteten – Ausnahmen gehört der Vertrag zwischen dem Kleriker Balderich und dem Kloster St. Emmeram aus der zweiten Hälfte des 9. Jahrhunderts. Balderich erhielt vom Kloster den Besitz in Rohnach zu lebenslanger Nutzung, den sein Oheim dort an St. Emmeram verschenkt hatte. Was also der Onkel schon dem Kloster geschenkt hatte, lieh dieses dem Neffen gegen Gebühr. Für das Nutzungsrecht mußte er bezahlen. Balderich verfügte offensichtlich über keine Ländereien, die er im Tausch hätte hingeben können – aber über Geld. Das gab er dem Kloster und dazu einen Kelch mit silberner Patene, einen Diener und eine Magd, außerdem sechs Pferde. Der Besitz von barem Geld für diese Zeit der Naturalwirtschaft verdient Beachtung.

Balderich besaß ferner eine für seine Zeit ansehnliche Bibliothek, die ebenfalls in den Besitz des Klosters überging. Ein Buch konnte damals so wertvoll sein wie ein ganzes Haus. Damit erweist sich der Wert des Besitzes, den Balderich zur lebenslangen Nutzung übertragen bekam.

In den Traditionsbüchern von Freising und Regensburg finden sich noch andere solcher Schenkungen. Der nobilis Gundbert tauschte Güter in Bubach, Habach und Sulzbach und erhielt dafür sein Lehen von St. Emmeram als Eigen. Zu seinen Besitzungen in Bubach zählte auch die Kirche. In dieser befand sich eine silberne Reliquienkapsel, ein silberverzierter Altar, zwei silbergefaßte Altarsteine, ein silberner Kelch mit Patene, ein silbernes Kreuz, ein Meßbuch, ein Buch mit Lesungen, eine Albe, eine scharlachfarbene Kasel, ein ehernes Räuchergefäß, eine Klingel, zwei eherne Glocken. Der Kirchenbesitz umfaßte weiters einen Obstgarten, einen Weinberg, eine Mühle und mehrere Leibeigene.

Auch wenn wir die Ausstattungsgegenstände wegen ihrer knappen Aufzählung nicht genauer beschreiben können, läßt sich doch eine ungefähre Vorstellung vom Inneren einer Dorfkirche gewinnen.

Der Altar trägt Silberschmuck, der ihn schon dadurch strahlend aus seiner Umgebung hervortreten ließ. Nach christlicher Auffassung, die sich seit der Spätantike herausgebildet hatte, mußte das Meßopfer über Reliquien gefeiert werden. Die Reliquien wurden, entsprechend ihres Wertes, kostbar gefaßt. Silberne Reliquienkapseln konnten zusätzlich in einem Stein- oder Holzkasten geborgen sein, und auch dieser trug Verzierungen. Diese Reliquiare, die gewöhnlich im Altar ruhten, wurden bei besonderen Eidleistungen öffentlich aufgestellt, in Prozessionen herumgetragen. Das schönste Beispiel für solche Praktiken lieferte König Sigibert aus dem Geschlecht der Merowinger, der hoffte, durch den Schutz der ihm vorangetragenen Reliquien seinen Eidbruch abmildern zu können, freilich vergebens.

Die bursenförmige – taschenartige Gestalt der frühen Reliquiare ist kennzeichnend. Sie sind meist aus Holz und mit Bronze- oder Kupferblech, das teilweise vergoldet wurde, beschlagen. Je nach Herkunft und Handwerker fielen sie unterschiedlich aus. Sehr häufig finden sich die ineinander verschlungenen Tiere, die Flechtbandmuster, die Ausstaffierung mit Edelsteinen und überkommenen römischen Gemmen. Die Hochschätzung der Reliquien drückte sich direkt in der äußerst wertvollen und aufwendigen Ausstattung des Behälter aus.

Auch im Altar der Dorfkirche von Bubach befand sich eine silberne Kapsel mit Reliquien. Zur Ausstattung gehörte ferner ein silbernes Kreuz. Für das Meßopfer diente ein silberner Kelch mit Patene, die nötigen Bücher gab es auch. Der Priester konnte sich in ein Meßgewand hüllen. Bemerkenswert für die Zeit ist der Besitz einer Klingel und der beiden Kirchenglocken.

Bergkirchen, in der Diözese Freising, wies in der Mitte des 9. Jahrhun-

Der Adelhauser Tragaltar aus dem 9. Jahrhundert gestattete die Feier der Messe auch auf Reisen.

derts ebenfalls einen vergoldeten Reliquienbehälter, zwei Kreuze, zwei unterschiedlich wertvolle Kelche mit Patenen und zwei Glocken auf. Eine weitere Schenkung aus dem gleichen Jahr weicht davon nicht sehr ab.

Das Kloster Staffelsee prunkte im Vergleich dazu am Beginn des 8. Jahrhunderts mit einer weit besseren Ausstattung. In der Kirche stand ein Altar mit Gold und Silberschmuck. Dazu kamen fünf vergoldete Reliquienbehälter mit Glassteinen und Kristallen verziert. Die Zahl der Reliquiare ist im Vergleich höher und auch deren Ausstattung aufwendiger. Mehrere Kreuze gehörten zur Kirche: ein kleines vergoldetes Reliquienkreuz mit Silberblech, mit einem Schlüssel zum Öffnen des Reliquienfaches, ein weiteres kleines Reliquienkreuz aus Gold und Glas, sowie ein größeres mit Gold und Silber und Glassteinen geziert. Bei dem größeren Kreuz dürfte es sich um ein Vortragekreuz gehandelt haben. Erhalten hat sich aus dieser Zeit lediglich das sogenannte Rupertuskreuz aus Bischofshofen im Pongau. Die Zuschreibung zu Rupert ist jedoch irrig, es kam wohl erst später, im 8. Jahrhundert, vielleicht mit oder über Virgil aus England nach Bayern. Ein Holzkern wurde mit vergoldetem Kupferblech überzogen. Im insularen Stil eingehämmert erscheinen ein Pflanzenornament aus Weinstöcken und Blättern, in das wieder Tierdarstellungen, Hunde und Wasservögel, eingewoben, gleichsam verstrickt sind.

Über dem Hauptaltar von Staffelsee schwebte eine silberne, teilweise vergoldete Krone, die zwei Pfund wog, in deren Mitte hing ein kleines kupfernes, vergoldetes Kreuz und ein kristallener Apfel. Die Krone zierten 35 Perlen in verschiedenen Farben.

Der berühmte Tassilokelch und die Tassiloleuchter von Kremsmünster.

Für das Meßopfer dienten zwei silberne Kelche, von denen einer außen skulptiert, dazu vergoldet und mit seiner Patene 30 Solidi wert war, der andere, ebenso gearbeitet, kostete 15 Solidi. Auch hier tritt der Unterschied zum einfachen Kelch aus der herrschaftlichen Eigenkirche zutage. Zum alltäglichen Meßopfer werden die schlichteren Kelche verwendet worden sein.

Eine Vorstellung davon vermittelt der „Cundpald-Kelch“. Im 19. Jahrhundert wurde in Ungarn dieses zweifelsohne bayerische Stück aus der Zeit um 800 gefunden. Er ist nur knapp 12 cm hoch, aus Kupfer getrieben und vergoldet. Ein eingraviertes, recht einfaches Flechtband umläuft den oberen Rand und den Fuß. Solche Flechtmuster begegnen auch als Verzierung von Handschriften – und so liegt es nahe, sich eben die Entstehung und Beeinflussung in einem Kloster vorzustellen. Durch eine eingeritzte Inschrift wissen wir außerdem, daß Cundpald ihn irgendwo in Bayern in einem Kloster hergestellt hat.

Im Stil steht er dem berühmten Tassilokelch nahe, der selbst die Prunkkelche eines Klosters wie Staffelsee übertroffen haben dürfte. Das Geschenk des Herzogs Tassilo und seiner Gattin Liutbirc an das Kloster Kremsmünster hat alle Stürme und Gefahren überdauert. Der Kelch muß zwischen 777 und 788 ins Kloster gekommen sein. Auch er ist aus Kupfer, teilweise versilbert, teilweise vergoldet, 27 cm hoch, weist einen Durchmesser von 16,6 cm, ein Gewicht von 3,5 kg und über 2 l Fassungsvermögen auf. Er trägt am Fuß die Inschrift: Tassilo tapferer Herzog und Liutpirc aus königlichem Geschlecht.

Seine ganze Oberfläche überziehen Medaillons und Flechtbänder in der Art irischer Ornamentik, wie sie aus Irland und England auf den Kontinent gekommen ist. Ein erster zögernder Ansatz, Bilder Christi und der Heiligen wiederzugeben, findet sich in den Medaillons. Christus, „ernst fast scheu", hat seine Hand zur Segensgeste erhoben. Neben ihm erscheinen die vier Evangelisten samt ihren Symboltieren, dazu noch erkennbar Maria und Johannes der Täufer. In den zeitgleichen Codices sind „ähnlich körperlose, flächenhaft gesehene Wesen" gemalt. Die Medaillons finden denn auch ihre Entsprechung im Psalter von Montpellier, der um 780 im Kloster Mondsee verfertigt wurde. Insularen Einfluß verraten wiederum das Flechtbandmotiv und die Tierornamentik.

Die Tassiloleuchter, ebenfalls in Kremsmünster aufbewahrt, wurden vielleicht aus dessen Szepter gemacht. Denn bei der Herrschaftsübergabe 787 wird dieser Stab genannt. Vielleicht handelte es sich dabei um ein altes Szepter im römischen Stil, gekrönt von einer Figur. Er ist mit Silber eingelegt, enthält ebenfalls Tier- und Pflanzenornamentik. Bei seiner späteren Teilung und Umwandlung zu Leuchtern wurde er zwar beschädigt, doch wegen seiner kultischen Funktion blieb er erhalten.

Leuchter sind gewöhnlich in die frühen Inventare nicht aufgenommen worden. Wertvolle Kelche, die zur Ausstattung einer bedeutenden Kirche gehörten, die finden sich in den Verzeichnissen, ebenso weitere liturgische Gerätschaften. In Staffelsee wird ein goldenes Aschegefäß aufgeführt, sechs Solidi schwer. Dazu konnte in einem ehernen, teilweise vergoldeten Räuchergefäß der Weihrauch entzündet werden, dies stand mit 30 Solidi zu Buche. Für den Alltag mag das alte, kupferne noch getaugt haben. Ferner gab es Gefäße für die Waschungen, so einen Krug, ein kupfernes Aquamanile, ebenfalls ein Wasserbehälter, dazu ein großes gläsernes Gefäß. Balsam enthielten zwei kleine Glasampullen.

Für die Priester gab es mehrere Meßgewänder, aus unterschiedlichen Stoffen und Farben. So zwei kastanienfarbige Meßgewänder, eines aus Wolle und gefärbt, eines aus Seide. Aufbewahrt wurden ferner eine Dalmatica – ein Teil der liturgischen Pontifikalbekleidung und zugleich Obergewand der Diakone, sieben Alben – der weiße Leinenrock als Teil der liturgischen Kleidung, vier Umhänge, dreizehn Leintücher mit Seidenfäden für den Altar, acht sonstige Altartücher, zwei leinerne und gefärbte Altartücher, vier Handschuhe aus Seide mit Gold und Edelsteinen bestickt, fünf kleinere seidene Tücher als Unterlage für die Hostie, zwei Stolen und ein Federkissen mit Seide überzogen.

Die Unterschiede werden deutlich, vergleicht man diese Ausstattung etwa mit der des Freisinger Chorbischofs Herolf um die Mitte des 9. Jahrhunderts in Thannkirchen. Dort gab es drei Dalmatiken, drei Meßgewänder und sechs Alben. In einem anderen Ort, in Bergkirchen, stand dagegen nur ein Meßgewand zur Verfügung.

Eine Klosterkirche muß damals für die einfachen Leute einen überwältigenden Eindruck geboten haben. Die Altarplatte bedeckten wertvolle Tücher, feine, erlesene Gewebe. Die Lichter ließen den Altar mit seinem Antependium aus Gold und Silber funkeln. Die Steine in den Kreuzen reflektierten den Glanz. Matt golden schimmerte das Meßgerät. Die Kirchen erwiesen durch ihre Zier und Pracht , daß sie Häuser Gottes waren. Der Prunk trug zur Verherrlichung des Schöpfers seinen Teil bei.

Die Kirchen dürften einer der wenigen Räume gewesen sein, wo alle Gläubigen eins vor und in Gott waren, denn ansonsten kannte die frühe Gesellschaft harte Standesunterschiede.

Sklaven und Knechte, Freie und Adelige
Die Leute

Auch die Historiker sind Kinder ihrer Zeit – und so kann es zuweilen geschehen, daß sie die Werte und Maßstäbe ihrer eigenen Zeit auf andere Epochen übertragen. Das soll heute noch gelegentlich vorkommen, obwohl mittlerweile sattsam bekannt ist, daß damit früheren Epochen unrecht getan wird. Berühmtestes Beispiel für eine solche Übertragung dürfte Mommsens „Römische Geschichte" sein, die zugleich einen Spiegel der Geschichte der zweiten Hälfte des 19. Jahrhunderts mitliefert.

Auch bei älteren Arbeiten über den Aufbau der frühmittelalterlichen Gesellschaft steht häufig mehr der Untersuchungs- als der untersuchte Zeitraum im Hintergrund. Zeitgebundene Anschauungen verrät etwa Justus Möser im 18. Jahrhundert, wenn er annahm, bis zu Karl d. Großen sei der Bauer frei gewesen, erst unter dessen Nachfolgern habe er seine Freiheit eingebüßt. Die Panzerreiter nach der Umstellung des Heeres hätten die alten, freien bäuerlichen Fußsoldaten verdrängt. Die damit einhergehende Feudalisierung führte zu den unfreien Bauern.

Bei Möser spielen schon Gleichheitsvorstellungen mit herein, aufklärerisches Gedankengut, die bürgerliche Opposition gegen den Adel, der auf seinen Privilegien und Standesvorteilen, samt dem zugehörigen Dünkel, verharrte.

Im 19. Jahrhundert bildete sich dann die klassische Lehre von der „Gemeinfreiheit" aus. Sie ging von der Existenz eines alten Geburtsadels aus, der aber in den merowingischen Machtkämpfen durch das Königtum ausgerottet wurde. Erst später wieder, durch enge Anlehnung an das karolingische Königtum, hätte sich ein Amts- und Dienstadel gebildet, dieser wuchs aus der Masse der Gemeinfreien hervor, grenzte sich dann ständisch von ihnen ab.

Ursprünglich glaubte man also an die Existenz einer Schicht von gleichen und freien Bauern, aus der sich der Adel herausentwickelte. Dagegen opponierte eine andere Forschergruppe. Sie ging von der Existenz des Adels, von einer herrschaftlichen Ordnung durch ihn aus. Bestimmte lateinische Wörter, wie nobilis, sollten Adel ausdrücken. Adel findet man darum ganz eindeutig, wenn man „nobilis" quasi automatisch mit „adelig" übersetzt und die Quellen in dieser Richtung weiterinterpretiert. Solche Schlüsse basieren auf der ausufernden Interpretation ganz weniger

Belegstellen. Denn die Quellen, die Traditionsbücher der Klöster und die Texte von Kirchenversammlungen, bieten eine recht schmale und dazu noch eher zufällige Grundlage. In den Statuten der Synode von Dingolfing 770 etwa zeigen sich nobiles, Freie und Unfreie.

In der Theorie ließ dieser Adel auf seinem Grund und Boden eine Schicht unfreier Bauern wirtschaften. Ihre Freiheit konnten diese nur durch den König bzw. den Herzog erlangen, indem sie von diesem etwa auf Rodungsland oder im Hofdienst freigelassen wurden. Diese „Königsfreien" und analog die bayerischen „Herzogsfreien" geisterten eine Zeit lang durch die Bücher, bis dann etwa für Bayern nachgewiesen wurde, daß in der Wirklichkeit eine ganz breite Schicht der Freien existierte. Zu den Freien, den „liberi", zählten Äbte und Bischöfe, kleine wie große Grundbesitzer.

Die Crux liegt darin, daß sich der Adel gar nicht so recht aus der großen Schicht der Freien abhebt. Sauber lassen sich überhaupt nur zwei Gruppen scheiden: Die Freien und die Unfreien. Die einen, die Freien, konnten über ihre Person autonom verfügen, vollberechtigt am Gericht und in den Volksversammlungen auftreten. Dieser Schicht gegenüber stand der größere Teil der Bevölkerung – die Unfreien. Sie gehörten einem Herren, der sie verprügeln, vertauschen, verkaufen konnte. Sie zählten zu den beweglichen Gütern, galten als Ware, einer Sache gleichgestellt. Für die Zeit, über die wir genügend Informationen aus den Quellen besitzen, lassen sich diese zwei Personengruppen nach dem Rechtsstatus klar trennen. In der Praxis freilich gab es jeweils noch Abstufungen innerhalb dieser Gruppen.

Vom Freien nimmt das bayerische Gesetzbuch sein Maß. Aus diesen Freien ragten einige durch politische Ämter heraus, durch Grundbesitz und Macht. Doch rechtlich werden sie nicht abgehoben, treten dadurch nicht als eigene Schicht hervor. Es ist also wesentlich ein definitorisches Problem, ob man hier Adel findet und finden will.

Weil aber weder in den fränkischen Texten noch im bayerischen Gesetz ein Adel erwähnt wird, lag für einige Forscher der Schluß nahe: es gab überhaupt keinen!

Die Zwischenposition vertritt eine andere Gelehrtengruppe: Es gab einen Adel, nur er konnte sich aufgrund seiner Machtstellung einer schriftlichen Fixierung seiner Rechte in den Gesetzesbüchern entziehen und seine Rechte selber wahren. Darum erscheint er nicht in den Leges-Sammlungen.

Wenn also rechtlich abgehoben im bayerischen Volksrecht kein Adel hervortritt, dann muß dieses Prädikat lediglich einem erhöhten gesellschaftlichen Ansehen, vor allem der Geburt aus einer großen und reichen

Familie entspringen. Es ist nicht zu übersehen, daß in den Quellen eine politisch, wirtschaftlich und sozial klar abgehobene Führungs- und Oberschicht aufscheint, die durch Besitz und Macht die übrige Bevölkerung übertraf. Seit der Mitte des 6. Jahrhunderts läßt sich tatsächlich die Herausbildung einer Schicht innerhalb und auch oberhalb der Freien, nämlich die der Herren über Knechte und Halbfreie, „potentes" und „optimates" genannt, erkennen.

Doch der wirtschaftliche Faktor allein mutet für die Begründung eines Adels zu schwach an. Als weiteres Kriterium wurden deswegen „unterschiedliche Heilskräfte" angenommen. Das stärkere Heil einer Familie, größere und ältere Abstammung hätte nach dieser Meinung eine höhere Autorität beanspruchen können. Doch diese Position steht recht alleine da.

Es ist – nach allem wohl auch ersichtlich – eine Frage der Definition: Wenn Geburt und Rechtsstatus zusammen „Adel" ausmachen, dann gibt es Adel in diesem Sinne erst in der späten Karolingerzeit. Faßt man Adel als rechtlich abgesonderten Geburtsstand auf, ist er bei den Franken und den Bayern nicht nachweisbar. Die Geburt entschied darüber, ob man freien oder unfreien Standes war.

Es ist darum eine Ansichtssache, ob man für die Frühzeit Gruppen als Adel bezeichnen will, die aus den Freien durch Macht, Grundbesitz und Ämter herausragen, deren soziale, wirtschaftliche und politische Vorzüge unübersehbar sind. Aus dieser Schicht konnte sich später der Adel im modernen Sinne entwickeln, als ständische Rechte reklamiert und durchgesetzt wurden.

Wenn also im folgenden, der Einfachheit halber, von Adel gesprochen wird, ist diese Schicht gemeint – doch muß man sich der Definitionsproblematik bewußt bleiben.

Aus diesen Oberschichten bildeten sich im Karolingerreich große Geschlechter mit räumlich übergreifender Bedeutung heraus. Der König übertrug ihnen Verwaltungsaufgaben, damit einhergehend auch Herrschaftsbefugnisse. Grafschaften wurden als feste Amtsbezirke gebildet, darin Grafen eingesetzt. Sie vertraten den König, übten Rechtsprechung und Polizeifunktionen aus, boten das Heer auf, trieben Bußgelder ein etc. Als Entlohnung erhielten sie vom König Land und Leute. Deren Nachkommen „erbten" das Amt, mit ihm den ursprünglich geliehenen Besitz, er fiel nicht mehr beim Tode des Amtsinhabers an den König zurück. Aus individuellem Besitzanspruch entstand allmählich wirkliches Eigentum. Der Boden wurde privates Eigen, zur Ware, konnte ge- und verkauft, vererbt werden. Die Könige trugen zu dieser Entwicklung bei. Schenkungen als freies Eigen stärkten die großen Familien, die der König zur Verwaltung brauchte. Daraus erwuchsen militärische und politische Macht. Beides führte zu Reichtum, und beides konnte zu weiterem Landerwerb eingesetzt werden. So entstanden die großen Grundherrschaften, in deren Sog die Freien mehr und mehr gerieten. Grundbesitz häufte sich in der Oberschicht. Durch all dies schob sich diese Gruppe als Zwischeninstanz zwischen König und Freie.

Die „Freien" im Abstieg

Gerade was die Problematik Adel-Freie-Unfreie anlangt, verbauen gelegentlich weitreichende Hypothesen und globale Behauptungen den klaren Blick. Die historische Realität nimmt sich gewöhnlich komplexer aus und läßt sich selten auf einen kurzen Nenner bringen. Ein gutes Indiz für historische Unschärfe bildet die Verwendung des unscheinbaren Wortes: „irgendwie". Denn „irgendwie" hat alles immer seine Richtigkeit. Wenn also gesagt wird: „Alle nichtadeligen Personen (waren) irgendwie unfrei", dann deckt dieser Satz die Probleme der Forschung unfreiwillig auf: Wer zählte zum Adel, und wie unfrei war die sonstige Bevölkerung? „Irgendwie" hilft uns das nicht recht weiter.

In der Lex Baiuvariorum kommen – wie gesagt – Freie und Unfreie vor. Der Systemzwang, in den sich der Forscher mit obiger Aussage gebracht hat, läßt aber nun nicht mehr zu, daß diese Freien tatsächlich frei gewesen sein dürfen. Es müssen demnach „unfreie Freie" gewesen sein. Unfreie, die durch Königs- oder Herzogsdienst eine gewisse Freiheit genossen. „Freie Freie" gab es demnach in Bayern wohl nicht mehr.

Doch der Freie, der „liber", bildet das Maß des bayerischen Gesetzbuches, und wenn man genau liest und nicht alles in eine Schablone preßt, zeigt das Gesetzbuch die Unterschiede zwischen den Freien und den Unfreien ganz deutlich. Auf den Heerfahrten galt es, Diebstähle hart zu ahnden. Wer im Heer Gerät gestohlen hatte, Zaumzeug etwa, und erwischt wurde, verlor die Hand – als Höriger; als Freier konnte er mit 40 Solidi diese Strafe abwenden. Plünderung kostete den Leibeigenen die Hand , den Freien nur eine Vermögensstrafe: 40 Solidi. Das war die übliche Strafe für einen Freien. Leibeigene konnte bestenfalls ihr Herr von der Strafe freikaufen – und das für 20 Solidi.

Es machte doch einen Unterschied, ob man Leibeigener oder Freier war. In der Feldarbeit und auch auf dem Kriegszug galt es zwar nebeneinander die gleiche Arbeit zu verrichten: dreinschlagen oder im Frieden das Feld zu bestellen: aber im rechtlichen Status bestand Ungleichheit. Unterschiedliche Strafen für Vergehen zeigen diese Trennung: Arbeitete ein Freier am Sonntag – hier sieht man die Kirche streng auf die Heiligung des Tages bedacht – kostete es den Übeltäter den rechten, den besseren Zugochsen. Wurde er abermals beim Einfahren, beim Heuschnitt ertappt, erhielt er 50 Schläge übergezogen. Als weitere Steigerung konnte er ein Drittel seiner Habe verlieren und schließlich zum Leibeigenen gemacht werden. Ein Leibeigener verlor gleich die rechte Hand bei solchen Übertretungen.

Freie und Unfreie lassen sich also nach ihrem Rechtsstatus, der sich etwa in den unterschiedlichen Strafen ausdrückt, klar trennen. Eine andere Frage ist die nach der Durchlässigkeit der Standesgrenzen, nach Auf- und Abstieg. Die Barrieren scheinen wesentlich transparenter gewesen zu sein als man lange annahm. Die mittelalterliche Gesellschaft – nicht anders als manche spätere – hatte von sich selbst unrealistische Anschauungen. Sie hielt sich für stabil und ständisch fest gegliedert. Jeder Mensch hatte seinen Platz auf Erden, stand hierarchisch eingeordnet da. Das wahre Leben erwies diese Vorstellung als Theorie. Die Standesgrenzen zeigten Durchlässigkeit, Auf- wie Abstieg waren möglich; beide offensichtlich abhängig von ökonomischen Faktoren.

Wie es den Freien wirtschaftlich ging, läßt sich kaum aus späterer Zeit beurteilen. Es besagt in dieser Hinsicht gar nichts, daß ein freier Bauer am Sonntag selbst auf dem Feld arbeitete. Manchmal wird ihn schiere Notwendigkeit dazu gezwungen haben. Stand das Getreide schön trocken da und drohte ein gewaltiges Gewitter, dann wird jeder Bauer versucht haben, seine Ernte noch einzubringen. Schließlich dauerte damals die Feldbestellung wesentlich länger, mußte mit der Hand geerntet werden. Bis zum Einzug der Technik veränderte sich der Landbau kaum.

Unter den Freien muß es aber ökonomische Abstufungen größten Ausmaßes gegeben haben. Schließlich war ja auch der mächtige Adelige seinem Stand nach frei. Ihnen gegenüber dürften arme Leute gestanden haben, die außer ihrem Rechtsstatus nicht mehr viel zu verlieren hatten.

Die Freien ächzten unter den Verpflichtungen, die aus ihrem Status entsprangen. Sie hatten auf der Volksversammlung, bei Gericht als Schöffen zu erscheinen, zum Heeresdienst anzutreten, den Königsdienst zu leisten. Das bedeutete längere Abwesenheit vom Hof. Die Reisen mußten selbst bezahlt werden – und zu Hause blieb die Arbeit liegen; ein doppelter Schaden.

Vor allem der Heerbann trug zur Verarmung der Freien bei. In der Karolingerzeit mußten dann zwar nicht mehr alle Freien ins Feld rücken, die zu Hause bleiben durften, hatten statt dessen Abgaben zahlen. Damit konnte der König ein Heer aus Vasallen, Spezialisten für's Kriegshandwerk, bezahlen. Das bedeutete einen weiteren Funktions- und Bedeutungsverlust für die Freien und zeigt den Aufstieg der Vasallen, Unfreier, durch solche Dienste. Die Steuersätze, die zum Ausgleich erhoben wurden, nahmen ungeheuere Dimensionen an. Wer beweglichen Besitz im Werte von 120 Solidi hatte, der mußte 60 Solidi leisten, und so herunter bis zum Betrag von 60 Solidi. Nur wer nur 40 Solidi hatte, kam mit 10 Solidi davon, von 20 Solidi fielen 5 als Heersteuer an. Der Wert eines Solidus läßt sich nicht genau ermitteln, es fehlen für diese frühe Zeit Wertangaben, Lohn- und Preislisten. Doch die enorme Belastung läßt sich verdeutlichen: Es ist so, als ob die wohlhabenderen Bundesbürger jedes Jahr 50% ihres Sparguthabens an das Verteidigungsministerium zu überweisen hätten. Da im Karolingerreich gewöhnlich jedes Jahr ein Kriegszug anstand, wurden die Freien vom königlichen Fiskus praktisch ausgeraubt.

Der König mußte bald einsehen, wohin diese Politik führte. Ihm fehlten die Einkünfte; er beklagte selbst, daß die so Verarmten zu Bettlern oder Strauchdieben würden. Doch er änderte die Steuerpolitik nicht, sondern erließ neue gesetzliche Vorschriften. Karl der Große verbot die Schmälerung des Besitzes der Freien und dessen Enteignung. Die Freien sollten auch nicht öfters als nötig zu den Versammlungen aufgeboten werden, was sie davon abhielt, sich um ihre eigenen Angelegenheiten zu kümmern. Die Mächtigen sollten nicht die armen Freien unterdrücken, um sie zu zwingen, ihren Besitz zu verkaufen oder einer Kirche zu übergeben. Sie durften nicht zu Leibeigenen gemacht werden. Freigestellt blieb ihnen freilich, diesen letzten Schritt selbst zu tun. Der freiwilligen Ergebung konnte wohl durch Druck nachgeholfen werden.

Die freien Bauern befanden sich in einer schlimmen Situation. Sie mußten von der Landwirtschaft leben. Aufgrund der geringen Ernteerträge, der dauernd gewärtigen Gefahr von Ausfällen durch Klima und Schädlinge wirtschafteten die kleineren Betriebe am Existenzminimum dahin. Auf ihnen lasteten aber die Abgaben an den königlichen Fiskus. Dazu schwebte über ihnen die Bedrohung durch den Adel, der, trotz aller königlichen Erlasse, seinen Landbesitz gerne vergrößern und immer mehr Bauern in seine Grundherrschaft einbinden wollte.

Den drückenden Verpflichtungen und den Pressionen des Adels erlagen viele Freie. Als Ausweg blieb nur noch die Ergebung an einen der Mächtigen. Sie sicherte vor weiteren königlichen Abgaben, bewahrte vor dem Heeresdienst. Die Steuern zahlte der neue Herr. Dem König aber fehlte die Möglichkeit, sie direkt einzuziehen. Brauchte er Soldaten, hatte er mit den Grundherren und der Kirche zu verhandeln.

Den besten Ausweg in einer derartigen Situation bot die Ergebung an die Kirche. Dieser Schritt scheint häufig vollzogen worden zu sein, denn Karl der Große verbot ausdrücklich, ihn ohne seine Einwilligung zu tun. Ihm war zu Ohren gekommen, daß diese Selbstübergabe an die Kirche weniger aus frommen Gründen geschah, sondern einfach, um dem Heeres- oder Königsdienst zu entrinnen. Dazu gab es wohl etliche, so formuliert es der Schreiber Karls, die aus Habgier, um sich nämlich solche Leute und deren Grund selber anzueignen, zu diesem Übertritt rieten.

Der Stand der Freien erscheint so von den verschiedensten Mächten und Gewalten bedroht. Der König versuchte zwar, auch durch die Normierung in den Volksrechten und weiteren Gesetzen, diesen Stand zu retten. Doch er setzte wohl den falschen Hebel an, der Erfolg blieb aus. In der Karolingerzeit sanken die Freien immer schneller in die Leibeigenschaft ab.

Die Schicht der Unfreien vergrößerte sich zudem durch die Eheregelungen: Heiratete ein freier Mann eine Unfreie, minderte das sein Ansehen, doch noch nicht den Status. Doch die Kinder aus dieser Ehe galten von vorneherein als unfrei. Ein konkretes Beispiel kann das verdeutlichen. Die Traditionsbücher liefern auch hier wieder das Material:

Der Handwerker Afbald wohnte in einem Haus, das ihm Abt Siegfried, der Herr über Grund und Boden, überlassen hatte. Afbald war selbst persönlich frei, doch mit einer Leibeigenen des Abtes verheiratet. Über ihn konnte also der Abt nicht verfügen, wohl aber über dessen Frau und seine beiden Kinder, Liubuni und Engilburg. Denn nach den rechtlichen Regelungen der Zeit folgten sie der „ärgeren Hand" und übernahmen den schlechteren rechtlichen Status – eben den von der Mutter herrührenden Stand der Unfreiheit.

Afbald stand also rechtlich auf einer anderen Stufe als seine Frau, aber dennoch durch seine Heirat mit einer Unfreien, eher diesem Stand näher. Ein gewisser sozialer Abstieg scheint durchaus damit verbunden. Auf der anderen Seite verbesserte diese Ehe im Gegenzug die Position Kisas, Afbalds Ehefrau.

Zu den Ärmsten im Dorfe dürften beide auch nicht gezählt haben. Im Haus des Afbald wohnten 37 unfreie Personen. Ganz offensichtlich wurde im Hause produziert, was allerdings, bleibt uns verborgen. Diese Waren verkauften die eigenen Leute weiter. Ein Teil des Gewinnes dürfte Afbald geblieben sein, wenngleich dieser Abgaben für Hausbenutzung und die Arbeit der Unfreien zahlen mußte.

Freie gab es demnach nicht nur unter den Bauern, sondern auch unter den Handwerkern und wohl auch unter den Händlern. Trotz aller kaiserlichen und kirchlichen Verordnungen und Erlasse aber ging die Zahl der Freien zurück. Die Barschalken, Freie, die auf Klosterland saßen, wurden Mitte des 9. Jahrhunderts auf einer Versammlung in Regensburg den Knechten, den „servi", gleichgestellt, damit befanden sich Freie und Leibeigene auf der gleichen, niedrigen Stufe. Mit einem Federstrich hatten die Kirchen und Klöster die verstärkte Verfügungsgewalt über Menschen bekommen. Auch ehemalige Freie waren nun an die Grundherrschaft gebunden. Die Grundherrn konnten so ihre wirtschaftliche Kraft, ihre Einkünfte steigern, verschwanden doch mit den Freien auch deren Rechte. So verwischte sich die Trennung von frei und unfrei allmählich. Ab dem 9. Jahrhundert entsteht eine recht einheitliche unfreie bäuerliche Bevölkerung, der eigentliche Bauernstand.

Breite Bevölkerungsgruppen sanken im sozialen und rechtlichen Status ab. Dem steht der vereinzelte Aufstieg von Personen und bestimmten Personengruppen gegenüber. Wie es möglich war, in die Leibeigenschaft abzusinken, konnte es gelingen, aus ihr zu entkommen.

Gesellschaftlicher Aufstieg: Die Freigelassenen

Freilassung bedeutet rechtlich gesehen die Aufhebung von Herrschaftsrechten von Menschen über Menschen minderen Rechts. Dies geschah durch Ausstellung einer Urkunde oder einen öffentlichen Akt in der Kirche oder durch einen weltlichen Amtsinhaber. Der Eigentümer eines Unfreien besaß das Recht, diesen in den legalen Formen freizulassen.

Die Quellen zeigen ganz unterschiedliche Beweggründe dafür. Der Königsdienst, oder allgemeiner gesagt, der Herrendienst, bot wohl die beste Möglichkeit. Wer sich seinem Eigentümer nützlich gemacht, seine Fähigkeiten erwiesen und den Herrn zu Dank verpflichtet hatte, durfte frei werden. Einer Personengruppe, den Vasallen, gelang der Aufstieg aus der Unfreiheit in einem längeren Weg, der schließlich bis hin zum Adel führte. Aus dem Hofgesinde, aus der Leibwache, den Kampftruppen des Herzogs, des Königs erwuchs eine besondere Gruppe. Die Verfügbarkeit für den Herrn, die aus ihrer Abhängigkeit entsprang, ließ sie für manche Aufgaben besser geeignet erscheinen als den Adel. Dieser entwickelte etwa beim Landesausbau zu große Ansprüche, hätte durch Aufgabenübertragung einen Machtzuwachs erfahren, damit gegen den Landesherrn opponieren können. Ein Höriger ließ sich jederzeit wieder abberufen – in den Anfangszeiten jedenfalls noch.

Im Herrendienst ließ sich zudem Reichtum erwerben. Die Belohnung fiel in klingender Münze und auch in Grundbesitz aus. Es ist nicht auszuschließen, daß bei entsprechender Amtstätigkeit die Taschen aufgehalten wurden, daß Geschäfte, Gewinne gemacht wurden. In den Quellen treten jedenfalls Freigelassene auf, die über ein größeres Vermögen verfügen.

Der Freigelassene Lantbert beispielsweise tauschte seinen Besitz von 150 Morgen Ackerland bei Langenerling gegen 132 Emmeramer Morgen bei Etterzhausen. Gleiches gilt für den bischöflichen Vasallen Reginbert, der Besitz aus dem Erbe seiner Frau in Dünzling vertauschte. Eine Wüstung, ein brach liegendes Landstück, dazu 48 Morgen Acker, 15 carradas Wiese – eigentlich „Fuhren", es wurde eben die Fläche nach dem Ernteertrag gerechnet – und 100 Morgen Wald wechselte er gegen ein Dorf bei Tann. Dazu gehörten die Kirche, ein Obstgarten, ebenfalls 48 Morgen Acker, 15 carradas Wiesen, aber nur drei Morgen Wald. Die Urkunde wurde doppelt ausgefertigt, ein Exemplar kam in die Bibliothek von St. Emmeram, hier ausdrücklich in der Funktion als Archiv erwähnt.

Sozialer und wirtschaftlicher Aufstieg wurde auch dadurch möglich, weil die großen Wirtschaftsbetriebe nicht alle ihre Hörigen gleichsam kaserniert das Land bewirtschaften ließen. Unter den Hörigen gab es spezialisierte Handwerker: Schmiede, Zimmerleute, dazu Winzer, Fischer, Imker und dergleichen. Beschränkte sich der Radius dieser Personen noch auf die nähere und weitere Umgebung des Betriebes, so gilt das nicht mehr für die Handelsagenten. Da gab es Überschüsse zu verkaufen, dringend benötigte Waren herbeizuschaffen – und dabei scheint auch für den Leibeigenen ein schöner Profit abgefallen zu sein. Diese Gewinne aber konnten dazu verwendet werden, seinen Stand seinem Reichtum anzupassen. Geld erscheint so als das beste Mittel, den Aufstieg zu vollziehen. Der Herrendienst bot diese Gelegenheit und auch der Kirchendienst.

Doch die Freilassung von Knechten stieß gerade bei der Kirche nicht auf ungeteiltes Wohlwollen. Ludwig der Fromme hatte eigens deswegen in den zwanziger Jahren des 9. Jahrhunderts eine Anordnung erlassen. Das Schreiben, an den Erzbischof Adalram von Salzburg gerichtet, drückt die königliche Ein- und Wertschätzung der Unfreien sehr klar aus.

Ludwig wollte die Ordnung seiner Haus- und Familienangelegenheiten nur von „reinen" Menschen erledigen lassen, die keine „Unsauberkeiten" aufwiesen. Wenn das schon für solche profane Angelegenheiten gelte, dann müsse der gleiche Grundsatz erst recht für den göttlichen Kultus gelten. So sollten eben priesterliche Aufgaben nur reine und besonders ehrwürdige Menschen versehen. Wie schon im dritten Buch Mosis festgeschrieben sei, sollte der Priester, der an den Altar tritt, von jedem körperlichen Fehler frei sein.

Als gutes Glied der Kirche und zu ihrer Erhöhung wünschte der Kaiser die schlechte und äußerst tadelnswerte Gewohnheit zu beenden, daß niedrige Leute, die sogar zum Knechtsdienst verpflichtet seien, zu Priestergraden zugelassen würden. Keiner dieser Unfreien dürfe zukünftig Priester werden. Ludwig faßte also die Unfreiheit als körperlichen Fehler, wie eine Mißbildung auf.

Im gleichen Schreiben erhielt der Erzbischof vom Kaiser die Vollmacht, einen Knecht der Kirche, der zum Priesteramt ausersehen sei, vor Klerus und Volk, also in aller Öffentlichkeit aus der Knechtschaft freizulassen. Dabei müsse natürlich das Einverständnis des früheren Besitzers eingeholt werden. Sollte sich der neue Priester dann nicht so verhalten, wie es sich gebühre, sollte er in die alte Unfreiheit zurückfallen. Die Freilassung sollte schriftlich niedergelegt und durch Zeugen belegt werden. Dieser Freiheitsbrief sollte, mit Ort und Datum versehen, dann dem Neupriester ausgehändigt werden.

Die Normen des Kirchenrechts hielten Priestertum und Unfreiheit für unvereinbar. In der Praxis dagegen scheint es häufig vorgekommen zu sein, daß Unfreie zu Priestern ausersehen wurden. Eigenkirchenherren wählten einen ihrer Leute aus und ließen ihn vom Bischof weihen. Auch unter den Mönchen befanden sich Unfreie. Der König sah diesen Aufstieg nicht gerne. Das ständische Denken spiegelt sich: jeder sollte in seinem Stand verharren, ein unreiner Knecht Knecht bleiben. Da sich das nicht durchsetzen ließ, mußte die Konsequenz gezogen werden und die Norm der Realität angepaßt werden. Potentielle Priester waren rechtzeitig freizulassen. Die Kirche bot also gute Aufstiegschancen.

Eine Vielzahl von Freilassungen erfolgte durch die Institutionen, doch auch die kleineren Grundherren ließen ihre Leute frei. Dafür waren ebenfalls zuvor spezielle Dienste geleistet worden. Motive und die Hintergründe für die Freilassung bleiben nicht im Dunkeln.

Ein Rather, eingedenk seines Seelenheils, aber auch der geleisteten Dienste wegen, überträgt seine Magd Ellinpurg dem Kloster St. Emmeram. Durch diese Übergabe gewinnt Ellinpurg nach dem Tode ihres Herrn Schutz und Schirm des Klosters. Dafür hat sie den Betrag von vier Denaren jährlich zu leisten. Das alles bedeutet die Freilassung aus der Knechtschaft, die Rather damit gleichzeitig vollzieht.

Mit der gleichen Urkunde wurden die drei Söhne der Ellinpurg freigelassen, die nach dem Gesetz der „ärgeren Hand" ebenfalls unfrei waren. Rather möchte sie ebenfalls vor einem härteren Schicksal bewahren – sind sie doch seine Söhne.

Rather hatte also mit seiner Magd drei Kinder. Nun scheint sie keine gewöhnliche Unfreie gewesen zu sein. Rather vermerkt ausdrücklich, daß er Mühe aufwenden mußte, um sie zu bekommen. Rather entläßt seine „Familie" in die Freiheit, sichert ihr den Schutz des Klosters. Aber Rather konnte nicht ganz frei über seine Unfreien verfügen. Für die Freilassung brauchte er die Zustimmung seiner beiden Brüder, denn nach dem germanischen Erbrecht wäre der Familienbesitz an sie gefallen, beide mußten also formell darauf verzichten. Vielleicht fiel dies um so leichter, als einer der Söhne Rathers nach seinem Onkel benannt worden war.

Aufmerksamkeit verdienen die Zeugen der Transaktion. Es traten der königliche Zolleinnehmer von Regensburg und der Stellvertreter des königlichen Stellvertreters auf. Die Stadt wurde also von einem Beauftragten des Königs verwaltet, und dessen Unterbeamter fungierte hier als Zeuge. Damit aber scheint Rather diesem Kreis von Städtern zugehört zu haben. Im Text werden auch schon „cives" – „Bürger" von Regensburg genannt. Das sind noch keine Bürger im rechtlichen Sinne, wie wir sie aus dem späten Mittelalter kennen, sondern sie sind Einwohner der Hauptstadt.

Die Freilassung Ellinpurgs steht nicht völlig außerhalb der Reihe. Ziemlich zur gleichen Zeit gaben Ehamar und sein Bruder Helmbert ihren Besitz zu Atting an St. Emmeram. Als Gegenleistung läßt St. Emmeram seine „mancipia" frei; beide Brüder waren demnach mit unfreien Frauen, die St. Emmeram gehörten, verheiratet. Beide hatten Kinder mit ihnen. Nach der Vereinbarung erhielt das Kloster nach deren Tod den gesamten Besitz, entließ aber dafür jetzt seine Leute in die Freiheit.

Solche Heiraten zwischen Freien und Unfreien kamen durchaus häufig vor. Sozial und wirtschaftlich konnten sich die Eheleute durchaus auf der gleichen ärmlichen wie gehobenen Stufe befinden. Ellinpurg ragte wohl über ihre sonstigen Standesgenossinnen hinaus. Sie hatte etwas an sich, das einen freien Mann nötigte, sich um sie zu bemühen. Trotzdem mußte er sie nach seinem Tode durch das Kloster absichern. Gehörten aber Frauen und Kinder dem Kloster, mußten sie regelrecht freigekauft werden. Der Preis, der dafür zu hinterlegen war, bleibt in seiner Größe offen, gering dürfte er nicht gewesen sein; schließlich ging der gesamte Besitz der Brüder in Atting an St. Emmeram. Das Kloster wich dabei nicht von seiner üblichen Vergabepraxis ab: Solange die Familienmitglieder am Leben blieben, durften sie den Besitz nutzen, erst nach deren Tod fiel alles an das Kloster.

Freie Männer wählten nicht selten eine unfreie Frau. Konnte man sich sozusagen eine Frau „kaufen"? Konnte der Eigentümer einfach über eine Leibeigene sexuell verfügen?

Im bayerischen Gesetzbuch galt zwar der Schutz den Frauen, besonders den Jungfrauen, dann den Ehefrauen, aber hier wieder den Freien. Freilich erstreckten sich Strafen im Gesetzbuch auch auf die Hörigen, Schweinehirtinnen etwa, wenn sie belästigt wurden. Doch das betraf Schädigungen durch Dritte, durch die der Eigentümer in seinem Besitzstand beeinträchtigt wurde. An ihn war die Buße zu leisten.

Nachdem der Herr seine Leibeigenen kaufen, verkaufen, sie bei Ungehorsam prügeln konnte, wird seine Gewalt weiter gereicht haben. Wer sollte denn eingreifen? Da der Herr über seine Leute verfügen konnte, tat er es wohl auch. Vergewaltigung gehörte zwar zu den Kapitalverbrechen, aber dazu hätte es eines Richters bedurft. Die Anklage, wenn überhaupt zugelassen, entschieden die Standesgenossen des Eigentümers. Schlechte Aussichten – eigentlich gar keine Rechtsmöglichkeiten de facto für eine unfreie Frau. Ihr standen gegen die Lüste ihres Herrn nicht viel Mittel zur Verfügung, sie konnte eigentlich bloß davonlaufen – in eine ungewisse Zukunft, denn ihr Eigentümer konnte sie suchen und fangen lassen. Zudem werden bei diesen Problemen alle Herren eng zusammengearbeitet haben, um hier keine Präzedenzfälle zu schaffen.

Solche Fälle bleiben im Dunkel, ihre Zahl läßt sich nicht einmal schätzen. Doch andererseits scheinen Freilassungen aus Zuneigung nicht selten gewesen zu sein. Gerade die Erwähnung von mehreren Kindern und die Sorge für sie spricht für eine eheliche oder zumindest eheähnliche Gemeinschaft. Die Eigentümer der Bräute gaben, gegen entsprechende Vergütung, anscheinend auch die Einwilligung. In all diesen Fällen heirateten nämlich freie Männer unfreie Frauen. Die umgekehrte Verbindung hätte die Frau selbst unfrei gemacht – das scheint selten vorgekommen zu sein; die Statusveränderung war zu gewaltig.

Doch es gab auch Freilassungen aus Dankbarkeit oder aus Vorsorge für sein Seelenheil. Damit geschah ein wohltätiges Werk, das im Jenseits angerechnet werden konnte.

Manchmal ließ ein Ehepaar einen Knecht oder eine Magd frei. Manchmal eine Witwe einen Knecht, aber auch eine Magd. Hier entsteht der Eindruck, daß am Lebensende treue und ergebene Dienste mit dem Geschenk der Freiheit belohnt wurden.

Die Freigelassenen bedurften dennoch des Schutzes. Sie blieben darum in einer Art Schutzhörigkeit ihres früheren Eigentümers. Konnte dieser nicht mehr für sie sorgen, wurden sie häufig einem Kloster übertragen.

Dieses konnte etwa den Besitzanspruch weiterer Verwandten auf den Freigelassenen am ehesten abwehren.

Auch in den Gesetzestexten spiegelt sich die Schutzbedürftigkeit. Wer einen durch kirchlichen Freiheitsbrief am Altar Freigelassenen tötete, der büßte sein Verbrechen mit 40 Solidi an den König. Wer einen durch einen Freiheitsbrief, also von einem weltlichen Herrn Freigelassenen tötete, der keinen Schutzherrn mehr beanspruchte, der mußte gleichfalls 40 Solidi an den König zahlen. Der König übernahm also ebenfalls den Schutz für die Freigelassenen. Im bayerischen Gesetzbuch zeigen sich diese Unterschiede recht schön in den Bußtaxen. Wer z. B. einem Freien aus einer Wunde am Kopf oder Arm Knochensplitter herausschlägt, der mußte als Strafe 6 Schillinge nach damaliger Rechnungseinheit zahlen. Bei einem Freigelassenen kostete das gleiche Delikt 3 Schillinge und bei einem Knecht nur noch 1 Schilling.

Freigelassene konnten auch keine geschäftlichen Transaktionen selbständig vollziehen. Wohl in den siebziger Jahren des 9. Jahrhunderts nahmen der bischöfliche Hörige Rinco und der königliche servus Cotabald einen Besitztausch vor. Eine halbe Hufe, ein Obstgarten wechselten gegen eine Hufe und eine area – ein Grundstück – Rincos. Das Bemerkenswerte ist nicht unbedingt die Größe des Besitzes, der sich doch in Grenzen hielt, sondern die Abwicklung des Geschäfts. Für Rinco handelte der königliche Statthalter in Regensburg und für Cotabald der Vogt des Bischofs. Beide Knechte hatten also Besitz erwerben können, waren aber in dessen Verfügungsgewalt beeinträchtigt.

Die Freigelassenen hatten für ihren Schutz Abgaben zu zahlen, die zugleich noch deren alten Stand anzeigten. Von der Kirche Freigelassene oder ihr zum Schutz Anvertraute trugen die Verpflichtung zu jährlicher Abgabe in Wachs: die sogenannten Wachszinser. Diesen Kirchenschutz konnten auch Freie erlangen. Die Selbstübergabe an einen mächtigen Herrn minderte den Freiheitsstand, bewahrte aber vor Rechtshändeln. Witwen etwa, vom Rechtsstatus her eher schwach, wählten häufig diesen Weg und zahlten dafür an das Kloster ebenfalls Abgaben. Das entsprach der Wachszinsigkeit der Freigelassenen im Ergebnis.

Abstieg erfolgte häufig aus diesen rechtlichen Gründen. Aufstieg setzte dagegen wohl häufig ein gewisses Vermögen voraus. Der Freigelassene Lantbert etwa besaß 150 Morgen Ackerland, die er an St. Emmeram übertrug, dafür erhielt er im Tausch 133 Morgen.

In einer Freisinger Urkunde wird der Knecht Engilpoto freigelassen. Durch seinen erworbenen Reichtum konnte sich Engilpoto ein Gut kaufen. Der neue Eigentümer dachte sofort an das Heil seiner Seele und übertrug das gekaufte Land weiter an den Freisinger Bischof. Er behielt sich die lebenslange Nutznießung vor und dehnte diese auf die Lebenszeit seiner Fau und seiner Kinder aus.

Engilpoto muß hoch gestiegen sein. Freigelassen wurde er von der Witwe eines Präfekten, eines hohen Amtsträgers. Auch die Zeugen, die diese Übertragung bestätigten, waren hochgestellte Persönlichkeiten.

Freigelassen bedeutet nicht, „frei" zu sein. Die Drohung blieb, bei einem Verstoß gegen die Regeln der Freiengesellschaft zurückgestuft, wieder unfrei zu werden. Zudem brauchte es bei Verfügungen über seinen Besitz noch immer den Konsens seines ehemaligen Herren. So war er zwar scheinbar gleichgestellt, aber den Makel seiner unfreien Herkunft konnte er nicht ablegen.

Gelegentlich aber geschah es, daß der König die besonderen Dienste und Fähigkeiten eines Unfreien benötigte. Aus der Not der Klassifikation befreite man sich eben dadurch, daß man den einzelnen Menschen aus seiner rechtlichen Eingrenzung heraushob und ihn freiließ. Damit hatte man die eigenen Bedürfnisse befriedigt, und im übrigen konnte man über der einen Ausnahme erst recht dann wieder Augen und Nasen vor den anderen Unfreien verschließen.

Die „Sauberkeitskategorien" im Schreiben Ludwigs des Frommen zeigen an, wie weithin gedacht wurde. Der Leibeigene starrt vor Dreck. Wie er es äußerlich ist, so ist er es auch innerlich. Die hohen Herren, die ja letztlich von der Arbeit dieser Menschen lebten, schauten auf sie herab, verachteten sie wohl auch. Für sie waren die Unfreien kaum etwas anderes als Nutzvieh: Eine stinkende Bagage, die auf dem Lande wie das Vieh lebte.

Am unteren Ende der Gesellschaft: Knechte und Sklaven

Die Terminologie der lateinischen Quellen erschwert eine eindeutige Trennung der verschiedenen Stufen von Unfreiheit. Das Wort „servus" kann einen Knecht, aber auch einen Sklaven meinen. Derartig rechtlose, der Herrschaft völlig unterworfene, ausgelieferte Leute, die wie eine Sache gekauft und verkauft werden, hat es wohl im frühen Mittelalter auch noch in Bayern gegeben. Zu jener Zeit lief ein richtiger internationaler Sklavenhandel ab, eine Transitroute vom Osten her berührte Regensburg, ging weiter nach Verdun und von dort ins damals arabische Spanien. In den östlichen Großreichen herrschte vermutlich ebenfalls rege Nachfrage.

Am florierenden Handel wirkte eine internationale Kaufmannschaft mit. Franken dürften ebenso ihren Profit daraus gezogen haben wie Bayern und Juden. Die guten Geschäfte erweckten Begehrlichkeiten; auch die Anlieger der Verkehrswege wollten ihren Teil abzwacken und erhoben neue Zölle. Der König, als Herr der Handelsstraßen, mußte sich dann mit den Beschwerden der Händler auseinandersetzten. In der Raffelstetter Zollordnung, nach einem solchen Streit erlassen, wurden die Taxen festgesetzt.

Slavische Händler, die „mancipia" = Menschen oder Pferde verkaufen wollten, hatten für ihre Waren Zoll zu zahlen. Die Taxen fielen gleich aus, egal ob ein Mädchen oder ein Hengst zu verzollen war. Für einen Mann oder eine Stute lagen sie etwas höher. Die Werteinschätzung von Pferden – und Menschen läßt sich aus dem Zolltarif ablesen!

Es gab sogar gegen Ende des 8. Jahrhunderts eigene Formulare für den Kauf und Verkauf von „servi". Wir müssen also von Sklaven als unterster Gesellschaftsschicht im Frühmittelalter ausgehen.

Von ihnen hoben sich die unfreien Knechte, auch „servi" genannt, nur wenig ab. Ihr Los unterschied sie kaum von den Sklaven, de facto bestand wohl kein Unterschied, nur rechtlich standen sie sich etwas besser. Ihr Herr hatte für sie einzustehen. Schaden, den sie anrichteten, mußte er bezahlen, dafür konnte er sie anschließend selbst bestrafen. Die Verletzung eines derartigen Menschen wurde als eine Art von Sachbeschädigung geahndet, ihr Eigentümer empfing den Schadenersatz. Unfreie konnten gekauft, verkauft, verschenkt werden. An ihnen wurden ebenfalls Körperstrafen vollzogen. Sie brauchten zur Heirat die Einwilligung ihres Herrn.

Nach der Lex Baiuvariorum konnte bei Besitzstreitigkeiten Anspruch auf einen Leibeigenen erhoben werden, gelang dem Eigentümer der Nachweis: *Mein Vater hinterließ ihn mir als Erbschaft*, oder: *ich habe ihn im eigenen Hause als von einem mir eigenen Unfreien geboren aufgezogen.* Und der Gesetzestext fährt lapidar weiter. *Ebenso versichere man bei Zugpferden oder was von dieser Art ist.*

Auf der untersten Ebene dieser Schicht der Unfreien standen die „servi cottidiani", auch „mancipia" genannt. Sie wohnten im Herrenhaus oder in einem der Zweigbetriebe und leisteten dort unbemessene Hof- und Frondienste für den Herrn. Ihre Arbeitskraft und -zeit stand völlig in der Verfügung ihres Eigentümers. Aus ihnen rekrutierte sich das Küchenpersonal, die Knechte und Mägde in all ihren Verwendungsmöglichkeiten. Die Frauen arbeiteten in der Landwirtschaft mit, oder im Betrieb des Herrenhauses, vor allem in der Weberei.

Schon besser getroffen hatten es die „servi manentes". Die halbe Woche mußten sie für den Herrenhof arbeiten, den Rest der Zeit durften sie einen

Hof bewirtschaften, den ihnen der Grundherr zur Verfügung gestellt hatte. Am besten ging es den „servi casati", die als eine Art abhängiger Bauern selbständig einen Hof ihres Grundherrn führten. Als Gegenleistung für die Leihe waren sie zu Abgaben und Diensten verpflichtet, mußten also Naturalien abliefern und ihre Arbeitsleistung ihrem Herrn unentgeltlich zur Verfügung stellen. Die Regelungen fielen unterschiedlich aus. Manche Höfe hatten von den Ernteerträgen den zehnten Teil abzuliefern. Dazu kam eine weitere Abgabe in Naturalien: Honig, Eier, Hühner, Gänse, je nachdem, was örtlich produziert wurde, oder was der Herr, beispielsweise ein Kloster, für seinen Bedarf benötigte: Wachs etwa oder Leinen, das die Frauen dieser unfreien Bauern herstellten.

Wir hören in den klösterlichen Traditionsbüchern doch erstaunlich viel über diese Leute. Dort wurden die Schenkungen an die Kirche, an ein Kloster aufgezeichnet. Sie erfolgten aus religiösen Gründen, zur Sicherung des Seelenheils. Die Übergabeverträge führten Ländereien und die Leute, die dazugehörten, auf: So übergab Adalung um 760 seinen Besitz in Roning an das Kloster St. Emmeram, um die Fürbitte der Heiligen für sich zu erlangen. Alles, was ihm in Roning gehörte, ging an das Kloster, sein ganzes elterliches Erbe. Dazu gehörten die Unfreien: Nardolf mit seiner Frau, Hahuni mit all seiner Habe, Teco mit seinen Angehörigen, insgesamt sind acht Personen aufgeführt, samt ihrem Anhang und Besitz. In anderen Schenkungen werden drei, manchmal fünf Unfreie übertragen, je nach Vermögen des Schenkers.

Die größte Stiftung dieser Zeit, die an St. Emmeram fiel, tätigte Abt Siegfried vom Ilmkloster. Das Kloster erhielt dessen Besitz in Lauterbach, Pöbenhausen, Ilmendorf, Rockolding, Demling, Hitzhofen, Wettstetten, Pfaldorf und Schwabelweis. Der Text nimmt in der Edition fast sechs Druckseiten ein.

Siegfried dachte im hiesigen Leben schon an das jenseitige. Denn, wie er meinte, das Leben auf Erden vergeht schnell, und die dieseitigen Dinge sind hinfällig. Aus Liebe zu Gott und den Heiligen und um dereinst einen gnädigen Richter zu haben, übertrug er zum eigenen Seelenheil und dem seiner Eltern seinen Besitz. In Lauterbach gehörte ihm die Kirche mit dem Pfarrhof – den man sich als eigenen Wirtschaftsbetrieb denken muß. Dort arbeiteten Barschalken mit deren Frauen und Kindern, sowie Leibeigene. Über beide Personengruppen konnte der Abt verfügen. Beide „gehörten" ihm, die leibeigenen Manzipien direkt, die Barschalken, de jure noch frei, fielen an ihn de facto über den Boden, den sie bearbeiteten. Auch in den anderen oben genannten Orten gehörte Siegfried größerer Besitz: gewöhnlich die Kirche und der Pfarrhof, außer in Ilmendorf.

So nebenbei werfen die Texte auch ein Licht auf die Namensgebung der Zeit. In Rockolding wurde ein Mädchen auf lateinisch „Gallana" genannt, eine andere hieß Iustina. Sie werden sich mit ihren Freundinnen Rantrud oder Hiltibirc schon vertragen haben. In einem anderen Dorf ist ein Adalrich mit einer Regina verheiratet, eine ihrer Töchter heißt Naosca, der Sohn Altricus, eine andere Tochter wurde Albhilt gerufen. Aus diesen Texten wird nicht klar, ob hier ältere römische Bevölkerungsschichten aufscheinen, oder ob bloß die Namensmode „ausländische" Formen bevorzugte.

Berufe sind kaum genannt, lediglich ein Schildmacher, bei dem vermerkt ist, daß an ihn keine Hufe ausgegeben war. In seiner Werkstatt scheinen Manzipien mitgearbeitet zu haben. Auch Mühlen gehörten dem Abt; sie sollten gleicherweise an St. Emmeram fallen.

Um die 400 Personen wurden allein von dieser Besitzübertragung an St. Emmeram betroffen. Sie fielen, wie der Grund und Boden, an den neuen Herrn, gingen wie Einrichtungsgegenstände in neuen Besitz über. Dieser Typus von Schenkung kommt häufiger vor. Wegen ihres Typs: der Schenker erhält zu seinen Lebzeiten eine größere Gegenleistung, wird sie „donatio remuneratoria" genannt. Denn Siegfried durfte nicht nur seinen Besitz lebenslang nutzen, das Kloster überließ ihm dazu noch weitere eigene Höfe. Das gestattete eine wesentliche Erhöhung des „Lebensstandards". Die Rechnung ging für das Kloster im Endeffekt schon auf: zwar verlor es für einige Zeit die Einnahmen aus den so übertragenen Höfen, doch sie fielen, samt dem Gesamtbesitz des Schenkers und Nutznießers nach dessen Tod zurück. Bis dahin konnte dieser, dank einer Art von zusätzlicher Leibrente, ein angenehmes Leben führen.

Für die vom Tausch betroffenen Leibeigenen dürfte sich wenig geändert haben, fielen sie nach dem Tode ihres Herrn an das Kloster. Die Formen des Landbaus blieben die gleichen; die Abgabepflichten waren festgeschrieben und konnten vom neuen Herrn nicht willkürlich geändert werden.

Es blieb freilich nicht aus, daß bei einem größeren Tauschgeschäft doch Klagen laut wurden. Die Verpflichtungen, die von den Hörigen zu leisten waren, galten als von alters her bestehend, waren zum Gewohnheitsrecht geworden. Das stellte gelegentlich die Eigentümer vor Probleme. Denn auch damals verlor das Geld seinen Wert – öfters und schneller als heute. Die einmal fixierten Abgaben ließen sich kaum anpassen, also erhöhen. Ein derartiger Versuch endete vor Gericht, lag doch ein eklatanter Verstoß gegen das überkommene Recht vor.

Abtbischof Baturich von St. Emmeram und der Abt Sigimont eines anderen Klosters hatten einen Landtausch vorgenommen. Das geschah nicht selten, um erworbene oder geschenkte Güter zu arrondieren, um den unwirtschaftlichen Streubesitz zu vermeiden und halbwegs geschlossene Wirtschaftseinheiten zu erreichen. So hatten auch beide Kleriker Land mit Leuten getauscht. Danach allerdings traten die Leibeigenen, die früher Bischof Baturich gehört hatten und nun an den Abt gefallen waren, mit wiederholten Beschwerden vor ihren früheren Herrn. Sie fühlten sich vom neuen Herrn ungerecht behandelt, der anscheinend die Abgaben erhöhte. Der Bischof hörte sich die Klagen an, wollte einen Streit vermeiden. Er sprach mit dem neuen Eigentümer, doch der wollte keine Zugeständnisse einräumen. Baturich hielt die Klagen für berechtigt. Salomonisch befreite er sich aus dieser Zwickmühle: Er machte den Tausch rückgängig.

Beide Äbte trafen sich mit ihrer Begleitung und schlossen den Rückgabevertrag. Baturich, in Personalunion Abt von St. Emmeram und Diözesanbischof, übertrug mit einer Rute dem Abt zurück, was dieser von ihm erhalten hatte; und im Gegenzug tauschte der Abt mit einem Stab vom Bischof seine früheren Leute zurück. Der Vertrag wurde vor Zeugen geschlossen und von diesen bestätigt. Das eigentliche Rechtsgeschäft, die Rück- und Übergabe der Grundstücke, erfolgte durch eine symbolische Handlung. Rute und Stab wurden ausgetauscht, sie standen für Land und Leute. Der Besitzwechsel wurde so ausgedrückt. Die „servi" also hatten wieder ihren alten Herrn und wohl wieder ihre besseren Rechte.

Die Herren tauschten nicht blind. Manchmal stimmen aber die Proportionen nicht, wenn etwa eine Avaluna an St. Emmeram 10 Hörige überträgt und im Gegenzug nur fünf zurückerhält. Der Wert eines Leibeigenen läßt sich ungefähr ermitteln, denn ein gewisser Otni tauschte mit St. Emmeram ein Gehölz bei Rain gegen ein Mädchen. Damit sind die Wertrelationen für einen Menschen ablesbar. In Raffelstetten entsprach er einem Stück Vieh, und ziemlich zur gleichen Zeit gibt Helmwin seinen Besitz an St. Emmeram, alles was er hat an Leibeigenen und an Vieh. In einem Atemzug werden wieder beide genannt. Die Preise wurden – wie beim Vieh – offensichtlich ausgehandelt, beim Tausch und Kauf auch darauf geachtet, daß jeweils der Gegenwert erzielt wurde. Wenn zwei Mägde gegen eine getauscht wurden, dann muß die eine wohl mehr gekonnt haben, sonst hätte der Bischof bei diesem Geschäft nicht mitgemacht; gewöhnlich wurde Leibeigener gegen Leibeigenen getauscht. Gelegentlich wurde ausdrücklich auf die Gleichwertigkeit der Tauschobjekte hingewiesen,oder ein Ausgleich mitgeliefert.

König Ludwig der Deutsche (840–876) handelte mit dem Regensburger

Bischof Ambricho einen besonderen Tausch aus. Aus bischöflicher Verfügungsgewalt ging der Kleriker Gundpert in königlichen Besitz über. Dabei wurde Gundbert freigelassen und von knechtlichen Diensten entbunden. Im Gegenzug übertrug der König seinen Kleriker mit dem schönen Namen Elefantis an St. Peter. Weil aber Gundbert nützlicher und intelligenter (utilior et maioris ingenii) war, er konnte nämlich nicht nur lesen, sondern auch schreiben, fügte der König noch seinem Elefantis einen „Wertausgleich" bei. Er schenkte dem Kloster Rodungsland. Der Wert der Bildung läßt sich gewichten und in der üblichen Währung der Zeit bezahlen: in Grund und Boden.

Der Besitzer der Leibeigenen konnte über sie verfügen – und sie konnten sich in der Regel nicht dagegen wehren. Als Knechte und Mägde verrichteten sie ihren Dienst. Sie wurden in der Grundherrschaft geboren, und ohne daß sie eine weitere Spur in der Geschichte hinterlassen hätten als einen Tintenstrich in einer Urkunde, verschwanden sie wieder. Die Möglichkeiten , ihr Schicksal zu wenden, blieben gering. Ausweg bot allenfalls noch die Flucht.

Sie scheint nicht selten gewesen zu sein und bedeutete für den Herrn einen Vermögensverlust. Auch ihren kirchlichen Herren scheinen die Hörigen recht oft davongelaufen zu sein. Ein weltlicher Großer konnte einen abgängigen Knecht mit Waffengewalt zurückschleppen – wenn er ihn fand. Die Kirche tat sich damit schwerer. Darum ließ sich der Klerus im bayerischen Gesetzbuch seine Leibeigenen besonders absichern. Die Flucht wurde unter Strafe gestellt, ebenso die Überredung dazu, und die Fluchthilfe mit Geldbußen bedroht.

Die Unfreiheit breitete sich ab dem 9. Jahrhundert weiter aus. Durch die Mischehen sanken die Kinder eines freien Elternteils ebenfalls in den Stand der Unfreien ab. Freie auf Grundherrschaft erlitten dasselbe Los. Wie gesagt, waren die Barschalken ursprünglich frei, wurden dann aber, weil sie Grund und Boden eines Herrn bestellten, wie Unfreie angesehen. Hier galt der Satz „Luft macht eigen". Ein Großteil der grundherrschaftlichen Untertanen versank in Unfreiheit. Wie viele Leute freilich zu einer Grundherrschaft gehörten, wie viele Hörige deren Landmassen bewirtschafteten, können wir nicht immer sagen, dazu fehlen oft genug die Zahlen. Dem Augsburger Bischof aber, das wissen wir, gehörten 1006 Barschalken und 421 Leibeigene.

Zwischen Unfreien und Freien standen Halbfreie – nicht ganz präzis bezeichnet. Auch diese lassen sich wieder untergliedern. Da gab es etwa die Liten mit einem minderen Status als die Freien. Sie durften Waffen tragen, vor Gericht auftreten, waren an der Regelung öffentlicher Aufgaben zumindest teilweise beteiligt, konnten bewegliches Eigentum, aber keinen Grund erwerben und mußten als Zeichen ihrer Abhängigkeit ihrem Herrn besondere Abgaben entrichten.

All die Unfreien und Halbfreien gehörten gewöhnlich zu einer Grundherrschaft, der üblichen Wirtschaftsform des frühen Mittelalters.

Große und kleine Höfe
Vom Leben auf dem Lande

Die Idylle, wie sie früher einmal gemalt wurde: der stolze freie Bauer lenkt weit ausschreitend den Pflug über seine eigenen Äcker, die Hausfrau steht blondzöpfig – züchtig am Herd; dies falsche Ideal zerbricht an der bescheidenen mittelalterlichen Realität. Selbst wenn es einmal, nach der germanischen Landnahme, eine größere Zahl von freien Bauern gegeben haben sollte, die harten wirtschaftlichen und die brutalen politischen Zustände vernichteten ihre Existenz. Wie immer drückte die Krise zuerst die kleinen Leute in die Knie. Das Land und mit ihnen die Leute, die darauf lebten und arbeiteten, sackte danach ein großer Herr ein. Das konnte ein Adeliger, das konnte aber auch ein Kloster sein. Die Menschen gehörten zum Bestand, zum Inventar einer Grundherrschaft. In deren Rahmen spielte sich ihr Leben auf dem Lande ab.

Der Begriff Grundherrschaft selbst ist ein moderner wissenschaftlicher Terminus. Er meint die „Herrschaft über Personen, die von einem Grundbesitzer Land zur Bearbeitung und wirtschaftlichen Nutzung in eigener Regie erhalten haben. Durch die Landleihe wird das grundherrlich bäuerliche Rechtsverhältnis begründet. Als Gegenleistung für die Nutzung von Grund und Boden schulden die Grundholden, Hintersassen Abgaben und Dienstleistungen".

Das läßt sich knapp im mittelalterlichen Rechtssatz formulieren: „Boden macht eigen". Wer auf dem Grund eines anderen saß, der lief Gefahr, zum Teil des Bodens, zum Eigentum des Grundeigentümers zu werden. Prägnanter läßt sich die damalige Lebensrealität nicht fassen. Der „berühmtere" Satz: „Stadtluft macht frei" läßt sich ohne die ursprüngliche Formel nicht verstehen. Übrigens wurde dieser Satz erst im 19. Jahrhundert geprägt.

Das mittelalterliche System der Grundherrschaft wuchs aus Elementen der germanischen und römischen Vorformen zusammen. In spätrömischer Zeit wirtschaftete der Grundbesitzer auf seinem eigenen Betrieb, seiner „villa", mit Sklaven und anderen Eigenleuten. Andere Höfe, samt zugehörigem Land, hatte er an Kolonen, Bauern, ausgegeben. In Südgallien hielten sich die römischen Formen bis in die Merowingerzeit hinein. Diese Domänenwirtschaft beeinflußte schließlich die anders ausgerichtete fränkische Wirtschaft. Dort gab es anfangs noch ein freies Bauerntum, der eigene Hof wurde mit Knechten und Mägden bewirtschaftet, Hintersassen werden keine erwähnt.

In der späten Merowingerzeit verschmolzen beide Arten; es entstand die Grundherrschaft. Besitz sammelte sich in wenigen Händen. Ein Hof wurde noch selber bewirtschaftet, andere gab der Eigentümer zur Bearbeitung aus. Auch die Kirche übernahm dieses System. Religiöse Funktionen ließen sich nur dann ausüben, wenn die wirtschaftliche Basis gesichert war.

Die weitere Entwicklung – manchem heutigen Zeitgenossen dürfte das nur zu bekannt vorkommen – lief auf die Großbetriebe zu. Zwar versuchte der König immer wieder, die kleinen bäuerlichen Stellen zu erhalten; die Gesetze sollten die kleinen Leute schützen – nur in der Praxis hielten sich die Mächtigen nicht daran. Das Anliegen des Königs versteht sich, die kleinen Bauern zahlten die Steuern direkt, konnten darum auch anders belastet werden. Und es ist wohl noch selten vorgekommen, daß derartige Einnahmemöglichkeiten nicht genutzt wurden. Die Steuerschraube, die wirtschaftlichen Notlagen, ökonomischer Druck ließen die kleinen Bauern letztlich aufgeben. Sie unterstellten sich einem großen Herrn, traten in dessen Grundherrschaft ein. Ihr eigenes Land übergaben sie dem neuen Herrn und erhielten es leihweise zurück. Ihre Abgaben leisteten sie an den Herrenhof und erbrachten die vereinbarten Dienste. Schließlich entwickelten sich verschieden gestufte bäuerliche Schichten. Der König aber verlor den direkten Zugriff auf seine Untertanen, denn der Grundherr schob sich dazwischen, rechtlich und wirtschaftlich.

Der Eigentümer des Bodens verlieh nicht sein gesamtes Land. Einen Teil bewirtschaftete er in Eigenregie, auf anderen Höfen siedelte er abhängige Bauern an. Die „Villikationsverfassung" entstand. Um einen Fronhof gruppierte sich eine Anzahl von grundherrlich abhängigen Bauernhöfen. Der herrschaftliche Verwalter auf diesem Betrieb zog Abgaben ein, saß dem Gericht vor, das die kleineren Streitigkeiten der Landarbeiter zu schlichten hatte. Die Felder und Äcker des Fronhofs bearbeiteten die dort ansässigen Unfreien, nach genauer Regelung konnten auch Frondienste der Grundholden von den anderen Höfen verlangt werden. Die zugeordneten Bauernhöfe, die normalerweise selber wirtschafteten, mußten bestimmte Dienste leisten, ihre Pferde stellen, Heu fahren etc.

Besonders bei den Benediktinern bildete sich schließlich ein mehrstufiges Villikationsystem, mit Haupt- und Nebenhöfen, aus, wahrscheinlich war auch der königliche Grundbesitz ähnlich organisiert. Das gewährleistete eine ausreichende Versorgung, sicherten doch die Frondienste Feldbestellung, Ernte und Lieferung der Lebensmittel.

Das Inventar des Klosters Staffelsee, aufgezeichnet um 810, vermittelt einen lebendigeren Eindruck als die theoretischen Grundlagen, die gerade erörtert wurden. Zum Betrieb gehörten 23 Barschalken, Freie, die auf Klosterland angesiedelt waren und Abgaben leisten mußten. Sechs von ihnen hatten pro Jahr 14 „modios“ Getreide zu liefern; dieses alte, aus der Römerzeit übernommene Hohlmaß faßte etwa neun Liter. Auch die Abgabepflicht für Leinsamen und Linsen war in römischen Einheiten festgelegt: je ein „sextarium“, ein guter halber Liter stand dem Kloster zu. Ferner mußten vier Stoffe nach friesischer Art, ein Ballen Leinen, zwei Hühner und zehn Eier abgegeben werden.

Zusätzlich bestand pro Jahr eine Arbeitspflicht für den Herrenhof von fünf Wochen, an drei Tagen pro Woche war zudem Ackerdienst zu tun, eine Wagenladung Heu zu ernten und einzubringen. Andere brauchten weniger zu ackern, mußten dafür mehr Heu einfahren. Ein Ochse war abzuliefern, stand ein Kriegszug an, waren mit einem Pferd Botendienste zu verrichten. Andere Hörige hatten Wein einzubringen, Holz zu fahren.

Das Bauholz wurde aus den Wäldern geschleift, die Steine zum Kirchenbau angekarrt. Auch für den weiteren Baustoff hatten die Hörigen zu sorgen, der Kalkofen mußte von ihnen mit Steinen und Holz beschickt werden. Spanndienste mit den Arbeitstieren, Handdienste mit der eigenen Kraft waren für den Herrn zu erbringen. Drei Tage der Woche gehörten dem Herrn, drei verblieben für die Wirtschaft auf dem eigenen bewirtschafteten Hof, der auch dem Grundherrn gehörte. Daraus waren die Naturalabgaben zu leisten.

Leibeigene, die zur Staffelseer Grundherrschaft gehörten, aber ebenfalls eine Hofstelle bewirtschafteten, gab es neunzehn. Jeder hatte jährlich einen Stoff, fünf Hühner, zehn Eier zu liefern und für seinen Herrn vier Ferkel großzuziehen. Drei Tage in der Woche mußte für das Kloster gearbeitet werden, ferner war ein Pferd zu stellen. Die Frauen der Hörigen mußten Stoff weben, eine Hose nähen und Brot backen.

Der größte Teil der Menschen des frühen Mittelalters lebte also auf dem Lande, diente einem Herren und produzierte, was zu dessen Unterhalt notwendig war.

Wie aus den Quellen hervorgeht, wirtschafteten diese Betriebe ziemlich autark. Abgaben und Dienstleistungen wurden so berechnet, daß die Rohstoffe gewonnen werden konnten und deren Verarbeitung innerhalb der Herrschaft möglich war. Aus der Produktion von Malz etwa läßt sich entnehmen, daß Bier gebraut wurde. Flachs wurde gebrochen, daraus

Leinen gewebt und zu Kleidungsstücken zusammengenäht. Die gröberen Häute und Felle könnten für die Winterkleidung, die feineren Leder für Pergament vorgesehen gewesen sein.

Die Grundherrschaft bildete die wirtschaftliche Basis für das „Herrschafts-Sozialgefüge der mittelalterlichen Gesellschaft. Das politische, religiöse, soziale und kulturelle Leben basierte auf der wirtschaftlichen Leistungsfähigkeit dieser Betriebe." Es fand aber auch innerhalb ihres Rahmens statt. Denn welcher Bauer reiste schon über die Grenzen seines Dorfes hinaus?

Die Hintersassen erwarteten Schutz und Schirm von ihrem Herrn: Hilfe bei Notlagen, Schutz vor Gewalt, Beistand vor Gericht. Der Grundherr besaß zwar selbst die Gerichtsbarkeit über Streitigkeiten der Hintersassen untereinander und zwischen ihnen und sich. Doch größere Angelegenheiten wie Mord mußten vor das Herzogs- oder später Grafengericht gebracht werden. Diesen saßen häufig parteiische Richter vor.

Eine größere Herrschaft umfaßte beträchtliche Areale. Zum Kloster Staffelsee gehörten 740 Tagwerk, die 610 Heuladungen – das übliche Heumaß der Zeit – erbrachten. Auf den Wiesen standen 25 Rinder, 20 Kühe, ein Stier, und 5 Kälber. 87 Hammel, 14 Lämmer, 17 Böcke, 58 Ziegen, 40 Schweine, 50 Ferkel, 63 Gänse und 50 Hühner. Sie hatten mit ihrem Fleisch 72 Leute zu ernähren. 17 Bienenstöcke sorgten für Honig. Das Inventar listet recht akribisch ferner 20 Schinken und 27 Speckseiten auf; ein Eber war gerade geschlachtet. Im Vorratsraum lagerten Gefäße mit Honig, mit Butter, mit Salz und Seife.

Vorhanden waren ferner fünf Matrazen mit Federbetten, drei eherne Kochkessel und sechs aus Eisen. An weiteren Gerätschaften werden aufgeführt: ein Fischernetz, 10 Sensen, 17 Sicheln, 7 Schnitzmesser, 7 Beile, 10 Bocks-, 26 Schafshäute. In der Webstube wirkten 24 Frauen, vorrätig dort lagen 5 feine und 4 einfachere Leinenstoffe, dazu 5 Hemdenstoffe. Das Korn konnte in der eigenen Mühle gemahlen werden.

Das Inventar von Staffelsee vermittelt einen guten Eindruck von einem derartigen Gutsbetrieb und dessen Produktion. In verkleinertem Maßstab dürfte ähnliches für die bäuerlichen Betriebe gegolten haben.

Haus und Hof

Über den kleinen bäuerlichen Bereich gibt es kaum Quellen. Die Bauern konnten weder lesen noch schreiben, und ihre Herren interessierten sich

Das Salzburger Calendar aus dem beginnenden 9. Jahrhundert schildert in seinen Monatsbildern die Arbeiten des ländlichen Jahres.

nicht so weit für deren tägliches Leben, daß sie es für aufschreibenswert hielten. Was ihnen wichtig war, die Abgaben und deren Höhe, wurde in den grundherrlichen Registern festgehalten.

Wenn wir einen Bauernhof rekonstruieren, sind wir wesentlich auf die Hilfe der Archäologie angewiesen. Doch deren Aussagen hängen wiederum von der „Bodenqualität" ab. Im Norden, in den Marschen, herrschen konservatorisch bessere Bedingungen. Im Süden, in Bayern vor allem, sind zu einem weiteren Übel die alten Areale häufig überbaut. Die Dörfer haben sich seit dem Mittelalter nicht mehr verlagert, und weil immer wieder auf-, um- und neugebaut wurde, blieben von der früheren Besiedlung nur wenig Spuren.

Die schriftliche Überlieferung gleicht den Mangel etwas aus. In der Lex Baiuvariorum, dem alten Gesetzbuch, finden sich detaillierte Strafen für Hauszerstörung aufgeführt. Recht detailliert wurde aufgeschrieben, was die einzelnen Bauteile wert waren. Bei Brandstiftung setzte die Lex fest: *Bei einem Stalle eines Freien aber, wenn er mit Wänden eingeschlossen und mit Riegeln und Schloß gesichert ist, büße er den Dachfirst mit 12 Schillingen, wenn er nicht umwandet ist, sondern ein solcher ohne Wände ist, wozu die Bayern scof (= Schuppen) sagen, büße er mit sechs Schillingen.* So erfahren wir also nicht nur bauliche Details, sondern allmählich erwächst auch das Bild eines Hofes.

Die dörfliche Welt hielt sich in überschaubaren Grenzen. Sie reichte kaum über die große Lichtung, über den Fleck mit Äckern und Wiesen hinaus, in deren Mitte Haus und Hof lagen. Die Siedlungslandschaft zerfloß noch nicht so breiig und konturlos, wie sie sich heute um die großen Städte und auch schon um manche Dörfer ausbreitet. Grund und Boden konnte man sich anfangs noch recht gut aussuchen, in die günstigen Lagen und die guten Böden zog der Pflug die ersten Furchen, wie im Gäuboden. Von alters her siedelten die Bauern zunächst an Flußläufen und Bächen, wegen des Wassers für Mensch und Tier. Das hatten schon die Kelten so gehalten, die Römer folgten ihnen und denen wieder die Bajuwaren. Was bei deren Landnahme mit den Vorbesitzern geschah, wissen wir nicht mit Sicherheit. Durften sie sitzenbleiben und breiteten sich daneben die Neuankömmlinge aus, wurden die alten Eigentümer verdrängt und enteignet, oder hatten diese das Land ohnehin vorher schon verlassen?

Platz gab es jedenfalls genug, das Land blieb dünn besiedelt. Vom Nachbarn im nächsten Dorf trennten große Zonen kaum bewirtschafteter Wald- oder Sumpfflächen. Aus dem Wald ließ sich Holz gewinnen und Nahrung beschaffen, der Wald diente als Weide für das Vieh, vor allem brachten die Eicheln die Schweine auf ihr herbstliches Schlachtgewicht. Die Wege zogen sich lange und holprig durch die grüne Wildnis. Bei Nebel und Dunkelheit konnte das schon unheimlich werden.

Das Dickicht erschwerte auch Handel und Verkehr und die politische Organisation. Erst wenn sich die Verbindungen unter den Dörfern verbesserten, konnten größere Gebiete unter einer übergreifenden Herrschaft geeint werden. Bei einer so dünnen Besiedelung, im Mittel vielleicht drei Menschen pro qkm, lassen sich solche Großräume politisch recht schwer erfassen. Daß dies dennoch den Agilolfingern und erst recht den Franken gelungen ist, muß als besondere Leistung gelten.

Man fing also zunächst klein an, begnügte sich, einige Flächen innerhalb einer größeren Siedellandschaft zu bewirtschaften. Die Böden geizten mit Ertrag, waren bald ausgelaugt. Zwar wurde das Vieh auf die Äcker getrieben, um sie zu düngen, doch von einer Überproduktion trennten diese Bauern noch ganze Welten. Im gesamten Mittelalter durfte sich der glücklich schätzen, der das Vierfache aus dem Saatgut herausholen konnte – und nicht gut das 20fache wie heute. Davon mußte gleich wieder das Saatgut fürs nächste Jahr abgeteilt und mit dem Rest Mensch und Vieh ernährt werden.

Hatte sich die Fruchtbarkeit des Landes erschöpft, begannen nach einiger Zeit die Wände des Gehöfts zu wackeln, fielen die Gebäude ein, weil die Pfosten in der Erde abfaulten, dann baute man an anderer Stelle wieder neu auf.

Nach der Christianisierung wurde die Kirche zum bleibenden Mittelpunkt, band auch den Friedhof fest an sich. Der Grund für die Stabilität der Dörfer im 8. Jahrhundert war damit gelegt, und nun änderten sich auch die Formen des Landbaus.

Weil das Dorf an seinem Platz blieb, die Feldflur um das Dorf deswegen dauernd bearbeitet wurde, mußte dem Boden eine Ruhepause gegönnt werden, die natürliche Düngung reichte nicht aus. So setzte sich die Dreifelderwirtschaft durch. Die Nutzfläche wurde dreigeteilt; ein Drittel lag jeweils brach, auf den Anbauflächen wechselten die Fruchtfolgen.

Wie es sich in so einem Dorf lebte, läßt sich vielleicht noch nachphantasieren, nacherleben läßt es sich real nicht mehr. Aus der Ferne mag es recht idyllisch gewirkt haben. Die Höfe lagen mit ihren Wirtschaftsgebäuden mitten zwischen Feldern, Äckern und Wäldern. Ein Dorf blieb sehr überschaubar, umfaßte einige wenige, vielleicht um die fünf Hofstellen. Doch gab es auch schon richtige Orte mit 20–50 Bauernstellen. Die Häuser reihten sich an einer Dorfstraße entlang. Anscheinend bezog man bei der Planung gleich die klimatischen Faktoren ein: nach der Wetterseite hin richtete nämlich der Bauherr die schmale Seite des Hauses.

Mensch und Tier lebten unter einem Dach, in einem Wohnstallhaus. Mit einer Breite von 6 m, einer Länge bis zu 20 m und einer Höhe bis zu 8 m, bot das Haupthaus durchaus einen stattlichen Anblick. Gekrönt wurde es durch eine dicke Deckung aus Schilf oder Strohhalmen. Pfostenreihen, in den Boden eingetieft, trugen die Dachbalken. Geschosse fehlten, der Bau blieb ebenerdig, bodenverhaftet. Die Wände bestanden aus Flechtwerk, das mit Lehm beworfen und wahrscheinlich gekalkt worden war. Vielleicht errichteten die geschickten Dorfzimmerleute die Wände auch ganz aus Holzbrettern. Die hohe Fertigkeit im Holzbau zeigen die kunstvollen Balkenverbindungen ohne Nägel.

In Bayern zog sich eine Art von Laube, als Vorläufer des „Wintergartens“ um das Haus. Der „Schopf“ isolierte nicht nur zusätzlich, er bot auch eine trockene Unterstellmöglichkeit an den Seiten der Häuser für allerlei Gerät.

Im Inneren war das Gebäude zweigeteilt: in den Wohnraum, mit einem Feuerplatz in der Erde, und in den Stall. Den Fußboden bildete ein Estrich aus Lehm, oben schloß direkt das Dach ab. Der Rauch suchte sich seinen Weg durch Öffnungen in den Giebeln.

Zu den Wirtschaftsbauten zählte die oben erwähnte abschließbare Scheune, die darum die Vorräte enthalten haben muß. Daneben stand ein offener Stapelplatz auf Pfählen, auch die Speicherhäuser, Vorläufer des Troadkastens, wurden auf Pfähle gestellt, um die Ernte vor lästigen und hungrigen Nagern zu schützen. Aber auch gegen gierige Diebe mußten die Speicherhäuser versperrt werden. Weiter werden noch Geräteschuppen, Wagenremisen vorhanden gewesen sein. Die Landwirtschaft braucht eben ihren Platz, und schon immer wurden dafür zweckmäßige Unterkünfte gebaut. Wahrscheinlich gab es außerdem einen eigenen Schweine- und Schafstall.

Beim Bauernhof kam es nicht auf Protz, sondern auf Funktionalität an.

Weil Hausbauen nicht so einfach war, vertraute der Bauer die großen Gebäude speziellen Handwerkern an. Nur die Grubenhäuser, einen halben bis einen Meter ins Erdreich eingetieft, 2–3,5 m breit, 3–5 m lang, schachtete der Bauer selbst aus. Tönerne Spinnwirteln, zum Spannen der Fäden am Webstuhl, die zahlreich gefunden wurden, belegen Textilarbeiten. Andererseits könnten die Grubenhäuser auch als eine Art von Erdkeller zur Aufbewahrung von Speisen gedient haben. In jedem Fall scheint die Kühle und Erdfeuchte genutzt worden zu sein: sie machten die Webmaterialien geschmeidiger; das Bier und die Milch, der Käse hielten sich dort ebenfalls länger. So mancher Baier ging damals im Sommer nicht auf – sondern in den Keller, um in der Kühle einen guten Schluck vom selbstgebrauten Bier zu nehmen. Der dazugehörige Hopfen wurde ebenfalls schon angebaut. Die alte Brautradition, eine der frühesten überhaupt, zieht sich durchs ganze Mittelalter.

Zum Dörren des Malzes für die Bierherstellung diente der Backofen, mit ihm konnte eben nicht nur Brot gebacken werden. Darüber hinaus ließ er sich noch zum Trocknen von Obst verwenden. Derartige Gebäude mit großen Feuerstellen, wurden wegen der Brandgefahr vorsichtshalber weiter von den übrigen Gebäuden weggerückt. Darum lag auch das Badehaus etwas ab; ein Baier, der auf sich hielt und schaute, baute sich damals eine Art von Sauna.

Wo das Wasser gut anstand, ließ sich gleich im Garten ein Brunnen graben. Dem Wasser galt erhöhte Sorge, wer einen Brunnen oder eine Quelle verunreinigte, mußte sie wieder reinigen und dazu noch eine Strafe zahlen.

Die Hofstatt umgab ein Zaun, dessen Höhe sogar amtlich festgesetzt war. Er mußte hoch genug sein, um das Vieh am Überspringen zu hindern. Dazu mußte er recht stabil gebaut sein, damit das eigene Vieh nicht heraus und wilde Tiere nicht so ohne weiteres hineinkommen konnten. Das Gesetzbuch regelte auch hier öfter vorkommende Fälle: Wenn sich ein Tier an einem Zaun einen Schaden holt, sich an einem Pfahl verletzt, muß der Eigentümer keinen Schadensersatz leisten, wenn er den Zaun gesetzesmäßig hoch geführt hat, das ist der Fall, wenn dieser bei mittlerer männlicher Gestalt bis zu den Brustwarzen reicht. Daraus läßt sich u. a. schließen, daß die Pfosten oben angespitzt waren, denn ein Tier, das darübersprang, konnte sich tödlich verletzen. Die Zäune hielt ein Geflecht aus Ruten zusammen, besonders die oberste Gerte war für die Stabilität wichtig, sie durchzutrennen kostete darum auch eine höhere Strafe.

Der Zaun grenzte rechtlich das Haus ab, darüber wurde oben schon gesprochen. Selbst wenn der Pfeil eines schlechten Schützen hineinflog, galt das schon als Störung des Friedensbezirks.

Wer im Dorf baute, mußte sich mit den Nachbarn über die Abstände einigen. Was der Bauherr aber dann auf seinem Grund hinstellte, da redete ihm niemand drein. Ein freier Baier von damals würde über unsere heutigen Bauvorschriften den Kopf schütteln – machte es doch gerade auch seine Freiheit aus, auf seinem Grund ganz der eigene Herr zu sein. Im übrigen regelten Tradition und Herkommen den Baustil, hatte sich eine praktische, naturangepaßte Bauform entwickelt. Die Handwerker arbeiteten nach ihren bewährten Regeln. Vor allem aber scheint sich die Neuerungssucht in Grenzen gehalten zu haben.

Ackerbau und Viehzeug

Die bayuwarischen Bauern hatten sich auf Ackerbau und Viehzucht verlegt. Darin scheinen sie auch Spezialisten gewesen zu sein. Freilich sahen die Viecher anders aus, als wir es heute gewöhnt sind. Nicht langgezogen und streßempfindlich dämmerten die Schweine in Boxen dahin. Sie lebten recht nahe am Naturzustand, weideten die meiste Zeit im Freien, in den Laubwäldern. Da dort der engere Kontakt mit wilden Artgenossen nicht ausblieb, sahen sie den Wildschweinen noch recht ähnlich, hatten wahrscheinlich auch noch mehr von deren Temperament. Die Eichelmast im Herbst ließ sie speckig-rundlicher werden und brachte im Dezember ein schönes Stück Fleisch. Der Schweine-Speck war sehr beliebt, ihm wurde geradezu diätetischer Wert zugeschrieben.

Auch die Rinder sahen noch etwas anders aus. Sie waren viel kleiner und schmächtiger. Ihre Risthöhe lag ungefähr bei 1.10 m. Rinder, vor allem die Ochsen, ließen sich als Zugtiere einsetzen, lieferten Fleisch, die Kühe Milch; mit ihrer Tagesleistung von etwa 4 l nehmen sie sich gegenüber den heutigen Weiterzüchtungen mit 25 l sehr bescheiden aus.

Auf dem Hof, wohl ebenfalls eingezäunt und bewacht, wurden noch Ziegen und Schafe gehalten. Letztere nutzte man mehr als Woll- denn als Fleischlieferant. Lämmer allerdings wurden doch gegessen, wie die Funde von Knochen zeigen. Das Schaffell ließ sich auch zu Pergament verarbeiten, dem Beschreibstoff der damaligen Zeit; für den Winter lieferte es einen wärmenden Pelz. Es schaut so aus, als diente die Ziege schon damals als eine Art „Eisenbahnerkuh“, mancher Kleinbauer hielt eine Ziege. Von den Römern hatte man die Feinheiten und Fertigkeiten der Käseherstellung übernommen. Das Sortiment dürfte nicht ausufernd, aber doch ansprechend ausgefallen sein, stand doch als Ausgangsmaterial Milch vom Schaf, der Ziege und der Kuh zur Verfügung.

Geflügel flatterte auf dem Hof. Reines Nutzvieh: etwa Gänse, Hühner, Enten und Tauben, das ließ sich alles gebraten auf den Tisch bringen. Doch die Vielfalt reichte weiter bis zu den Jagdvögeln der hohen Herren. Falken, Habichte, Sperber dienten zur Beizjagd; und zur musikalischen Unterhaltung hielt man sich gezähmte Vögel. Zur Jagd züchtete der

Vornehme seine Hunde selbst. Den Wert der Tiere vermitteln die Straftarife im Gesetzbuch. Der Leithund der Jagdmeute stand mit hohen sechs Schilligen zur Buße, der Spürhund ebenfalls, der Windhund, der den Hasen nicht nur hetzen, sondern auch fangen konnte, schlug mit drei Schillingen zu Buche. Gleiches kostete auch der Biberhund, der unter der Erde jagte – ein Vorläufer des Dackels. All dieses Getier lebte wahrlich nicht als Schoßhunde, sondern war für's harte Leben und den Einsatz getrimmt; dazu zählen die Hofhunde. Wer einen Hirten- oder Wachhund tötete, der hatte drei Schillinge zu zahlen. Friedlich und zutraulich scheinen die Tiere nicht gewesen zu sein; kein Wunder, sie mußten Haus und Hof, die Herde vor Wölfen und Dieben bewahren. Diese Wachsamkeit, aber auch die Zuneigung zu diesen Tieren drückt die Wandmalerei in Naturns aus (s. Abb. S. 145).

Angesichts der rauhen Welt und der zähnefletschenden Hunde bedurfte es schon früh einer Schadensersatzregelung. *Wenn nämlich ein Hund einen Mann an der Kleidung oder an einem Glied hält und dieser ihn mit der Hand schlägt, so daß er getötet wird, gebe er einen gleichwertigen als Ersatz hin. Mehr werde nicht gefordert. Der Eigentümer des Hundes aber büße, was der Hund tat, mit der Hälfte der Summe, als wenn er es selbst getan hätte. Wenn er nicht zahlen will, werde für den Hund nichts gefordert.* Eine klare Schadensersatzregelung: Der Eigentümer haftet für seinen Hund; wer einen Hund umbringt, muß ihn ersetzen.

Die Richter wußten, was in den Dörfern vorfiel, und wenn bestimmte Vorkommnisse sich häuften, mußte eine neue Regelung ins Gesetz aufgenommen werden. Manches scheint uns heute etwas bizarr: wer einem Roß, das einem anderen gehörte, den Schweif abschnitt, den trafen harte Strafen. Auf einem so beschnittenen Roß etwa in der Versammlung der Freien vorzureiten, das galt offensichtlich als höchst ehrmindernd. Bei diesen Bußen steht das Roß obenan, es folgten ein mittelwertiges und darunter noch ein geringwertiges Pferd, das zur Heerfahrt unbrauchbar war und schön lautmalend „angargnango" hieß. Ein Pferd, das sich am Angerrand sein Gnadenbrot rupft.

Die Jagd wurde mehr als Sport, zur kriegerischen Ertüchtigung gesehen, weniger als ein Mittel zur Nahrungsbeschaffung. Man verzehrte mehr Schweine- als Hirsch- und Rehfleisch, verschmähte freilich auch die schmackhaften Biber, Hasen und Wildschweine nicht. In den Wäldern ließen sich noch Elch und Bär erlegen. Fische bereicherten den Speisezettel; die Gräten und Köpfe fielen an die Katzen. Deren Skelette erscheinen in archäologischen Funden. Ihnen kam anders als den Hunden kein eigener Rechtsstatus zu, darum fehlen sie in der Lex Baiuvariorum.

Vergessen werden darf nicht die Bienenzucht. Honig war das einzige Süßmittel, mit Honig wurde auch der Met zubereitet. Darum fehlt in der Lex nicht die Bestimmung, wie mit ausschwärmenden Bienen zu verfahren sei. Flog der Schwarm aus dem Korb – aus Holz gezimmert oder Weiden geflochten – in den Wald eines anderen und befiel einen Baum, mußte sich der Besitzer der Bienen an den des Waldes wenden. Danach durfte er versuchen, den Schwarm mit Rauch und drei Schlägen mit der stumpfen Seite der Axt – um den Baum nicht zu beschädigen – zu vertreiben. Die Bienen, die wegflogen, durfte er mitnehmen, die blieben, gehörten dem Baumeigentümer.

Neben dem Bier, dem Met wurde wohl auch Wein getrunken. Den Weinbau hatten die Römer kultiviert, die Bayern weitergeführt. Vor allem die Klöster spezialisierten sich auf diese Kunst. Vom Kloster Niederaltaich wissen wir, daß es um das Jahr 760 in mehreren Orten Weinberge besaß. Der Donau entlang dürften sich damals die Reben gezogen haben. Von den vielen Weinbergen von Eining bis Straubing haben sich vielleicht noch ein halbes Dutzend – hochgerechnet – bis heute erhalten. Die meisten wurden erst in den letzten Jahrhunderten aufgegeben. Besondere Tropfen ließen sich aufgrund des rauhen Klimas nicht erzeugen. Aus dem hohen Mittelalter kennen wir die Einschätzung, die Qualität lag deutlich unter der der Wachauer Weine. Darum suchten damals schon die Klöster, dort Weinberge zu erwerben.

Als Getränk läßt sich noch an Most denken, denn zum Haus gehörte ein Obstgarten. Äpfel, Birnen, Schlehen wurden geerntet, von den Römern mitgebracht wuchsen die Pflaumen, die Aprikosen, Kirschen. In den Wäldchen wucherten die Beerengestrüppe – 1 Schilling Strafe kostete es, holzte ein Unberechtigter so eine Hecke ab.

Ums Haus zog sich eine Art von Bauerngarten. Wie sich's gehörte, wuchsen darin die Küchen- aber auch die Heilkräuter. Wahrscheinlich wurden die Pflanzen weiter kultiviert, die schon in der Römerzeit angebaut wurden.

Auf den Feldern standen der Weizen, Gerste Hafer, Roggen. Von den Feldfrüchten waren Gerste und Dinkel am wichtigsten, dann Emmer und Einkorn, beide mit dem Weizen nahe verwandt. Roggen wurde im Norden mehr als im Süden angebaut, der Hafer gewöhnlich ans Vieh verfüttert. Weizen und Hirse wurden eher selten gesät. Die Bäuerin zog noch Bohnen, Erbsen, Linsen und den Lein für die Ölgewinnung.

Wie schon gesagt, ließ sich das Drei- bis Vierfache der Aussaat in

Normaljahren ernten, doch häufig minderten Unwetter, Schädlingsbefall den Ertrag. Weil eine Vorratshaltung über längere Zeit nicht möglich war, lebte die Bevölkerung immer am Rande einer Hungersnot. Zudem blieb den Bauern nicht der gesamte Ernteertrag; der Herr des Landes, dessen Eigentümer, mußte von ihnen miternährt werden.

Mit den landwirtschaftlichen Geräten der Zeit ließ sich auch nicht viel bewirken. Der Hakenpflug riß die Erde nur auf, wendete sie nicht. Darum mußte er kreuzförmig übers Feld gezogen werden. Eisen kam teuer, und darum wurden nur die am meisten und stärksten beanspruchten Teile beschlagen oder aus Eisen gemacht. Die Egge hatte deswegen gewöhnlich Holzzähne, genau wie die Rechen. Die Spaten und Schaufeln wiesen nur einen schmalen Eisenbeschlag auf, den der Dorfschmied oder der Bauer selbst befestigte. Gemäht wurde mit Sicheln, schön vorsichtig; die Sensen dienten nur der Grasmahd, denn beim Getreide bewirkten sie einen großen Kornverlust, den man sich einfach nicht leisten konnte. Eingefahren wurde mit einfachen Wägen, schon fast in der Form, wie sie heute im Bauernmuseum stehen. Nur die Anschirrung der Tiere änderte sich im Mittelalter. Das Joch kam auf, das die Leine um Hals und Brust ersetzte, die den Tieren die Luft abgeschnitten und so die Leistung noch zusätzlich gemindert hatte.

Die Größe eines Hofes

Die Größe eines Hofes zu ermitteln, stößt auf Schwierigkeiten. In den Traditionen werden zwar einzelne Anwesen genannt, doch wir wissen nicht, ob jeweils der gesamte Besitz aufgeführt ist. Die Belege, die einzelne Objekte relativ präzise umschreiben, sind nicht sehr zahlreich. Aus einem Tauschgeschäft zwischen dem Bischof von Regensburg und dem „vir nobilis", dem edlen Arndeo, erhalten wir einen Aufschluß. Arndeo übertrug 863 an das Kloster St. Emmeram seinen Hof in Harting bei Regensburg, der ihm und seiner Frau gehörte. Dazu zählten ein Haus mit seinem Hof, 30 Morgen Land, 10 carradas Wiesen, gleich ebensovielen Heuladungen; dazu 16 Leibeigene. Im Gegenzug wurde den beiden Stiftern – in der üblichen Art dieser Geschäfte – zur lebenslangen Nutzung ein anderer größerer Hof mit drei Hufen Land übertragen, 13 carradas Wiesen und 36 Leibeigene gehörten dazu. Dieser Wirtschaftsbetrieb dürfte zur Versorgung einer Familie mehr als ausgereicht haben. Mit einem anderen Vertrag wechselten 4 areas, zwei Obstgärten, 160 Morgen Ackerland, 50 Morgen Wiesen, 140 Morgen Laub- und 82 Morgen Nadelwald, dazu eine Mühle den Besitzer. Im Gegenzug gab St. Emmeram 1 area aus, 320 Morgen Ackerland, 50 Morgen Wiesen, 6 Morgen Laubwald, eine Mühlengerechtsame, eine Kirche mit 1 areola und 30 Morgen Land.

Auf den großen Besitzungen werden Hunderte von Leuten gearbeitet haben. Doch von den ganz hohen Herren dürften der einfache Landmann, vor allem die Knechte und Mägde, ihr Leben lang keinen einzigen gesehen haben. Sie hatten sich unter die lokale Herrschaft zu ducken. Der Grundherr amtierte zugleich auch als ihr Gerichtsherr. Sein Vertreter bestimmte die Regelung über Anbau, über die Zufahrten, über den Unterhalt der Wege. Auch die Nutzung des Wassers aus Flüssen, Bächen und Quellen, Brunnen bedurfte der Absprache. Die Grundzüge für das Gerichtsverfahren, über die Reinhaltung von Bächen und Flüssen finden sich im ersten bayerischen Gesetzbuch, der Lex Baiuvariorum.

Volksrecht – Herzogsrecht – Kirchenrecht
Das erste bayerische Gesetzbuch

Wie die anderen Volksstämme, die Alemannen, die Franken, verfügten die Baiern über ein eigenes Gesetzbuch. Das fiel schmäler aus als die heutigen dickleibigen Sammlungen, enthielt ganz andere Bestimmungen, auch die Rechtsgrundlagen haben sich seither verändert.

Ein Baier hatte, wo immer er sich auch aufhielt, einen Anspruch darauf, nach seinen Gesetzen gerichtet zu werden. Damals hing das Recht an der Person, heute am Territorium. Dieser Grundsatz galt auch für einen Aufenthalt im Ausland. Ein baierischer Übeltäter mußte dort nach der Lex Baiuvariorum gerichtet werden. Die Überlieferung der Gesetzestexte bestätigt dies: So haben sich in Oberitalien einige Handschriften erhalten. Diese, wie die westfränkischen Sammelhandschriften, enthalten gewöhnlich verschiedene Stammesrechte. Die dortigen Richter konnten so mit einem Griff den „Ausländern" Gerechtigkeit widerfahren lassen.

Die Gesetzessammlung, um die 30 Handschriften sind auf uns gekommen, wiesen einen anderen Aufbau und eine andere Struktur auf. Da werden etwa unter einer Rubrik, etwa Bayerngesetz 8: *Von Ehefrauen und ihren Streitsachen, die sich oft ereignen*, die einschlägigen Vergehen aufgereiht. Das fängt an beim Ehebruch mit einer Freien durch einen Freien, dann durch einen Knecht, behandelt Handgreiflichkeiten, wie den Rock übers Knie heben, die Kopfbedeckung herabwerfen und endet bei den Strafen für Abtreibung. Werden so alle einschlägigen Möglichkeiten der Reihe nach aufgelistet, spricht man von Situationskasuistik. Ein Beispiel dafür bietet Kapitel 4: *Von den Freien, wie sie gebüßt werden*. Ein Beulenschlag kostete 1 Schilling Strafe, das Durchtrennen einer Ader 6, Fingerabschlagen, je nach Finger, zwischen 5 und 10, vom Pferde stoßen kostete 6, Vergiftung 12 Schillinge.

Es wird also nicht von einem Tatbestand „Körperverletzung" ausgegangen, sondern von den einzelnen Verletzungen selbst. Eine lückenlose Rechtsregelung ließ sich auf diese Weise nicht vornehmen. Es wurden mehr oder weniger Einzelanordnungen erlassen, Sonderfälle geregelt, daneben aber nach einem gewissen Schematismus, der für eine einschlägige Erfahrung spricht, die Strafen für Verletzungen bei den Raufereien katalogisiert.

Lange Taxlisten mit Bußgeld sprechen für eine gewisse „kriminelle

Energie" unserer Vorfahren. Sie überliefern, ganz nebenbei, zusätzlich ein buntes Bild vom damaligen Leben. Das Wissen über die Hunde und die Häuser stammt aus der Lex. Das Stammesrecht wird damit zu einer ganz zentralen Quelle, die weit über die Rechtsgeschichte hinausreicht. Freilich, in dieser Forschungsdiziplin sind viele Fragen noch offen. Über die Bezeichnung ist man sich nicht recht einig. Früher hat man von Volksrechten gesprochen. Man dachte, der Konsens des Volkes, also der Freien, hätte das Recht getragen. Doch die Volksrechte enthalten zusätzlich Verordnungen des Königs. Die Bezeichnung Stammesrecht, wie oben angesprochen, erfolgte nach der reinen Zuordnung zu den Völkerschaften, für die diese Texte verfaßt wurden.

Die detaillierte Forschung der letzten Jahre förderte mittlerweile zutage, wie stark diese Gesetze noch auf spätantik-römisches Vulgarrecht zurückgehen. Auf diesem Sektor gab es also eine Kontinuität von der Antike zum Mittelalter. Darum wurde vorgeschlagen, den lateinischen Ausdruck für Gesetze, also „leges", zu verwenden; doch von der römischen Gesetzgebung unterschieden sie sich ebenfalls.

Das bayerische Gesetzbuch weist Ähnlichkeiten mit dem der Alemannen, zur Lex Alamannorum, auf. Wie die beiden Gesetzeswerke aber genauer im Verhältnis zueinander stehen ist nicht geklärt. Da häufig aktuelle und offensichtlich überholte Rechtssätze nebeneinander stehen, bedarf auch dies noch einer Erklärung. Sind da einfach ältere Bestimmungen unradiert stehen geblieben? Die Lex ist also nicht auf einmal geschrieben und in Kraft gesetzt, sondern über einen längeren Zeitraum hin zusammengestellt worden. Der älteste Teil könnte vor der Mitte des 6. Jahrhunderts entstanden sein, mit späteren Veränderungen um die Jahrhundertwende und einer Neugestaltung in den Jahren um 630.

Die Probleme hören noch nicht auf. Wie ist es um das Verhältnis kodifiziertes – tatsächlich geltendes Recht bestellt? Entsprechen einander die Rechtsnorm, wie sie die Lex festsetzt, und die Rechtspraxis, wie sie vor den Gerichten geübt wurde? Da konnten im Mittelalter durchaus Welten dazwischen liegen. Der Eindruck einer brutalen, blutigen mittelalterlichen Justiz, mit Handabhacken, Nase-, Ohren-, Zungeabschneiden, wie sie noch immer weit verbreitet ist, stammt daher, weil nur die – in diesem Fall – spätmittelalterlichen Rechtskodifikationen, aber nie die Praxis untersucht wurden.

Die Lex scheint lebensnah geblieben zu sein. Wir hören davon, daß der Richter das Gesetzesbuch bei sich haben mußte, und daß Vorschriften der Lex, wie das Ohrenziehen der Zeugen, tatsächlich angewandt wurde. Dieses Ohrenzupfen galt als bayerische Besonderheit – es kommt freilich auch im damaligen burgundischen Rechtskreis vor. Bei einem Rechtsgeschäft, etwa einem Grundstücksverkauf, wurden die Zeugen, häufig in jugendlichem Alter, am Ohr gezupft. Das diente dazu, sich genau den Vorgang zu merken, um bei einer erneuten, späteren Aussage sich wieder leichter daran erinnern zu können. In vielen Traditionen, also bei Schenkungen an die Kirche, werden die Zeugen „per aures tracti" aufgeführt.

Die Kirche

Das Gesetzbuch zerfällt in drei Teile: Kirchensachen, Herzogssachen, Volkssachen, dann wird jeweils assoziativ weiter geordnet. Die Lex Baiuvariorum ist nach dem gleichen Prinzip aufgebaut wie das Gesetz der Alemannen.

Der erste Abschnitt des Gesetzbuches ist dem Schutz der Kirchen gewidmet. Der Prolog spricht von Widerständen der Heiden, die überwunden wurden. Vielleicht sind die folgenden Bestimmungen noch ein Reflex darauf. Zunächst wird der materielle Besitz der Kirche geschützt. Ein freier Baier durfte seinen Besitz an die Kirche schenken. Freilich mußte er sich mit seinen männlichen Erben vorher geeinigt haben. Nur seinen eigenen verbliebenen Teil konnte er vor dem Altar in schriftlicher Form und vor mindestens sechs Zeugen übertragen. Was der Kirche damit gehörte, war ihr nicht mehr zu nehmen. Tradiertes Land durfte von ihr nur mehr als Leihe ausgegeben werden – was wir dann auch häufig in den Quellen finden.

Diese Regelung scheint während des ganzen Mittelalters in den Testamenten auf. Zur Sicherung des Seelenheils wurde der eigene Besitz unwiderruflich an die Kirche gegeben. Die Wurzel für den oftmals riesigen Besitz von Kirchen und Klöstern liegt hier. Der Erwerb wurde rechtlich gesichert und auch das Erworbene: Wer Kirchengut wegnimmt, stiehlt oder zerstört, sollte hart bestraft werden. Ein Knecht verlor seine Hände und seine Augen; sein Herr hatte den von ihm verursachten Schaden zu erstatten.

Das Asylrecht der Kirche wurde eingeschärft, ein Bestreben, das die Konzilien der Merowingerzeit schon kannten. Wer sich vor Verfolgung – im übrigen auch durch Gerichtspersonal – in eine Kirche flüchtete, durfte nicht ausgeliefert werden. Ein Privileg, auf das der Klerus argwöhnisch achtete und das oft genug der Strafverfolgung im Wege stand. Konflikte zwischen den weltlichen und den geistlichen Gewalten waren so programmiert – und ziehen sich durch's ganze Mittelalter. In Schutz genommen wurden auch die Diener der Kirche. Beleidigungen oder Schläge, die anscheinend öfter Priester trafen, mußten gebüßt werden. Der ruppige Umgang resultiert wohl aus dem Eigenkirchenwesen. Denn wenn der weltliche Herr, der Eigentümer der Kirche, einen seiner Leute zum Priester bestimmt hatte, dann behandelte er ihn oft nach seiner Weihe genauso schlecht wie vor ihr.

Besonders auffällig sticht die Strafe für einen Bischofsmord heraus. Nach der Gestalt des Toten sollte ein Bleigewand gefertigt und dieses mit Gold aufgewogen werden. Reichte das Vermögen des Mörders nicht, mußte er sich und seine Familie in die Knechtschaft der betreffenden Kirche begeben. Man hat dabei nicht zu unrecht einen Verweis auf die Ermordung des hl. Emmeram gesehen; eine spätere Einfügung in den Gesetzestext. Sie diente zwei Zwecken, einmal sollte sie vor einem rechtswidrigen Vorgehen gegen hohe Kleriker abschrecken, andererseits aber sollte das Einschreiten gegen Bischöfe auf eine bessere rechtliche Basis gestellt werden. Denn die Lex schreibt im nächsten Paragraphen vor, daß ein Bischof bei einem Vergehen vor ein weltliches Gericht zu laden, dort zu verhören und notfalls nach Kirchengesetz zu verurteilen sei. Offensichtlich traute man einem damaligen Kleriker Totschlag, Unzucht, Landesverrat durchaus zu – wie jedem anderen Baiern auch.

Der Herzog

Diese Kapitalverbrechen werden im nächsten Abschnitt, den Herzogssachen, aufgeführt. Auf Landesverrat, Anschläge auf das Leben des Herzogs stand auch für einen Freien die Todesstrafe.

Die Agilolfinger beanspruchten das höchste Wehrgeld, danach folgten fünf große Geschlechter, die höhere Entschädigungen erhielten als die gewöhnlichen Freien. Von ihnen sind die Huosi und Fagana im Westen des Landes sicher nachweisbar. Vielleicht handelt es sich hier noch um die Fürstengeschlechter kleiner Stammessplitter, die ihre hervorgehobene Stellung nach der Integration in den Stamm bewahren konnten.

Besondere Aufmerksamkeit verdient das in der Lex zutage tretende Verhältnis zwischen König und Herzog. Darin spiegelt sich der alte Konflikt zwischen Agilolfingern und Merowingern wieder. Es sieht hier nach einer früheren Unterordnung des Herzogs aus, denn letztlich tritt der König als bestimmend auf. Er entscheidet auch, wenn der Herzogssohn seinen Vater absetzen und die Macht usurpieren will. Doch eine ursprüngliche Eigenständigkeit zeigt sich in der zugestandenen Erblichkeit der

Herzogswürde im Geschlecht der Agilolfinger. Auch in ihrer Funktion als Heerführer und Richter könnte durchaus noch ein alter Anklang an eine vormals königliche Stellung herauszuhören sein.

Einige Abschnitte regeln das Verhalten auf dem Heerzug und am Herzogshof. Streit, Zank gewaltsame Auseinandersetzungen sollten vermieden werden, schwächten doch solche Disziplinlosigkeiten die eigene Truppe. Auf dem Feldzug scheint es um den Proviant Gefechte unter den Soldaten gegeben zu haben. Erlaubt wurde, das zu nehmen, was einer für sich brauchte. Nur im eigenen Lande war das selbstverständlich bei Strafe verboten. Das hätte ja die eigene Bevölkerung geschädigt. Bei einer fremden gehörte das ohnehin zu den Kriegszielen.

So erhalten wir in ein paar Strichen auch ein Bild vom Heerzug. Eine besondere militärische Disziplin fehlte. Jeder hatte für sich selbst zu sorgen. Vorräte wurden offensichtlich nicht nachgeführt, Verpflegungsmagazine fehlten. Jeder hatte das Nötigste bei sich. Doch das Pferd mußte mit Futter versorgt werden, und irgendwann ging der Proviant aus. Darum mußte der Egoismus beim Fouragieren gebremst und die Versorgung halbwegs geregelt werden.

Dem Herrscher kam die oberste Gewalt zu, sie erstreckte sich über Leben und Tod. Tötete jemand einen anderen auf Befehl des Königs oder des Herzogs, gab es keine Untersuchung und kein Fehderecht, der Befehl des Herrn verhinderte das. Das ist wirklich noch ein Reflex aus der blutigen Merowingerzeit, wo Mord als Waffe in der Politik durchaus üblich war. Die merowingischen Geschichtsschreiber berichten anschaulich, wie da den Gegnern auf königlichen Befehl die Köpfe gespalten wurden.

Das Volk

Den umfangreichsten Teil des Textes beanspruchen die Volkssachen. In langen Listen werden Körperverletzungen aufgeführt und wie sie je nach Stand gebüßt werden sollen. Eine Vorstellung von der rauhen und blutigen Wirklichkeit vermitteln die einzelnen Bestimmungen. Sie sind so detailliert, mußten es wohl auch sein, da nach diesem Katalog der – medizinisch nicht gebildete – Richter die Buße zu verhängen hatte: *Wenn einer einem eine Ader durchschlägt, so daß ohne Brenneisen das Blut nicht gestillt werden kann, wozu die Bayern Aderschlag sagen, oder am Kopfe die Hirnschale erscheint, was sie Schädelschein nennen ... büsse er mit sechs Schillingen.* Eine Leibwunde, wenn das Gehirn zutage trat, kostete

12 Schillinge. Warf einer einem anderen die Leiter um, daß er bleiben mußte, wo er war, kostete das 12 Schillinge, das gleiche wurde fällig, wenn einer einen anderen ins Wasser warf: das galt als Lebensgefährdung.

Bei Delikten an Frauen wurden die Strafsätze verdoppelt, weil sie sich nicht mit der Waffe verteidigen können. Es sei denn, eine Frau *kämpfe aus der Kühnheit des Herzens heraus wie ein Mann*.

Die außergewöhnliche Garantie von Freiheit, Eigen und Leben, die im Gesetzbuch verankert wurde, ist hervorzuheben. Dazu muß aber gleich die Einschränkung gemacht werden – sie galt nur für Freie. Hörige unterstanden ihrem Herren, erlitten körperliche Strafen, während ein Freier statt dessen zahlen konnte. Von allgemeiner Gleichheit vor dem Gesetz ist wenig zu spüren. Ehebruch wurde unterschiedlich bestraft, der Mann brauchte allenfalls eine Geldstrafe leisten. Die ehebrüchige Gattin durfte getötet werden. Freilich in flagranti ertappt, konnte auch der Ehebrecher bußlos ums Leben gebracht werden. So treu, wie man sich häufig die Germanen vorstellt, scheinen unsere Vorfahren nicht gewesen zu sein.

Die Unauflösbarkeit der Ehe konnte die Kirche zu dieser Zeit noch nicht durchsetzen. Ein Freier durfte seine Ehefrau verlassen, hatte sie ihm Grund zum Haß gegeben. In diesem Fall mußte er nicht einmal Schadensersatz leisten. Ohne diesen entschuldigenden Umstand kostete die Trennung 48 Schillinge, die den Verwandten der Frau zu zahlen waren.

Die Frau hatte Anspruch auf wirtschaftliche Sicherstellung. Sie behielt ihre Morgengabe und was sie ihrerseits an Gut in die Ehe brachte. Verließ jemand seine Frau nach der gesetzmäßigen Vermählung wegen einer anderen, mußte er vor Gericht erklären, daß er dies aus Liebe tat. Glaubte ihm die Jury, zahlte er nur 24 Schillinge Buße. Der männliche Standpunkt drückt sich aus, denn analoge Bestimmungen, die den Frauen gleiche Rechte zubilligen, fehlen.

Der große Katalog der Diebstähle, Sachbeschädigungen etc. gibt uns Einblick in die Häuser und läßt Höfe und Dörfer in Umrissen entstehen. Hervorzuheben ist, daß – wie allgemein im Mittelalter – Taten in der Nacht begangen, schwerer bestraft wurden, als am Tage. Sie zählten zu den Heimlichkeitsdelikten, denn die Nacht machte ihrem Namen noch alle Ehre, sie war – ohne große künstliche Beleuchtungsmöglichkeiten – wirklich recht finster.

Das Haus bildete einen besonderen Friedensbereich. Hausfriedensbruch in der einfachen Form kostete 3 Schillinge. Eine gesetzliche Haussuchung war zulässig, Widerstand dagegen mußte mit 40 Schillingen gebüßt werden. Grenzzeichen genossen ebenfalls besonderen Schutz;

anscheinend geriet man wegen der Grundstücksgrenzen häufiger aneinander. Kam keine gütliche Einigung zustande, mußte um die Entscheidung gekämpft werden. Wem Gott im Zweikampf den Sieg gab, der erhielt Recht. Grenzen konnten gezogen werden, indem einer eine Axt nach Süden, Westen und Osten warf, nur im Norden bildete der Hausschatten die Grenze.

Wer einen Ernteschaden hervorrief, indem er Teufelskünste gebrauchte, mußte sich ebenfalls durch einen Zweikampf vom Vorwurf befreien. Reinigungseid oder Zweikampf erscheinen so als die damaligen Beweisverfahren. Ein Zeichen auch für das Weiterleben älterer magischer Praktiken.

Heidnische Reste enthalten ferner die Kapitel *Von den Toten und ihrer Buße*. Verständlich ist noch, daß das Ausgraben aus dem Grabhügel und der Grabraub unter Strafe stehen. Das stammt noch aus der Zeit, in der die Toten mit ihren wertvollen Beigaben, mit Waffen und Schmuck und den Gerätschaften, die sie für ein angemessenes Leben im Jenseits benötigten, begraben wurden. Die Strafbestimmungen scheinen notwendig gewesen zu sein, denn die Archäologen fanden zahlreiche beraubte Gräber. Ein Indiz, daß die Gier nach Gold und Gut weder Respekt vor dem Toten noch Rücksicht auf nachbarliches Beieinanderleben kannte, ja daß magisch-religiöse Grenzen übertreten wurden. Denn der Tote galt noch als Person mit eigenem Recht.

Als Schändung des Toten galt, wenn jemand einen Adler oder sonst ein Raubtier, das gerade den Leichnam zerfleischte, mit einem Pfeil erlegen wollte und statt dessen den Toten traf. Die gutgemeinte Tat war mit 12 Schillingen zu büßen. Unser Brauch, den Toten mit einer Hand voll Erde zu bedecken, stand in der Lex ebenfalls unter Strafe: *Wenn der Leichnam der Erde anvertraut und ein Brett darüber gelegt, wird, während alle darumstehen, der Herr des Leichnams aufgefordert, als erster Erde darauf zu werfen, und wenn es ein Freier ist, gleicherweise sein Sohn oder Bruder, damit die übrigen Bestattenden nicht schuldig werden ...* Demnach stellte die Bedeckung mit Erde eine Verletzung des Toten dar, die lediglich der Eigentümer oder ein enges Sippenmitglied straflos vollziehen durfte.

Der Tote war ein Rechtssubjekt – und ein gefährliches dazu. Er gehörte schon einer anderen Sphäre an, konnte aber noch auf Erden Schaden anrichten. Man glaubte wohl an eine Art Wiedergängertum, und manche Bestattungsformen sollten dies offensichtlich verhindern.

Die Strafen wurden vom Gericht verhängt. Es sollte jeweils an den ersten Tagen des Monats zusammenkommen, oder wenn nötig auch alle zwei Wochen. Das Land war in kleinere Gebiete, in Gaue eingeteilt. In diesen Gerichtsbezirken fanden bei Bedarf die Verhandlungen statt. Alle Freien hatten zu den Terminen zu erscheinen; ihre Teilnahme am Gericht bedeutete ein Recht – aber auch eine lästige Pflicht. Wie andere Volksversammlungen hielt das Gericht von der Arbeit ab und stellte, besonders wohl für die Ärmeren, eine Belastung dar. Darum mußte eine Strafe angedroht werden: das Versäumen des Gerichtstermins kostete 15 Schillinge.

Vor Gericht

Das Richteramt übte gewöhnlich der Graf aus, wahrscheinlich aber, das läßt sich aus Urkunden schließen, konnte er sich in weniger wichtigen Fällen vertreten lassen. Dem Grafen als Stellvertreter des Herrschers kam in der Karolingerzeit zudem noch die Verwaltung des Königsgutes, das Heeresaufgebot und das Steuerwesen zu. Seine Rolle als Richter läßt sich an einigen Fällen zeigen:

Der Abt Richpald und dessen Großtante Deotlind hatten ihren Besitz in Pfettrach, Eugenbach und Ohu zu Anfang des 9. Jahrhunderts an St. Emmeram gegeben. Danach wollte ihn Richpald seinen beiden Neffen übertragen, tat es aber dann nicht. Doch diese beiden nahmen die Besitzungen an sich. Der Bischof Baturich, in Personalunion auch Abt von St. Emmeram, und dessen advocatus zogen vor Gericht. In offenem Gericht in Pfettrach, das der zuständige Graf als Richter abhielt, sollte die Sache entschieden werden. An der Rechtsgültigkeit der Schenkung gab es nichts zu rütteln, und so wurde St. Emmeram in das Eigentum eingewiesen. Die beiden Neffen standen nun mit leeren Händen da. Daraufhin intervenierten einige Leute bei Bischof Baturich, der dann nicht so hart sein wollte. Er überließ ihnen den Besitz zur Nutzung solange sie lebten, freilich mußten sie dafür Abgaben zahlen. Diese fielen mit 4 Solidi pro Jahr, am St. Emmeramstag abzuliefern, nicht übermäßig hoch aus. Um das Rechtsgeschäft zu bestätigen, wurden zwei Urkunden ausgestellt. Eine Reihe von Zeugen unterschrieb die Vereinbarung. Danach wurden Abgesandte des Bischofs in die drei Orte gesandt, um die Besitzübernahme für St. Emmeram vorzunehmen.

Etwas makabrer mutet die Vorgeschichte eines anderen Prozesses an. Der Archipresbiter Antarbodus wollte wegen seines Seelenheils die Gräber von Petrus und Paulus in Rom besuchen. Das war in der damaligen Zeit kein seltenes Unternehmen. Allerdings brauchte es seine Zeit, nach

Rom zu kommen, und auf Wegen und Stegen drohte Gefahr durch Wetter, Tier und Mensch. So blieb es das ganze Mittelalter hin üblich, vor einer Wallfahrt sein Testament niederzulegen. Das tat auch Antarbodus. Um seines Seelenheils verfügte er konsequenterweise für den Fall seines Ablebens auf dem Weg, daß St. Emmeram seinen Besitz erhalten sollte.

Antarbodus' Bruder Ternod hatte der Schenkung zugestimmt – wir sehen hier noch die germanisch-rechtlich bestimmte Mitwirkung der Familie. Antarbodus starb tatsächlich. Die Todesnachricht gelangte nach Regensburg und von dort schickte Baturich die Meldung nach Ergoldsbach zu Bernhard, dem anderen Bruder. Baturich wollte Auskunft, ob er der Schenkung ebenfalls zustimmte, die der Bischof schon in Händen hielt. Das geschah und wurde in einer Urkunde festgehalten.

Doch als dann Graf Walto Gericht an einem Ort an der Laaber hielt, erschien Bernhard dort und brachte die abgeschlossene Sache erneut vor. Der bischöfliche Advokat trat dagegen auf und legte dem Gericht sein Wadium vor, ein Besitzzeichen zum Erweis der Rechtlichkeit des vergangenen Rechtsgeschäftes. Er führte aus, daß Bernhard eine bereits abgeschlossene Sache wieder aufrollen wolle, das sei gegen das Gesetz. Als Zeugen für seine Behauptung nannte er sechs von den acht Zeugen der früheren Vereinbarung. Doch Bernhard gab sich damit nicht zufrieden. Er forderte Zeugen dafür, daß Antarbodus tatsächlich eine solche Stiftung gemacht habe. Wenn der Bischof einen solchen Zeugen brächte, gäbe er sich zufrieden. Baturich hatte das offensichtlich schon vorausgesehen. Denn nun trat ein liber homo, ein freier Mann auf, der dennoch dem Ternod, dem anderen Bruder Bernhards, unterstand. Er hatte den Auftrag Ternods zu vollführen und zu vermelden, daß dieser der Schenkung seines Bruders Antarbodus nicht widerspreche. Durch das Wadium und das Zeugnis des Bruders mußte sich Bernhard geschlagen geben. Er stimmte nun zu und versprach, keine erneute Klage mehr vorzubringen. Zwei Bürgen sicherten die Vereinbarung.

Der Graf hielt das Gericht an einem traditionellen Gerichtsort ab. Vor ihn traten die Parteien. Der Bischof selbst ließ sich durch einen Spezialisten, einen Rechtskundigen, vertreten. Als Beweise dienten Zeugenaussagen, Urkunden und auch das Wadium, als Symbol für den Besitz. Die Rechtsförmigkeit der Verfahren springt ins Auge, sie gehen ihren geregelten, traditionellen Gang.

Bei Straftaten erhielt der Richter den neunten Teil der Buße. Nicht nur deswegen bestand die Gefahr der Rechtsbeugung, sondern auch weil die Richter überhaupt bestechlich gewesen sein müssen. Darum wurden in die Lex Absicherungen eingebaut: Bei einem falschen Urteil mußte der

Richter das doppelte der verhängten Buße selber zahlen und noch 40 Schillinge an den Fiskus dazu; es sei denn, er hatte irrtümlich gehandelt. Das Urteil wurde in diesem Fall aufgehoben, der Richter frei von Schuld gesprochen.

Das Ziel der Lex ist die Friedenssicherung. Streitigkeiten, die offensichtlich leicht zu Blutvergießen führten, sollten durch Satzungen und Strafandrohungen vermieden werden. Der § II,10 zeigt, wie es am Herzogshof dazu kommen konnte: Aus Übermut, gepaart mit Trunkenheit, erwuchs zunächst ein Zank, der dann in einen blutigen Kampf mündete.

Die Geldbußen, die Wehrgeldzahlungen, dienten auch dem Zweck, das Fehdewesen der Sippen zurückzudrängen. Am deutlichsten zeigt das Frankenrecht, die Lex Salica, den „Übergang von einem Stamm mit seinem Fehdewesen zu einem Staat mit eigener Rechts- und Friedenswahrung". Der Versuch wird deutlich, das Königsgericht zu stärken, um die Fehde zu mindern. Nicht mehr die Blutrache sollte immer wieder zu Blutvergießen führen, sondern ein gerichtliches Vorgehen sollte Ausgleich und Sühne bewirken. Es konnte eine Vorladung erlassen werden, mit der Strafandrohung für Nichterscheinen beider Parteien – um wirklich zu einem gütlichen Ergebnis zu kommen. Das Gericht sicherte den Sühneanspruch gegenüber dem Täter bei Verletzung des Rechts.

Gerade daran wird gesetzgeberisches Wunschdenken deutlich. Denn die Fehde geht erst mit dem Mittelalter zu Ende. Das läßt natürlich die Frage zu, ob die Lex genuin bayerische Zustände wiedergibt, ob sie Ideale vor Augen stellt und durch Vorlagen aus anderen Quellen inspiriert wurde.

Freilich – manchmal spürt man das wirkliche Leben, wenn Teile eines zeitgenössischen Urteils als Musterfallentscheidung verwandt wurden. Auch die vielen volkssprachlichen Glossen, der „Schädelschein", wenn die Hirnschale offen lag, der „Taustreifer", wenn einer mit einem steifgebliebenen Fuß durchs nasse Gras hinkte, zeigen zeitgenössische drastische Begrifflichkeit.

Die Lex enthält auch eine für die damalige Zeit einzigartige Regelung über Sachmängelhaftung in § XVI,9: *Nachdem das Geschäft abgeschlossen ist, werde es nicht geändert, außer wenn man etwa einen Fehler findet, den jener Verkäufer verheimlichte, d. h. bei einem Unfreien (!) oder bei einem Pferd oder bei irgendeinem Stück Vieh, daß es blind oder brüchig oder fallsüchtig oder aussätzig sei; bei Tieren gibt es nämlich Fehler, die der Verkäufer oft verheimlichen kann. Wenn aber der Verkäufer den Fehler ansagte, stehe der Kauf ...* Wenn er ihn aber nicht ansagte, kann man ihn *innerhalb von drei Tagen* ändern, *außer wenn man den Fehler nicht innerhalb dreier Tage finden kann* ..., dann eben auch noch danach.

Unsere frühen Vorfahren scheinen also nicht viel besser gewesen zu sein. Roßtäuscher drehten einem einen siechen Gaul an, einen „angarknango", der nur noch sein Gnadenbrot am Ackerrand rupfen konnte, statt des zugesagten Zuchtpferdes. Da wurde gestohlen, was nicht niet- und nagelfest war. Nimmt man den Widerschein in den Leges als Erweis für die Realität, dann schmälerten Diebe das Kirchengut um Tiere: Pferd, Ochsen oder eine Kuh, und das Kirchengerät selbst: Kelch, Kelchteller und Altartuch. Vieh wurde überhaupt anscheinend viel entwendet, bis hin zu den Bienenkörben.

Eine gewalttätige Welt tritt uns in den Gesetzesbüchern entgegen. Doch zeigt sich in ihnen auch das Bemühen der Herrscher, Recht und Ordnung, Frieden und Sicherheit zu wahren.

Die Karolinger und die öffentliche Ordnung

Während des Mittelalters bestand immer ein Konflikt zwischen Rechtswahrung durch private Seite, etwa der Sippe, und der Rechtspflege durch Herzog und König. Hier kollidierten das alte germanische Fehderecht, das Recht auf Selbsthilfe bei Unrechtsfällen, mit dem Selbstverständnis des Herrschers, Bewahrer von Recht und Ordnung zu sein. Bei einer schwachen öffentlichen Gewalt, wie sie im frühen Mittelalter bestand, konnten der Herzog oder der König letztlich nicht garantieren, daß jede Rechtsverletzung durch ihre Amtsträger geahndet wurde. Aus dieser Erkenntnis und auch aus dem eigenen Selbstverständnis heraus, beanspruchten die Großen weiterhin ihr Fehderecht. Dieses tendierte kraft seiner innewohnenden Mechanismen zu einer immerwährenden Vendetta, da ja jeweils ein Übergriff wieder zu rächen war. Durch die Art der Kriegsführung, die wesentlich auf die Zerstörung der wirtschaftlichen Ressourcen des Gegners zielte, litten natürlich wieder am meisten die wehrlosen kleinen Leute, die Bauern und die Leibeigenen, denen die Mühen ihrer Arbeit vernichtet, verbrannt, verheert wurden.

Die Anstrengungen der Herrscher richteten sich deshalb immer darauf, das Fehdewesen zu begrenzen, Auseinandersetzungen an den Gerichtsweg zu verweisen, um dort eine gütliche Einigung zu erreichen. Das hatte schon Tassilo versucht, das führte Karl der Große weiter. Er verbot in der Heimat, also zu Hause, in Waffen zu gehen. Schilde, Lanzen, Rüstungen durften in Friedenszeiten nicht getragen werden. Da derlei Aufzug nicht gerade bequem zu tragen war, legte man ihn zuhause nur an, wenn es notwendig wurde: nämlich bei Fehden. Die Gegner hatten Frieden zu geben, und wenn das einer nicht wolle, so sollte er vor den Kaiser geführt werden. Wer aber trotz eines Ausgleichsversuches einen anderen umbrachte, mußte dessen Wehrgeld zahlen, verlor die Hand, mit der er den Frieden beschworen hatte und wurde obendrein mit einer Geldbuße belegt.

Diese Absicht, die Fehden durch einen gerichtlichen Friedensschluß völlig aus der Welt zu schaffen, scheiterte. Der Adel ließ sich seine Rechte nicht nehmen, und der König war zu schwach, seine eigenen Vorschriften durchzusetzen.

In die gleiche Richtung zielte ein weiteres Kapitel. Hatten die Schöffen ein Urteil gefällt, konnten es die Parteien hinnehmen oder anfechten. Die

Entscheidung durfte nicht aufgeschoben werden, weil dann wieder die Gefahr außergerichtlicher, gewaltsamer Auseinandersetzungen drohte. Wer nicht die vorgesehenen Rechtsmittel einlegte, der sollte, wie es frühere Anordnungen schon festlegten, eingesperrt werden, bis er sich unterwarf. Danach konnte an den Kaiser appelliert werden, der die Parteien mit den schriftlichen Unterlagen vor sein Hofgericht lud. Damit lag die letzte Entscheidung beim Kaiser selbst. Auch hier sollten den Parteien die Fehdegründe entzogen werden.

Karl erinnerte daran, daß in der Lex die Strafen für Räuber, Mörder, Sexualverbrecher aufgeführt seien, diese müßten auch verhängt werden. Bei Eigentumsdelikten war die Sache ebenfalls vor die zuständigen Richter zu bringen. Erst nach deren Urteilsspruch konnte zur Vollstreckung geschritten werden. Die richterliche Gewalt durfte nicht in die eigenen Hände genommen werden; dafür waren die königlichen Amtsträger zuständig. Urteilsschelte durfte nur vor dem Kaiser eingelegt werden. Dabei hatte jeder seine eigene Sache zu vertreten, Einmischungen von anderer Seite wurden untersagt.

Das Recht der Agilolfingerzeit galt nach den staatlichen Veränderungen im Gefolge der karolingischen Machtübernahme von 788 fort. Die Lex blieb weiter gültig. Doch mit der großen Ausnahme: Alles, was an diese Sippe erinnerte, sich auf sie bezog, verlor seine Rechtsgültigkeit. Dahinter steckte die politische Absicht, die frühere Herrschaft auf allen Gebieten auszulöschen und vergessen zu machen. Nun brachte es aber die Rechtsprechung mit sich, daß in Bayern, etwa bei Grundstücksstreitigkeiten, auf Entscheidungen der Agilolfingerzeit zurückgegriffen werden mußte. Dabei kamen zwangsläufig wieder die Herzöge aufs Tapet. Um dies zu verhindern, durften nur noch solche früheren Fälle als Musterlösungen herangezogen werden, die bereits karolingerseits bestätigt worden waren. Aber welchen Fall hatten schon Karl Martell oder Pippin bestätigt? Hätte man sich nicht mehr auf frühere Besitzurkunden stützen können, wäre ein völliges Chaos, ein rechtloser Raum entstanden. Man kam nicht umhin, alte Urteile heranzuziehen.

Der Adel versuchte immer wieder, den Kirchen und Klöstern Besitz abzunehmen, ihn zu „entfremden". Günstige Gelegenheiten nutzten die Kleriker, um entfremdete Güter von den Adeligen zurückzuholen. Das gelang aber nur mit Unterstützung des Königs.

Eine Regensburger Urkunde schildert derartige Vorgänge. Im Jahr 819 kam der Regensburger Bischof Baturich nach Cham, genauer gesagt ins heutige Chammünster, ins dortige Kloster am Regen. Der Bischof brachte seinen Jäger und seinen Vikar mit und den Stellvertreter des zuständigen

Grafen. Als Richter sollte der den Streitfall des Bischofs mit den Klosternachbarn entscheiden. Diese hatten sich Besitz des Klosters angeeignet. Vor dem Richter und mehreren Adeligen der Gegend begann der Bischof mit der Besitzfeststellung. Er wies die Besitzübertragung an St. Emmeram durch Tassilo vor, der aus Sorge um sein Seelenheil und das seiner Eltern dem Kloster Land geschenkt hatte.

Danach umschritt Baturich mit seinen Leuten und den „neuen" Eigentümern die strittigen Gebiete. Die Grenzen des Klosterbesitzes wurden somit festgelegt. Dann fiel die Entscheidung: Die entzogenen Ländereien gingen an St. Emmeram als den Eigentümer zurück. Zeugen bestätigten die Restitution.

Der Bischof konnte demnach mit der alten, an sich ungültigen Urkunde die Großen dieser Grenzmark zum Nachgeben bewegen. Alte Rechte waren betroffen und dafür verfügte der Bischof über die Rechtstitel. Nach dem Sturz des Herzogs Tassilo schienen sie nicht mehr viel wert gewesen zu sein und in dieser damals doch recht abgelegen Ecke die Möglichkeiten günstig, sich Grundstücke anzueignen.

Die Macht der Großen konnte nur durch die der Kirche oder des Königs gebrochen werden. Da sich die Kirche selbst zu den Schutzbedürftigen rechnete, kam dem Kaiser letztlich die Pflege deren Rechts zu. Nun versuchte zwar Karl, sein Großreich zu ordnen, für Gerechtigkeit zu sorgen, doch die meisten seiner Erlasse wurden wohl nicht so ausgeführt, wie das vorgesehen war. Der Kaiser war zu weit weg und ein mächtiger Adeliger zu nah.

Handel und Wandel, Waren und Wege

Die Antike kannte einen weitreichenden Handel und ein ausgebautes Verteilungssystem. Ein umfängliches Warensortiment einschließlich Delikatessen wurde quer durch das ganze Imperium vertrieben; die besonderen Spezialitäten bestimmter Regionen in weite Fernen transportiert. Das gilt etwa für die römische Fischsauce – von der wir sogar noch das Rezept kennen. Ohne sie konnte ein Römer schlecht leben. Sie diente als beliebte Würzsauce, wurde über viele Speisen gegossen, wie der Tomatenketchup heute. Finden läßt sich diese alte Geschmacksrichtung heute noch in der chinesischen Küche. Der Handel mit derartigen Gütern lief wie in der Antike auch im frühen Mittelalter über Marseille, in großen Krügen wurde dieser Fischsud ins Merowingerreich eingeführt.

In der späten Merowingerzeit wurde diese Soße nicht mehr gehandelt. Der Geschmack hatte sich gewandelt. Römische Lebensformen waren germanischen gewichen; nicht mehr das Öl, sondern der Speck spielte eine entscheidende Rolle in der Küche.

Der Wechsel des Geschmackes erweist sich auch an anderen Handelsprodukten. Die römische Terra Sigillata, dieses samtig glänzende rote bessere Tongeschirr aus den verschiedensten Produktionszentren, ebenfalls von dort weitverschickt ins Imperium, verschwand. Gleiches gilt für hochwertiges Glas.

Das Ende der römischen Herrschaft bedeutete zugleich das Ende der staatlichen Wirtschaftsregelung. Denn um die Versorgung sicherzustellen, die Produzenten einzubinden, griff der spätantike Staat zu – wie man heute sagen würde – dirigistischen Maßnahmen. Das wirkte sich, wie gewöhnlich, eher hemmend aus, und so wundert es nicht, daß nach dem Abzug der Römer der Handel freier geworden war. Fremde Kaufleute erscheinen häufig in merowingischen Texten.

Wir wissen, daß auch im 6. Jahrhundert Orienthandel getrieben wurde. Die Kanzleien brauchten Papyrus als Beschreibstoff für ihre Urkunden, die vornehmen Leute suchten Gewürze und Kräuter für ihre Küche, edle Stoffe für die Kleidung. Der breite Warenaustausch der Antike ging jedoch allmählich zurück; Kaufleute werden in den Quellen bis ins 7. Jahrhundert genannt, gewöhnlich als Syrer bezeichnet. Doch diese Bezeichnung stand für alle fremden Kaufleute. In manchen Städten des großen

Frankenreiches gab es zudem kleine Judenkolonien, deren Mitglieder ebenfalls im Handel arbeiteten.

Die Kontinuität römischer Handelsformen reichte noch weit ins frühe Mittelalter hinein. In den Städten des merowingischen Frankenreichs fand der Handel des 6. und 7. Jahrhunderts noch ganz im alten Stil in den Läden statt, konnte mit Geld bezahlt werden. Massengüter wurden zu dieser Zeit aber schon nicht mehr umgeschlagen. Die Mengen gingen zurück; weiter vertrieben wurden noch Luxusgüter für den Bedarf der Oberschicht und des Kirchenkults. Das Mittelmeer und die angrenzenden Länder boten alle Schätze des Orients für die luxusgierigen und prestigesüchtigen Oberschichten des Abendlandes.

An der Wende vom 7. zum 8. Jahrhundert geschah der Umbruch. Die orientalischen Händler scheinen sich zurückgezogen zu haben. Die Veränderungen der politischen Landkarten bewirkten Verlagerungen der Handelswege: „Einbrüche der Steppennomaden, der Hunnen Ende des 4. und der Awaren im 6. Jahrhundert störten die östlichen Verbindungswege vom Schwarzen Meer zur unteren Weichsel und von Italien über Aquileja, Carnuntum, die Mährische Pforte zur Oder und Weichsel". Der Import aus Byzanz und aus Italien ging zurück, kam aber nicht gänzlich zum Erliegen.

Norditalien bildete weiterhin die Drehscheibe, über die Alpenpässe gelangten die Waren nach Norden, in unseren Raum. Via Schweiz, den Ober- und Mittelrhein wurden die neustrischen und austrasischen Hauptorte beliefert. Auch die alte Handelslinie, die Rhone aufwärts, blieb in Funktion.

Veränderungen des Handels zeigen sich im 8. Jahrhundert. Damals geschah, was man heute so schön als „Strukturanpassung" bezeichnet. Die Städte hatten ihre frühere Dominanz und Funktion verloren, damit auch ihr Gewicht als Wirtschaftsfaktor. Das Land bildete jetzt die Grundlage des Lebens. Für einige – doch wohl kurze – Zeit gab es keine geregelte Münzprägung mehr, keinen großen Geldumlauf, was den Handel einschränkte. Doch der Handel ging nicht unter. Er verlagerte und veränderte sich. Der Norden gewann ein eigenes Gewicht. Angelsächsische Händler traten mit friesischen Kaufleuten in Konkurrenz.

Die Belege aus dem beginnenden 9. Jahrhundert zeigen dann auch für unseren Raum einen lebhaften Handel. In einem Kapitulare, einer kaiserlichen Anordnung, aufgeteilt in einzelne Kapitel, darum der Name, das in Diedenhofen 805 erlassen wurde, spiegelt sich die Zeit. Es herrschte gerade wieder einmal ein Hungerjahr, nicht ungewöhnlich im Mittelalter. Karl der Große nahm das zum Anlaß, eigens darauf hinzuweisen, daß in

Krisenzeiten, wenn Hungersnöte, Epidemien, Teuerungen und sonstige Unglücksfälle einträfen, nicht eigens auf Anordnungen von oben gewartet werden sollte. In diesem Jahr sollte jeder nach seinen Kräften helfen und seine Ernte nicht überteuert verkaufen. Um für die eigene Bevölkerung die Reserven zu sichern, wurde der Verkauf von Lebensmitteln über die Grenzen des Imperiums hinaus verboten. Das Verbot setzt einen verbreiteten Handel voraus, der die Verbindungen und auch die Kapazitäten besaß, größere Transporte über weitere Strecken durchzuführen. Die Notwendigkeit eines solchen Dekretes zeigt außerdem, daß die Händler aus der Notlage ihren Gewinn zu ziehen suchten, und sie ihre heißbegehrte Ware dahin lieferten, wo die höchsten Preise zu erzielen waren.

Das weite Handelsnetz führt auch eine andere Bestimmung des Kapitulars vor. Sie bezog sich auf Händler, die nach Osten, zu den Awaren und den Slawen zogen. Für diese wurde eine Handelsgrenze festgesetzt. Vom Norden, von Bardowik bei Lübeck lief diese Linie abwärts über Schesel bei Celle, Magdeburg, Erfurt, Salz bei Bamberg, Forchheim, Pfreimd, Regensburg, Lorch. Die Ostgrenze des Imperium zog sich von der Ostsee bis an die Donau.

An den genannten Orten sollte der Handel durch eigene Beauftragte überwacht werden; eine Art von Zollstationen wurde eingerichtet. Die Aufmerksamkeit galt vor allem der Ausfuhr. Der Waffenexport sollte unterbunden werden; es wurde verboten mit Waffen und Rüstungen über die Grenze zu handeln. Wer bei der Übertretung des Verbots ertappt wurde, verlor seine ganzen Waren, die Hälfte fiel an den königlichen Fiskus, die andere Hälfte sollte zwischen dem Grenzbeauftragten und dem Anzeiger geteilt werden.

Die Straßen-, Brücken- und Wasserzölle wurden gleich mitgeregelt. Wo möglich, fanden die Transporte auf dem Wasser statt, größere Mengen ließen sich leichter bewegen. Darum mußten die Herrscher immer wieder neue, unberechtigte Zölle aufheben, suchten doch die anrainenden hohen Herrn ihren Profit aus dem Handel zu ziehen. So wurde nun festgelegt, daß die althergebrachten und genehmigten Zölle weiter von den Händlern gefordert, neue aber nicht erhoben werden durften. Das galt für Strecken, wo getreidelt wurde, die Boote an Stricken gezogen wurden, eine Beförderungsart bis zum Aufkommen der Dampfschiffe. Das Gebührenverbot galt auch für die Durchfahrt unter Brücken. Wurde hier keine Hilfe gewährt und benötigt, um etwa die Schiffe unter ihnen durchzuziehen, durfte nichts verlangt werden. Untersagt war es auch, bei Umzügen, wenn einer Hausrat beförderte, Zölle zu fordern. Bei

Kriegszügen und für den Weg zum Palast galt ebenfalls Abgabenbefreiung. Zweifelsfälle sollten auf dem nächsten Gerichtstag entschieden werden.

Zu diesen Bestimmungen wurde immer wieder die Meinung vertreten, sie hätten nur für den besser entwickelten Westteil des Reiches gegolten. Sehen wir aber den Handel mit dem Osten, sehen wir die Handelsfunktion Regensburg und die Bedeutung der Donau, dann dürfte auch hier ein breiter Warenstrom geflossen sein.

In diesen Zusammenhang gehören ebenfalls die Münzregelungen. Falsche Münzen befanden sich im Umlauf, auf rechtes Korn und Gewicht wurde verwiesen, und lediglich die kaiserlichen Münzen waren als Zahlungsmittel zugelassen.

Nimmt man dazu etwa die Erwähnungen in den Traditionen, dann läßt sich doch ein recht lebhafter Handel erschließen. Auf den Gutsbetrieben wurde ein Überschuß erwirtschaftet, den Leibeigene oder Freie verhandelten. Diese Tätigkeiten sind wegen der wenigen Belege zwar schwer faßbar, aber alles zusammengenommen, läßt sich reger Handel erkennen.

Das Salz für die Suppe

Bestimmte Produkte müssen immer gehandelt werden, weil sie notwendig sind, etwa das Salz – als Konservierungsmittel. Der Salzvertrieb lief wohl kontinuierlich und permanent weiter, als ein Massengut, das durch Fernhandel bereitgestellt, aber lokal verbreitet werden mußte. Das bedingte ein System von Transport und von bestehenden Nahmärkten.

In der Römerzeit dürfte das Salz aus den adriatischen Salzgewinnungsanlagen über die Alpen gebracht worden sein, die Baiuwaren bauten die Salzvorkommen im eigenen Land, bei Hallein und um Salzburg ab. Die Zollordnung von Raffelstetten zeigt einen umfangreichen Salzhandel, der von den Salinen um Reichenhall ausging.

Der Herzog erscheint dort als Obereigentümer, doch etliche Salzbrunnen befanden sich auch im Besitz der Oberschicht. Die Arbeit vor Ort leisteten Unfreie, doch weil diese Spezialisten wertvoll waren, hatten sie eine bessere Stellung als ihre Genossen in der Landwirtschaft.

Die Salzquellen wurden in hölzerne Brunnen gefaßt und mit einem Schöpfgalgen, wie wir sie von Pußtabrunnen her kennen, geleert. Die Sole schütteten die Arbeiter auf die Siedeöfen. Deren durchgehende Feuerung mutet ganz modern an: von einer Seite wurden sie mit Heizmaterial beschickt, von der anderen her entascht. Die Öfen waren etwa 2 m lang, zwischen 50 und 80 cm breit und 1 m hoch. Auf ihnen standen die

Sudpfannen, aus Blei oder Graphitton geformt, wegen der größeren Haltbarkeit. Das Dauerfeuer verbrauchte Unmengen von Holz, und da eine größere Anzahl von solchen Öfen brannte, war die nähere Umgebung bald waldarm, das Holz mußte herbeigetriftet werden.

Diese Produktionszentren erlebten einen raschen wirtschaftlichen Aufschwung. Das Salz wurde nach Österreich und Böhmen exportiert. Eine weitere Handelslinie ging offensichtlich die Donau herauf oder auch quer durch Oberbayern nach Regensburg – die großen Salzstädel links und rechts der Steinernen Brücke sowie ein Stadel in Stadt am Hof aus dem späten Mittelalter geben eine Vorstellung vom damaligen Handelsvolumen. Zum Transport benutzte man sowohl den Wasser-, als auch den Landweg mit Karren und Saumtieren.

Die Grundherrschaften ließen das Salz durch ihre eigenen Leute holen; suchten darüber hinaus Anteile am einträglichen Siedegeschäft zu erlangen. Ansonsten wurde es durch einen en gros Handel und einen Kleinhandel vertrieben. Die Distribution der großen Salzlieferungen besorgten die Fernhändler, von ihnen übernahmen es Zwischen- und dann Kleinhändler, die – wir wissen das aus den Miracula Sancti Germani, einer Lebensbeschreibung des hl. Germanus – mit einem Esel und einer Last Salz herumzogen und sie mit einem gehörigen Aufschlag zu verkaufen suchten.

Wie die Pfauen ...

Einen großen Umfang nahm der Textilhandel an. Dieser lief wohl richtiggehend international ab. Doch auch hier muß man wieder unterscheiden. Einmal gab es die gewöhnlichen Qualitäten und daneben die Luxusstoffe. Was man als einfacher Mensch brauchte, Hemd und Hose, das webten, schnitten, nähten die Frauen des Hauses selbst. Luxusprodukte für die Oberschichten mußten importiert, transportiert und verkauft werden.

Ein einheimisches Luxusprodukt stellten die „pallia fresonica", friesische Mantelstoffe, dar. Es muß sich um eine sehr prestigeträchtige und qualitativ hochwertige Ware gehandelt haben, da Karl der Große dem Kalifen Harun al Raschid derartige Stoffe zum Geschenk machte und solche auch nach Byzanz sandte. Wir wissen, daß sie gefärbt waren: es gab weiße und graue Tuche, gemusterte und saphirfarbene. Diese Mantelstoffe wurden aber nicht unbedingt in Friesland hergestellt, sondern hatten wahrscheinlich ihren Namen von den friesischen Händlern, die sie vertrieben.

Die Friesen exportierten diese Tuche nach England und brachten im

Gegenzug von dort Stoffe mit. Einen schönen Beweis für die Handelspraxis liefert ein Briefwechsel zwischen Karl dem Großen und dem insularen König Offa: Da hatte die Mode gewechselt, die Mäntel waren kürzer geworden, aber die Preise gleich geblieben. Das ging dem großen Karl nicht recht ein. Auch wir verstehen das manchmal nicht so richtig: Die kurzen Röcke kosten eben nicht weniger als die langen.

Die Herrn legten genauso wert auf eine gepflegte Erscheinung wie die Damen. Von diesen Stoffen sind nur noch wenige Fasern auf uns gekommen, Reste aus Gräbern, doch auch das ließ noch einen englischen Kollegen trocken und bewundernd feststellen: „the funeral attire of many early medieval women was splendidly elegant." Im Grab fand also die letzte Prachtenfaltung für das Jenseits statt, denn in heidnischen Zeiten glaubte man, dort ganz so wie im Diesseits weiterzuleben.

Seide kam aus Byzanz und wurde gewöhnlich über Venedig eingeführt. Auf ihrem Weg nach dem Norden wird sie Bayern passiert haben. Auch hier hüllte der edle Stoff die kostbaren Körper der vornehmen Welt ein. Gefolgsleute Karl des Großen trugen Seidenmäntel, dazu erschienen sie, wie ein Kleriker mit spitzer und empört gespreizter Feder festhielt: *in Häute phönicischer Vögel, die mit Seide eingefaßt waren und geziert mit Pfauenhälsen samt den Rücken und gefiederten Bürzeln, mit tyrischem Purpur oder zitronenfarbigen Streifen versehen, andere in kostbare Tuche oder Hermelin gehüllt.*

Karl der Große erlaubte sich den Spaß, so der gleiche Bericht, seine Hofleute in diesem Aufzug auf eine wilde Jagdpartie mitzunehmen. Mit Schadenfreude wurde dann ihr trauriger Anblick bei der Rückkehr beschrieben.

Die Mode diktierte schon damals die erlesene Schar am Königshof – und wie gewöhnlich werden sie die anderen, die sich das leisten konnten, nachgemacht haben. Das hielt den Handel am Leben und sicherte schöne Gewinne. Ob schon Kaufleute aus Regensburg beteiligt waren, wissen wir nicht. Man möchte es annehmen, denn die Stadt erscheint später als bedeutender Handelsplatz für Textilien.

Auch die Rohstoffe für die Tuchproduktion wurden gehandelt, wie Wolle und Krapp als Färbepflanze.

Getreide und Wein, und was man sonst so brauchte

Getreidehandel scheint in größerem Umfang stattgefunden zu haben. Als Händler traten Juden und Friesen auf. Wir hören aus den Texten, vor allem auch aus den Kapitularien, daß Kaufleute aus Mainz in ganz Deutschland unterwegs waren, die Überschüsse verkauften. Vom Kloster Staffelsee wissen wir, daß Ernteerträge auf den Markt gefahren wurden.

Wein tranken unsere Vorfahren viel und gern, nicht nur weil die Qualität des Wassers häufig zu wünschen übrig ließ. Wein wurde auch für die Liturgie benötigt, darum suchten die Klöster Weinberge in guten Lagen zu kaufen – oder noch besser, sich solche schenken zu lassen. Diese Besitztradition hat sich teilweise bis heute erhalten.

Ein großer Weinumschlag fand auf dem Jahrmarkt von St. Denis bei Paris statt, dort erwarben angelsächsische Kaufleute den Wein für ihren Export. Wein aus dem Elsaß wurde durch friesische Kaufleute weitergehandelt. Ein Beleg für einen verbreiteten Rheinweinhandel sind zahlreiche Amphoren, die in der Nähe von Köln hergestellt wurden. In diesen Gefäßen wurde offensichtlich Wein transportiert – mithin direkt ein Rückgriff auf die Antike. Solche Krüge oder Teile davon wurden in Skandinavien in Birka und Hedeby gefunden, aber auch in England: London und Cambridge.

Bayerische Klöster ließen ihre Hörigen die Weinfuhren erledigen; sie gehörten zu den festgelegten Arbeitsverpflichtungen. Der Adel beteiligte sich ebenfalls an Weinproduktion und -verkauf. Wir finden Transporte und größere Handelsströme mit Wein das ganze Mittelalter hindurch.

Die Hänge der Donau säumten Rebstöcke. In der Lebensbeschreibung des Heiligen Emmeram wird die Nordseite der Donau erwähnt. Winzer trägt ja heute noch den Namen, und von oberhalb Regensburgs zogen sich die Weinberge den Strom entlang, wo es nur eben ging. Über die Qualität dieser Tropfen läßt sich nur mutmaßen, einen Anhaltspunkt liefern freilich die Transporte der teueren – und wohl eben besseren Weine aus dem Süden herauf.

Alles, was sich nicht an Ort und Stelle produzieren ließ, aber für das Leben und Wirtschaften notwendig war, mußte gekauft werden. So wurde viel an Gerätschaft aus Holz hergestellt, aber für stark beanspruchte Werkzeugteile, Schneiden und dgl., und für die Waffen, war Eisen nötig. Das konnte nur an bestimmten Orten gewonnen werden, mußte dann zu den Verbrauchern gebracht werden. Gleiches gilt für das Blei, das in größeren Mengen aus England importiert wurde. Basalt aus der Eifel gelangte in der Form von Mühlsteinen weit herum, bis nach Skandinavien.

Weite Strecken störten nicht, wenn nur der Gewinn die Mühe ausglich. Der Viehhandel wurde ebenfalls über größere Strecken abgewickelt, gewöhnlich fand er auf den Jahrmärkten statt.

Die Handelsartikel summarisch zusammengefaßt, ergibt sich ein buntes Bild: Aus dem Norden und Osten kamen Pelze, Bernstein, Silber, Sklaven, Pferde, aus England Bücher, Wolle, Fett, Blei und Zinn, aus dem Westen Tuche und Gewebe, aus dem Süden Glas, Gewürze, Öl. Nicht zu vergessen sind ferner Metalle, Geschirr, Glas, Edelsteine, Jagdhunde, Wachs, Honig, Felle, Widderhäute, Käse, Fische, Gewürze aus dem Orient.

Bayern wird einen Teil dieser Handelswaren dank seiner zentralen Lage auf seinen Straßen gesehen haben. Regensburger Kaufleute dürften ihren Profit daraus gezogen haben. Legale und illegale Praktiken lagen nahe beieinander, und oftmals wurden Geschäfte getätigt, die wir heute abscheulich finden.

Die Glasbecher und -schalen blieben als Luxusgegenstände der Oberschicht vorbehalten. Gefunden im Gräberfeld Straubing-Bajuwarenstraße.

Menschenware

Verdun blieb über die Zeiten ein wichtiger Handelsplatz, vor allem für den Sklavenhandel. Diese Menschen wurden aus dem Osten geholt und ins arabische Spanien transportiert. In Cordoba standen in 5 Jahren 10 000 Sklaven zum Verkauf. Wahrscheinlich ging der Handel aber nicht allein in Ost-West-Richtung. Auch die Völkerschaften im Osten selbst, etwa die Awaren etc., dürften Interesse an schönen Mädchen und Jünglingen gehabt haben.

Diesen Menschenhandel belegt eine Zollordnung. Auch sie verdankt ihre Entstehung wirtschaftlichen Auseinandersetzungen. In Raffelstetten wurde auf Befehl Ludwig des Kindes um 904 wegen Beschwerden über ungerechte Zölle unter dem Vorsitz des Markgrafen eine Gerichtssitzung abgehalten, bei der die Großen die Zölle so festsetzten, wie sie früher galten.

Baiern, die von Passau ab donauabwärts fuhren, mußten vom Salz, das sie zu ihrem eigenen Haus brachten, keine Abgaben zahlen, wenn der Eid des Schiffsführers das bestätigte. Baiern, die mit ihrem Salz weiter die Donau hinabfuhren, wohl um es zu exportieren, durften erst in Ybbs halten und hatten drei Scheffel pro Schiff Abgaben zu zahlen.

Wer an einer Marktstätte vorbeifuhr, ohne zu bezahlen oder zu deklarieren, dessen Schiff und Ladung wurden konfisziert; ein Versuch, Zollvergehen zu verhindern. Ein Unfreier wurde festgehalten, bis dessen Herr kam und für ihn zahlte. Die Grundherren hatten also ihre „Handelsagenten".

Die Baiern konnten verkaufen, wo sie wollten. Wer den Zoll in Linz in natura bezahlte, erhielt das Recht der freien Weiterfahrt.

Slawische Händler aus Böhmen und Altrußland waren unterwegs, Juden und Baiern. Es galt, für alle Handel und Zölle zu regeln. Die Berufskaufleute mußten Gebühren zahlen, die Waren für den privaten Eigenverbrauch genossen Abgabenfreiheit. Kein Wunder, daß da Streit ausbrechen konnte und andererseits der Schmuggel versucht wurde. Eleganter ließen sich die Zölle sparen, erlangte man königliche Privilegien, diese wurden freizügig verteilt, bezahlte der Interessent dafür. Vor allem die Märkte bedurften königlicher Zustimmung.

Auf dem Markt

Der Handel bedurfte eines Ortes, wo Kauf und Verkauf vollzogen werden konnte – eben des Marktes. Freilich entsteht eine solche Einrichtung nicht von selbst, sie setzt voraus, daß einerseits ein Warenangebot vorhanden sein mußte, andererseits Käufer nachfragten. Dazu gehörte ferner ein geeigneter Platz, auf dem die Transaktionen stattfinden konnten. Voraussetzung war demnach eine entsprechende Wirtschaftsform, die einen Austausch ermöglichte, die über eine autarke Produktion hinausging. Wenn etwa in einem Gutsbetrieb die Lebensmittel selbst produziert wurden, die Frauen die Kleider herstellten, Männer die Werkzeuge, dann bedurfte es keines Marktes.

Wir wissen von Klöstern, daß sie ihre Wirtschaft ausnehmend gut organisiert hatten und ihre Abgaben so verlangten, wie sie sie für das Leben der Mönche am besten verwerten konnten. Von den abgabepflichtigen Bauern gingen nicht nur Lebensmittel ein, sondern auch Tuche, hölzernes und tönernes Geschirr, Metallgefäße, Messer, Zangen, Schuhe. Das deckte weitgehend den Eigenbedarf. Dennoch ganz ohne Außenbeziehungen ist man auch damals nicht ausgekommen. Wie bereits gesagt, bedurfte man des Salzes als Konservierungsmittel – und das mußte gewöhnlich über eine gewisse Distanz von den Salinen hertransportiert werden. Ähnlich war es mit den Metallen, die üblicherweise in Barrenform erworben und dann von den Schmieden weiterverarbeitet wurden. Die kirchlichen Einrichtungen brauchten beispielsweise Weihrauch, der nur durch Import erhältlich war. Doch all diese Lieferungen konnten Händler übernehmen, die in der Art von Hausierern herumzogen und ihre Waren anboten. Manche Betriebe werden auch ihre eigenen Leute losgeschickt haben, um bestimmte Güter zu holen, wie den Wein.

Eine autarke Wirtschaft war damals nicht möglich. Ein Markt wurde auch notwendig, weil in guten Jahren der Überschuß verkauft, in schlechten Jahren zugekauft – oder aber gehungert werden mußte. Denn nur wer den Kaufpreis aufbrachte – der natürlich in solchen Krisenzeiten stieg – erhielt eine Lieferung. Wir wissen von Abt Lupus von Ferrieres, aus dem 9. Jahrhundert, daß er Getreide kaufen mußte, weil in einem Jahr die Ernte nicht ausreichte.

Manche Dinge gab es eben nur über den Fernhandel – wie die getrockneten Heringe – eigentlich damals ein Armeleuteessen, und wir wissen etwa vom Kloster Corvey, daß friesische Händler dort Getreide abholten und im Gegenzug Heringe mitbrachten. Hier konnte im Prinzip noch Ware gegen Ware abgerechnet werden, doch das war zu dieser Zeit schon die Ausnahme.

Es gab also eine Nachfrage. Und es gab die Möglichkeit, die erstrebten Güter auch zu bezahlen. Lupus, der schon erwähnte Abt, schlug dem Bischof von Orleans vor, die überschüssigen Lebensmittel, Wein, Getreide, zu verkaufen, um dafür bei Textilkaufleuten eine bessere Stoffqualität für die Kleriker zu erwerben. Die Herren trugen eben gern weiches Tuch, wenn es auch in den Statuten nicht vorgesehen war ...

Zum Verkauf boten sich zwei Wege an – über den Fernhandel oder den nahegelegenen Markt. Bei größeren Mengen ergab sich das Problem, daß man nicht aufs Geratewohl einen Wagen beladen, zwei Ochsen vorspannen und mehrere abhängige Bauern auf die Reise in die nächste Stadt schicken konnte. Das Transporttempo war entsetzlich langsam – insgesamt kam ein Landtransport sehr teuer. Außerdem mußte man wissen, wo Nachfrage bestand. Das war dann die Domäne der Kaufleute, die hier einbezogen wurden und die Transaktion im Fernhandel abwickelten.

Daneben freilich ließ sich auch auf dem lokalen Markt Ware absetzen. Aus dem Kapitulare von Pitres von 864 geht hervor, daß auf Märkten der Städte und in kleineren Ortschaften Wein en detail, im Kleinmaß des sextarium, also 7,4 Liter, und dort auch Getreide verkauft wurden.

Die Nachfrage muß vorhanden gewesen sein, das wiederum setzt voraus, daß bestimmte Kreise auf den Zukauf angewiesen waren und daß diese über das nötige Zahlungsmittel verfügten. Zu denken ist hier an Handwerker in den Städten, und wohl auch an große Gutsbetriebe in deren Nähe. Zu denken ist hier auch an den Klerus und an die Oberschichten, die ihren Luxusbedarf zu decken suchten, und für die sich die Städte zu Einkäufen anboten.

Für einen Marktverkehr bedarf es aber des Geldes. Bis etwa um das Jahr 700 gab es eine Goldwährung, danach verschwand sie. Man hat dafür mehrere Erklärungen gefunden. In der Merowingerzeit bezahlte man die Luxusimporte mit Gold, hatte aber selbst keine Goldvorkommen. Das Gold floß somit ab. Heute wird die These vertreten, es habe eine Art Goldspekulation stattgefunden. Durch eine arabische Münzreform, im Jahr 696, wurde die Wertrelation Gold-Silber auf 1 : 14 festgelegt, im Frankenreich dagegen galt das Verhältnis 1 : 12. Durch den Umtausch in Silber konnte man demnach Gewinne machen – und die Kaufleute scheinen die Gelegenheit genutzt zu haben. Nun floß das Gold ab, wurde aus dem Umlauf gezogen. Aus anderen Wirtschaftsregionen kam ebenfalls keines mehr ins Land, da etwa auch Byzanz Maßnahmen ergriffen hatte, um ein Abströmen zu verhindern. Es blieb also nichts anderes übrig, als Silbermünzen zu prägen.

Um dem Wirrwarr Herr zu werden, in der Merowingerzeit war die Prägung den Königen entglitten, erließ Karl der Große eine Münzordnung. Er legte das „Pfund" Geld auf 240 gr. Silber fest, gleich 20 Schillingen, gleich 240 Denaren. (Das alte englische Währungssystem beruhte noch auf diesem Prinzip.) Der Silberdenar hatte durch seinen verhältnismäßig geringen Wert genau das richtige Format; mit ihm ließ sich der Wein bezahlen, den man sich für einen launigen Abend heimholte.

Der Silberdenar bot durch Wert und Verbreitung die Grundlage für einen breiten Umlauf und ermöglichte nun den Kauf: Ware gegen Geld. Die Überschüsse ließen sich auf dem Markt gegen Geld verkaufen, und damit konnten andere Güter erworben werden. Die Abgaben waren nicht mehr in Naturalien, sondern in Geld, also in Form von Steuern, zu entrichten, was die Produzenten, die Bauern, auf den Markt verwies. Dort mußten die Grundherren nun ihrerseits mit diesem Geld einkaufen.

Kein Wunder, daß aufgrund der neuen Handelsformen im 9. Jahrhundert die Märkte aufblühten. Ein besonderer Platz in einem Ort wurde rechtlich abgegrenzt. Der König gewährte dafür das Marktprivileg, also das Recht, dort Handel zu treiben, bestallte einen seiner Amtsträger mit der Aufsicht und verlangte dafür dann wieder Abgaben. D. h. es gab so etwas Ähnliches wie eine Standgebühr, die vom Marktherrn eingezogen wurde. Markt und Münze waren ursprünglich nebeneinander vorhanden, doch die Verbindung zwischen beiden wurde bald hergestellt.

Solche Märkte standen oft an der Wiege der Städte, sie wurden zu Zentren des Handels und der Wirtschaft. Regensburg beispielsweise ist „in seiner Bedeutung als Handelplatz des frühen Mittelalters ... wohl nur mit Mainz und Köln vergleichbar." Es profitierte vor allem von seiner Lage an der Donau, eine der zentralen Handelsachsen.

Die Regensburger Kaufleute vermittelten die Waren aus allen Himmelsrichtungen; mit den Gütern kamen fremde Kaufleute ins Land. Die Straßen benützten aber auch andere Reisende, Wallfahrer, Pilger und Mönche. Mit letzteren schließlich erfolgte ein geistiger Austausch im Karolingerreich.

Klerus und Kunst
Vom geistigen Leben

Bereits eingangs wurde bemerkt, daß die schriftlichen Quellen im 6. Jahrhundert versiegen und erst im 8. Jahrhundert wieder allmählich zu fließen beginnen. Die wenigen Schriften, die aus dieser dunklen Zeit überkommen sind, lassen an den vorhandenen Lateinkenntnissen zweifeln. Der heutige Leser tut sich genauso schwer mit diesen Texten wie die damaligen Schreiber. In das Latein, wie es am Ende der Antike geschrieben wurde, mischten sich schon die gesprochenen Mundarten. Schwankend zwischen Schrift- und Umgangssprache ging die klassische Eleganz verloren. Nach der germanischen Landnahme schließlich war es ganz aus mit dem Latein – wer es von den neuen Herrn im Lande sprechen wollte, mußte es, wie eine Fremdsprache, neu lernen.

Selbst die Gebiete, in denen die römische Kultur noch lange nachhallte: Italien, das westgotische Spanien, Septimanien, also Südfrankreich, durchlitten eine geistige Schwächeperiode. Wenn es da schon so bedauernswert aussah, wie dann erst in den Regionen, die nur eine vergleichsweise schwache römische Präsenz gekannt hatten, die rasch germanisiert worden waren? Im Frankenreich leuchtete die Wissenschaft nicht mehr – und auch nicht mehr in unserem Raum. In wildem Latein wurden Urkunden verfaßt, noch dazu in einer eigenen, recht mühsam entzifferbaren Schrift. (Doch heißt es hier achtsam sein: der Großteil der überlieferten merowingischen Urkunden stammt erst aus späterer Zeit, denn er ist gefälscht!) Auch die Geschichtsschreibung reduzierte sich auf dürre und dürftige Vermerke. Die Schulen boten nur noch einen Abglanz ihrer früheren Leistungen.

Umfangreicheres Ausmaß nahm nur die Produktion von Heiligenleben an. Die Verehrung des Heiligen sollte durch die Schilderung seines irdischen Lebens und seiner überirdischen Wundertaten gefördert werden. Dem Volk wurde ein naher, greifbarer Helfer in allen schwierigen Lagen des mühseligen Lebens vorgestellt. Am Ort, wo die kostbar gefaßten Reliquien aufbewahrt wurden, entfaltete er seine unmittelbare Wirkkraft. Dort konnte der Heilige direkt um Hilfe angefleht werden, erhörte er die Bitte am besten. Die Texte der Heiligenleben propagierten in einfachem Latein den Kult, erzählten von den Wundertaten. So konnte sie auch der wenig gebildete Priester lesen und dem Volk nacherzählen. Das hörte diese Geschichten gerne, und mit ihnen erhielt es zugleich eine Unterweisung in gottgefälligem Leben. Die zahlreichen Wunder der Heiligen versprachen Hilfe in den Nöten des alltäglichen Lebens. An wen sonst sollten sie sich bei Übergriffen der Großen wenden, in einer Hungersnot, bei Krankheit, Viehseuchen ...? Vom Staat war keine Hilfe zu erwarten und von den damaligen Heilkundigen nur in wenigen Fällen.

Auch damals gab es im Leben nichts umsonst: Ein Heiliger erwartete selbstverständlich – neben der obligaten Verehrung – auch Geschenke für seine Hilfe. Die Gläubigen brachten die Opfer, klagten aber dafür beim Heiligen die Hilfe ein, hatten sie doch Anspruch darauf. Die materielle Seite wurde durchaus nüchtern gesehen und bedacht. Der Grundsatz des Gebens und Nehmens galt – wie zu allen Zeiten. Eigentliche theologische Lehren spiegeln sich in diesem Volksglauben nicht. Dagegen scheinen noch Reste der alten heidnischen Kultformen durch.

Die Geschenke, die den Heiligen dargebracht wurden, fielen an das Kloster, das die Reliquien besaß, den Kult pflegte und propagierte und dafür die Heiligenleben schreiben ließ. Die geistige Wirksamkeit des Klosters aber hing direkt von seinen materiellen Möglichkeiten ab. Geistiges Leben braucht eine irdisch-reale Absicherung. Ein Mönch, der auf dem Feld sich den Lebensunterhalt erhackt, dem fehlt die Kraft und die Sammlung, Bücher zu schreiben. Ein Kloster, das nicht über genügend Einkünfte verfügte, konnte sich keine Bibliothek leisten, keine Schreibstube einrichten.

Die Kunst des Schreibens

Die Bücher mußten alle von Hand geschrieben werden – in Schönschrift. Die Tinte kochten sich die Schreiber selbst nach bewährten Rezepten, mit Ruß, Essig, Galläpfeln, je nach gewünschter Farbe und verfügbaren Grundmaterialien. Vogelfedern waren mit dem Messerchen zu spitzen und das Pergament war aus Tierhäuten, vor allem aus Schaffellen, zu bereiten. So wundert es nicht, daß es dauerte, bis ein Codex beendet werden konnte, setzt es nicht in Erstaunen, daß an einem schönen Buch mehrere Jahre hingearbeitet wurde, sein Wert einem Gutshof gleichkommen konnte.

Der Nachwuchs mußte ordentlich ausgebildet werden, das richtige Schreiben erst lernen. Arbeo von Freising etwa richtete eine eigene Schreibschule ein. Anders als heute hielt man damals die Feder ergonomisch recht ungeschickt und darum sehr verkrampft. Das führte zu baldiger Ermüdung, und so wurde Schreiben als harte Arbeit betrachtet. Brillen gab es nicht, keinen Radiergummi, sondern nur ein Radiermesser, mit dem die Tinte vorsichtig abzuschaben war, wollte man nicht das teure Blatt durch Löcher verderben.

Die damaligen Bücherwürmer hatten ihre Probleme. Zum einen mußte man sich Handschriften aus anderen Bibliotheken zum Kopieren leihen und selber dafür auch welche ausgeben. Fertig kaufen ließen sich die Werke nicht; wer eines haben wollte, mußte es abschreiben. Manche kamen von der Ausleihe nicht mehr zurück und manche erst nach langer Zeit und arg mitgenommen. Schließlich reisten die Bücher auf dem Rücken von Tragtieren oder im kargen Handgepäck eines Mönches.

Doch der Bildungseifer ließ keine Ruhe. Zu einem Kloster gehörte eine Bibliothek – und so wurden diese eingerichtet, in St. Emmeram, in Freising, in Salzburg ...

Wir haben die fruchtlosen Jahre bis in den Anfang des 8. Jahrhunderts übersprungen. Dann setzt ein Aufschwung ein. Bayern steht in einem Netz internationaler Verbindungen, wird begünstigt durch die Beziehungen nach Irland und zu den Angelsachsen, wo ja die antike Kultur nie völlig abriß. Alter keltischer Schwung und Phantasie gelangten über die Missionare in bayerische Klöster. Auch die Alpen bildeten keine Barriere, und alles, was so antikisch anmutet im Stil, hatte den Weg über die Pässe herübergefunden.

Neben dem Schöngeistigen, dem liturgisch Notwendigen steht eine andere Literatur. Ganz handfeste Ziele beinhalteten die Sammlungen der Traditionsurkunden. Der Grundbesitz des Klosters wurde darin festgehalten, Besitz wie Besitzansprüche ließen sich so dokumentieren. In Freising datieren diese Urkunden bereits seit 739. Aus der agilolfingischen Epoche stammen noch fast 130 solcher Texte. Auch in Salzburg hat man schon früh den Wert derartiger Aufzeichnungen erkannt. Im Streit mit dem Herzog Odilo gab Bischof Virgil die Anordnung, eine Zusammenstellung über die Rechtslage und den Besitzstand Salzburgs in Bischofshofen zu erstellen, woraus der Libellus Virgilii entstand.

Auch der Machtwechsel von 788 ließ es geraten erscheinen, sich seinen Besitz festzuschreiben. Erhalten hat sich ein Verzeichnis aus Salzburg, die Notitia Arnonis. Die Salzburger Kirche suchte zu verhindern, daß Karl der Große ehemals herzogliche Besitzungen einzog, Güter, die mittlerweile an die Salzburger Kirche gelangt waren. Ein Problem, vor das sich auch andere Klöster und Bistümer gestellt sahen.

Die Gewohnheit, Besitzübertragungen schriftlich festzuhalten, ist nicht erst im Mittelalter aufgekommen. Doch ihre Durchführung erforderte eine Kanzlei und ein eigenes Archiv und zudem einen Schreiber, der sich in derlei Rechtsgeschäften auskannte und die Formalitäten beherrschte. Das wiederum setzte eine umfassende Ausbildung voraus. Kein Wunder also, daß sich solche Leute nur an den Bischofssitzen und in den Klöstern fanden. Als Hilfsmittel dienten Formelsammlungen und Formularbücher, die Mustertexte für die jeweiligen Bedürfnisse enthielten.

Die Traditionsbücher verzeichnen zwar überwiegend die Schenkung von Land und Leuten, doch gelegentlich wird bei der Übertragung einer Kirche auch deren Inventar festgehalten. Das gestattet einen der wenigen Blicke auf das kirchliche Leben in einer kleinen Siedlung. Wir hören in diesen Quellen von der Kirchenausstattung, die weiter oben schon beschrieben wurde, wir erfahren von den Büchern, die ein Geistlicher auf dem Dorf zur Verfügung hatte. Sie dienten dem täglichen Gebrauch in der Liturgie, aber auch zur Unterweisung und Besserung des Volkes. Da der Großteil der Bevölkerung auf dem Land lebte, deren kirchlichen Mittelpunkt die Eigenkirche bildete, läßt sich aus dem vorhandenen Bücherschatz die christliche Lehre und das damalige christliche Leben in Umrissen erschließen.

Fresko von der Nordwand der Malser Kirche, wohl als Kirchenlehrer Gregor zu deuten, vom Hl. Geist inspiriert.

In Bergkirchen in der Diözese Freising bestand um die Mitte des 9. Jahrhunderts der kirchliche Bücherbesitz lediglich aus einem Meßbuch und einem Lektionar. Unter dieser Grundausstattung ging es wahrlich nicht mehr. Auch eine andere Dorfkirche im Freisinger Sprengel wies von diesen beiden Büchern jeweils nur ein Exemplar auf, dazu aber noch ein Collectarium, Texte für Wechselgebete und ein Antefonar. Thannkirchen wich ebenfalls nicht von der Norm ab, wir finden wieder die gleichen Bücher, doch immerhin in mehreren Exemplaren. Zur Hand waren auch ein Collectarium, dazu noch ein Geschichtsbuch in zwei Bänden, eine Psalmenerklärung, ein Psalter in drei Bänden, ein Antefonar, ein Matthäuskommentar.

Die Handbibliothek des Priesters, die dieser wohl im Pfarrhof aufbewahrte, bestand aus zwei Meßbüchern, zwei Lektionaren, einer Predigtsammlung, einem Bußbuch, zwei Psaltern, einem Pastoral, einem Antefonar und einem Kalender. Eine andere, gar nicht so kleine Bibliothek besaß der Kleriker Balderich. Wir wissen von ihr, weil er seine Bücher an das Kloster St. Emmeram gab. Ihm gehörten zwei Lektionarien mit Lesungen, zwei Meßbücher, ein Homilienbuch, Texte für Reden im Gottesdienst, zwei Gradualia, Bücher mit Solomeßgesängen, zwei Nocturnalia, Texte für das liturgische Nachtgebet, eine Kirchenrechtssammlung (librum canonum) ein Psalter, zwei Passionalia, Bücher mit Heiligenleben und -legenden, ein Bußbuch für die Beichtpraxis, und eine Gebetssammlung.

Dieser Bücherbesitz ragt in dieser Zeit heraus, für seinen Gegenwert konnte der Kleriker sogar Immobilien erwerben. Balderich aber dürfte auf alle seine Bücher doch wohl nur de jure verzichtet haben. Die Bände werden zwar den Eigentümer gewechselt haben, doch ist anzunehmen, daß Balderich sie weiter benutzen durfte. Sie gehörten nur eben jetzt dem Kloster und fielen nach dem Tod des Priesters der Klosterbibliothek zu, wurden in sie eingegliedert. Übrigens auch ein Weg, deren Bestände zu erweitern.

Sehen wir einmal von den Büchern ab, die für den Gottesdienst notwendig waren, zeigt sich ein weitergehendes Interesse Balderichs schon am Besitz eines Werkes mit den Sätzen des Kirchenrechts. Dessen Benutzung setzte einen geschulten Verstand voraus.

Für die Unterweisung der Gläubigen bedurfte es geeigneter Texte. Das Ausbildungsniveau des Klerus dürfte im allgemeinen nicht allzu hoch gewesen sein, und der Bildungsgrad seiner Herde lag noch darunter. Darum brauchte es schlichte Bücher. Die Grundwahrheiten ließen sich

Der prächtig gestaltete Einbanddeckel des Codex aureus von St. Emmeram. Das Evangeliar entstand um 870 in Reims, wurde von König Arnulf 893 nach Regensburg gebracht und ist seit der Säkularisation in München.

einem Katechismus entnehmen. Die Lehre selber scheint recht anschaulich verkündet worden zu sein. Beispiele rechten Lebens und Wirkens wurden vor Augen gestellt. Der Stoff dafür fand sich in den Predigtsammlungen und Heiligenleben. Vertraute Bilder wurden dabei bevorzugt, Beispiele aus dem bäuerlichen Leben gewählt, etwa daß man im Jahr nur einmal seinen Acker pflüge und nur eine Ernte erwarten könne, den gleichen Grundsatz gelte es beim Umgang mit der Ehefrau zu beherzigen!

Für hochgelehrte und abstrakte Theologie blieben die Ohren noch sehr lange taub, darum beschränkte sich die Unterweisung auf eher handfeste Lehren. Die Wundertaten der Heiligen lieferten tatkräftige Muster, die einfachen, volkstümlichen Erzählungen gingen auch leichter ein. Die Christenlehre wurde hier auf ein schlichtes, vielleicht manchmal auch zu schlichtes, aber jedenfalls leicht faßbares Maß umgesetzt. Die Glaubensartikel in ein begreifbares, für das tägliche Leben umsetzbares Wort zu kleiden, gelang nur wenigen Theologen. Darum setzten sich auch nur die Werke durch, die diesen Ansprüchen genügten.

Für die Beichte dienten die Bußbücher. Sie hatten ihren Weg von Irland herübergefunden. In der frühchristlichen Kirche erfolgte die Beichte öffentlich. Bereits im Frühmittelalter aber setzte sich die Ohrenbeichte durch, das Beichtgespräch fand zwischen Priester und Gläubigem statt. Der Priester mußte für Verfehlungen eine Buße auferlegen. Dafür aber galt es, zwischen zulässigem und sündhaftem Verhalten zu unterscheiden. Das alles stellte einen einfachen Dorfpriester durchaus vor Probleme. Die Bußbücher sollten helfen, keine Fragen zu vergessen und dann für die Sünden eine gerechte Buße auszusprechen. Wie in einem Bußgeldkatalog standen die Delikte und die dafür vorgesehenen Strafen beieinander. Das einfache Latein sicherte auch hier die Verständlichkeit. Benutzen durfte das Werk nur der Klerus, denn er befürchtete, durch manche Texte könnten die Schäfchen erst auf schlimme Gedanken gebracht werden. Die ausführlichen Sündenverzeichnisse konnten zum Experiment verleiten. Wer sich verfehlt hatte, der büßte durch Fasten und Beten, dazu konnten auch Geldzahlungen geleistet werden. Wer etwa einen Eid bei Sonne und Mond geleistet hatte, also in heidnischen Formeln, mußte 15 Tage bei Wasser und Brot fasten. Wer etwa bei Begräbnissen heidnische Praktiken verwandt hatte, etwa den Toten auf dem Bauch liegend bestattete, um ein Wiedergängertum zu verhindern, büßte sein Tun mit zwei Jahren Fastenübungen. Wer einen Kleriker schlug, für den drohte ein Jahr lang Buße. Wer über den Durst getrunken hatte, kam mit zehn Tagen davon, wer die Fastenzeiten nicht hielt, mit 40 Tagen. Auf Ehebruch unter Verheirateten standen 80 Tage Wasser und Brot und danach 14 Jahre lang Bußübungen.

Ein Ehepaar, das nicht in den zulässigen Formen, oder an verbotenen Tagen verkehrte, fastete von zehn Tagen an aufwärts.

So ließen sich die Moralvorstellungen des Klerus und der Kirche weitgehend durchsetzen. Im übrigen wurden später Bußumwandlungen möglich: Fastentage konnten abbezahlt werden, und lange Fastenzeiten ließen sich durch Verteilung auf mehrere Schultern abkürzen.

In den Klosterbibliotheken

Die damaligen Klosterbibliotheken wiesen die oben beschriebenen Werke ebenfalls auf. Doch enthielten sie, ihrem Zwecke angemessen, vor allem die Hauptwerke der theologischen Literatur: die Bücher der Hl. Schrift, die Werke der großen Kirchenlehrer Hieronymus, Augustinus, Ambrosius, Gregor des Großen, Isidor von Sevilla und die Kommentare dazu. Isidor (ca. 570–636) überlieferte zeitgenössisches Wissen in einer Art Lexikon, seinen „Etymologiae". Ferner wurden Werke von Eusebius (um 300) und von Cassiodor (Mitte 6. Jhd.), vor allem deren Kirchengeschichte, abgeschrieben; von Paulus Diaconus (720–799) seine Langobardengeschichte, dazu die Bistumsgeschichte von Metz, von Smaragdus († 825) sein Fürstenspiegel und die Grammatik, von Hrabanus Maurus (780–856) verschiedene Werke.

In den Bücherkisten lagen die wichtigsten Rechtsquellen, die Canonessammlungen und Konzilientexte. Abschriften der Rechtserlasse, der Konstitutionen Karls des Großen wurden angelegt, Synodalakten gesammelt, Kirchenrechtssammlungen wie die Dionysio Hadriana kopiert. Eine Kirchenrechtssammlung des Dionysius Exiguus (Anf. 6. Jhd.) mit Konzilsbeschlüssen und päpstlichen Erlassen schickte Papst Hadrian aus Rom an den Hof Karls. Sie sollte rechtsnormierend wirken; ihren Erfolg belegen etwa 700 erhaltene Handschriften, obwohl sie nie offizielle Rechtskraft erhielt. Auch die Lex Baiuvariorum war zur Hand. Die Bibliotheken in den Klöstern von Regensburg, Freising, Salzburg, Benediktbeuern und Tegernsee, um nur einige zu nennen, wiesen beachtenswerte Bestände auf.

Die Bücher strömten mit den Mönchen aus allen Himmelsrichtungen ins Land. Ein Band der Moralia, ein Kommentar Gregors des Großen zum Buch Hiob, aus dem frühen 8. Jahrhundert, stammte aus dem Frankenreich. Ein Sakramentar war um die Mitte des 8. Jahrhunderts in England geschrieben worden und fand sich am Ende des Jahrhunderts in Bayern. Im 9. Jahrhundert wurde in den Klöstern die wichtigste Gebrauchsliteratur,

Regeln und Hilfen für die Beichte, Paternoster, Credo, Gebete und Hymnen, abgeschrieben. Für die Unterrichtung des Nachwuchses kopierten die Mönche die klassischen Standardwerke: Priscians Lateingrammatik und die des Donatus aus dem 4. Jahrhundert, die „Ars minor" für Anfänger und die „Ars maior" für Fortgeschrittene. Alkuins, eines Freundes Karls des Großen, Buch über die Rhetorik und Dialektik, also über den richtigen Aufbau der Sprache, fand ebenfalls Leser. Kopiert wurden auch die Schriften des Boethius. Er vermittelte die griechische Philosophie und Wissenschaft. Seinen „Trost der Philosophie", verfaßt vor seiner Hinrichtung nach einem politischen Prozeß 524, konnte man in Regensburg finden, nach Norden gekommen waren auch seine Werke „Über die Musik" und die Geometrie. In Regensburg ist Martianus Capella's (5. Jhd. n. Chr. in Karthago) Lehrbuch über die Freien Künste nachweisbar, das ebenfalls zur Ausbildung diente. Es faßte den Lehrstoff in der im Mittelalter „beliebten Mischung aus tiefer Gelehrsamkeit und bizarrer Phantasie" zusammen. Die Disziplinen reichten von Grammatik über Mathematik bis zur Musik und Astronomie. Daneben gab es noch wissenschaftliche Handbücher zur Kalenderberechnung.

Für die Grundausbildung des Nachwuchses in den Klöstern spielten also die spätantiken Schulautoren noch immer eine große Rolle. Das warf dann das ganze Mittelalter über Probleme auf: denn heidnische Schriftsteller und christliche Mönche des Mittelalters vertrugen sich schlecht miteinander. Floß doch mit den Texten ein beunruhigender Gedankenstrom in die Köpfe der frommen Männer. Nicht nur die antike Mythologie, sondern auch freimütige und -zügige Schilderungen standen darin.

Weil Latein aber nunmehr eine Fremdsprache war, die gelernt werden mußte, brauchte es Wörterbücher. Der „Abrogans", um 770 wohl durch Arbeo von Freising angeregt, diente als Synonymwörterbuch für „den gehobenen und geblümten literarisch-lateinischen Stil". Ein weiteres vorkarolingisches Glossar liegt als Schulbuch im „Vocabularius Sancti Galli" vor. Die Kasseler Glossen, ein Sachwörterbuch und Konversationsbuch, stammen zwar aus Fulda, haben aber einen Bayern als Bearbeiter gehabt. Wer anders sollte denn den Satz darin formuliert haben: „Dumm sind die Welschen, klug sind die Bayern."

Die Bayern gingen hinaus in die Welt, und von da wiederum drangen Ideen und Kunstanschauungen ins Land ein. Die Verbindungen veranschaulichen die Verbrüderungsbücher. Diese Listen, unter den Klöstern ausgetauscht, bezweckten die Gebetsgemeinschaft der Lebenden für die Toten. Überall wurde der Verstorbenen gedacht. Verzeichnisse der Äbte und Bischöfe, auch der Mönche, wurden zunächst für die bayerischen

Klöster, so von Virgil von Salzburg, angelegt. Nach 788 wurden auch fränkische, angelsächsische, italische Kongregationen aufgenommen.

Der Einfluß von außerhalb der bayerischen Grenzen läßt sich besonders schön an den Evangeliaren zeigen, die kunstvoll verziert und wertvoll eingebunden, die Schöpferkraft der Künstler ausdrücken. Ein Cutbercht etwa schuf „in Salzburg, mit dem nach ihm benannten Evangeliar, ein Werk . . ., das in einzigartiger Weise die Stellung der bairischen Buchmalerei im Spannungsfeld der frühmittelalterlichen Kunst zum Ausdruck bringt. Die Schrift zeigt die Hand eines Angelsachsen, aber der Evangelientext, den sie kopiert, ist italienischer Herkunft, die Initialen bieten Beispiele insularer Ornamentkunst, doch in Kanontafeln und Evangelistenbildern wiederholt Cutbercht Formeln, die dem weiten ornamentalen Formenschatz und dem reichen figuralen Bildgut der Spätantike entnommen sind". Gemischter ging es wohl kaum mehr. Und doch entstand daraus etwas Eigenes, Unverwechselbares.

Das erweisen auch etliche Reste von damaliger Korrespondenz. Sie ist nicht nach einem klaren, einfachen Geschmack verfaßt, denn in ihr galt es, Bildung zu zeigen. So finden sich eben geschraubte, kompliziert gebaute Sätze, gewählte Bilder.

Einen besonderen Rang im Schrifttum nimmt die Kosmographie, also die Weltbeschreibung, des sogenannten Aethicus Ister ein. Das ist ein höchst fiktives Werk, dessen Autor sich hinter einem Pseudonym versteckt. Lange galt die Meinung in der Forschung, mit ihm habe sich der gelehrte Ire Virgil von Salzburg an dem wesentlich weniger gelehrten Bonifatius rächen wollen. Beide mochten sich nicht gerade. Wie erinnerlich hatte Bonifaz gegen die Ernennung Virgils seine Stimme erhoben und ihn wegen seiner Antipodenlehre beim Papst denunziert. Diese Antipoden, die „Gegenfüßler", standen auf der Rückseite der Erdscheibe, damit quasi Sohle gegen Sohle mit den Bewohnern der „Vorderseite". Zu den Antipoden aber konnte niemand gelangen, umgab doch die Erde der Ozean. Das widersprach der biblischen Auslegung, daß das Evangelium alle Völker erreichen müsse, war demnach ketzerisch.

Die Kosmographie ist eine gelehrte Fabelei, die beim Namen das Autors einsetzt, zum Teil damals bekannte Literatur einwebt und eine Reisebeschreibung von Gibraltar bis Indien, von Afrika bis zum Nordkap unter sieben Himmeln gibt. In letzter Zeit sind die Zweifel mehr geworden, die die Verfasserschaft Virgils in Frage stellen.

Salzburg und die Klöster in seinem Umkreis beherbergten fruchtbare Werkstätten. Der „Codex millenarius maior" in Kremsmünster zeigt noch den altertümlichen Bibeltyp, der dann nach 800 durch fränkischen

Die vier Evangelisten über einer Canontafel. Eine Salzburger Handschrift, geschrieben von Cutbercht, einem Angelsachsen. In der Forschung wird die Beeinflussung der Naturnser Fresken durch dieses Evangeliar diskutiert.

Einfluß verdrängt wurde. Die Bilder weisen einen eigenen agilolfingischen Stil auf, gestaltet aus der Fläche und der Linie. Es dürfte sich um das früheste Werk eines bayerischen Buchmalers handeln, in dem sich aber ein – wenn auch nur geringer – italobyzantinischer Einfluß zeigt. Beim Auftraggeber könnte es sich vielleicht um Tassilo III. gehandelt haben.

Für den Herzog wurde wohl auch ein Psalter in Mondsee angefertigt. Mit Gold und Silber und besonderen Initialen geschmückt, legten die Mönche ein wertvolles Exemplar für den privaten Gebrauch vor. Da die Bibellektüre im Mittelalter den Laien verboten war, die Gefahr irriger Auslegung schien dem Klerus zu groß, diente der Psalter als das eigentliche Gebetbuch des Mittelalters.

Die volkssprachliche Literatur

Auch die volkssprachliche Literatur der Zeit enthält christliche Texte. Am bekanntesten ist der Wessobrunner Hymnus, ein Schöpfungsgedicht, von dem aber nur noch ein Satz überliefert ist: *nicht war die Erde mit Baum und Berg, nicht der Himmel mit Sonne und Mond und nicht das Weltmeer, es war schon der eine allmächtige Gott*. Die erste Fassung stammt aus dem 8. Jahrhundert.

Wir wissen, daß neben den gelehrten Schöpfungen eine eigene volkstümliche Literatur existierte. Das ganze Mittelalter hindurch erfreuten sich sagenhafte Gestalten, wie der König Artus und dergleichen, hoher Beliebtheit und Aufmerksamkeit beim Volk – und beim Klerus. Diese Sagen wurden gewöhnlich mündlich weitererzählt, bekannt sind ja die hohen Gedächtnisleistungen solcher Erzähler. Das „Hildebrandslied", entstanden im Langbobardenreich im 8. Jahrhundert, wurde wohl in der ersten Hälfte des 9. Jahrhunderts in Bayern bearbeitet. Geschildert wird in diesem Epos ein tragischer Vater-Sohn-Kampf. Die Dietrichsage steht im Hintergrund.

In der Agilolfingerzeit läßt sich in den Handschriften ein eigener bayerischer Stil nachweisen. Nach dem Ende des Herzogtums und unter dem verstärkten fränkischen Einfluß änderte er sich. In der Karolingerzeit wird die Antike als verpflichtendes Vorbild erkannt und bewußt rezipiert. Die Evangeliare nehmen in ihren stilistischen Einflüssen antikisierende Züge auf. Die außerbayerischen Einflüsse vermehren sich, wenn etwa der Regensburger Bischof Adalwin (792–816/7) Beziehungen zur Hofschule Karls des Großen unterhält, wenn Mönche aus Emmeram nach Fulda zur

Ausbildung geschickt werden, dann dringt schließlich der karolingische Stil doch durch. So ist denn auch in Eichstätt das alte insulare Schriftgut durch karolingisches verdrängt worden.

Die Eingliederung ins Karolingerreich erweisen Biographien bayerischer Kleriker. Sturmi und Eigil gingen nach Fulda, Freising schickte Kleriker an den Königshof.

Von den zahlreichen Werken, die in den kleinen und größeren Bibliotheken standen, hat sich nur ein Bruchteil erhalten. Kriegerische Ereignisse, allzu sorgloser Umgang mit den Folianten, manchmal auch erst in neuerer Zeit, ließen den Schatz auf wenige Reste zusammenschmelzen.

Die bayerischen Autoren und die fremden Mönche, die in Bayern schrieben, stehen in ihrer Tradition und zeigen ein gewisses Beharren auf ihr. Neuerer hatten es hier immer ein bißchen schwerer, und oft fanden sie ihr Betätigungsfeld erst außerhalb der bayerischen Grenzen. Im Lande selbst wurden keine weltverändernden Ideen entwickelt, doch die geistigen Strömungen von außerhalb aufgenommen.

Über all dem darf nicht vergessen werden, daß damals diese Bücherpracht nur ganz wenigen Klerikern zugänglich war. Das Volk konnte weder lesen noch schreiben. Für den Inhalt der gelehrten Bücher hätte es kein Verständnis gehabt, es brauchte Anleitung und Hilfe für den mühseligen Alltag. Denn im frühen Bayern lebte es sich für den größten Teil der Bevölkerung nicht allzu gut.

Das Leben im Land. Weit enfernt vom Paradies – und ihm doch nah

Arbeo von Freising hat in der zweiten Hälfte des 8. Jahrhunderts in der Lebensbeschreibung des hl. Emmeram ein Bild Bayerns gezeichnet: *Das Land war sehr gut, lieblich anzusehen, reich an Hainen, wohlversehen mit Wein. Es besaß Eisen in Fülle und Gold, Silber und Purpur im Überfluß; seine Männer waren hochgewachsen und stark, auf Nächstenliebe und Sitte gegründet. Das Erdreich war fruchtbar und brachte üppige Saaten hervor, und der Erdboden schien von Vieh und Herden aller Art fast bedeckt zu sein; Honig und Bienen waren wahrlich in reichlicher Menge vorhanden. In Seen und Flüssen gab es Fische in großer Zahl; das Land war von klaren Quellen und Bächen bewässert und besaß an Salz soviel es bedurfte. Die Stadt, nämlich Regensburg, war uneinnehmbar, aus Quadern erbaut, mit hochragenden Türmen, und mit Brunnen reichlich versehen; im Norden bespült sie die Donau, die im geraden Lauf gen Osten strömt. Das Bergland war ergiebig an Obst und bot Weiden und saftiges Gras; das Waldgebirge war mit wilden Tieren bevölkert und das Unterholz mit Hirschen, Elchen, Auerochsen, Rehen, Steinböcken und mit Tieren und Wild aller Art.*

Doch die Idylle betrifft nur das Land. Auf die Leute – hier nur auf die Männer – geht unser Autor mit ganz wenigen Worten ein. So sittsam und fromm, wie sie Arbeo malt, werden sie in den wenigsten Fällen gewesen sein. An der Realität der Quellen gemessen, verlieren die Bayern viel von ihren moralisch-christlichen Qualitäten, wirken recht erdenverhaftet, heidnisch, ja zuweilen brutal.

Der obige Text muß als Idealbild, muß im Rahmen seiner literarischen Gattung – eines Heiligenlebens gesehen werden. Das sollte andere Inhalte, eine andere Botschaft vermitteln: Das Wirken des hl. Emmeram zu Lebzeiten, seine überirdische Hilfe nach dem Martyrium trugen auf Erden reiche Ernte. Fest eingepflanztes Christentum läßt schon im Diesseits die jenseitige Schönheit erkennen. Ein Vorschein paradiesischer Zustände liegt über der Welt.

Arbeo kannte das Land – und er hat es geliebt. Sonst wäre sein Hymnos nicht so üppig ausgefallen, trotz der vielen übernommenen Versatzstücke; denn das Städtelob ist eine alte Literaturgattung.

Der Freisinger Bischof hat wohl den ersten touristischen Prospekt Bayerns geschrieben – und so darf man sich nicht wundern, wenn er von seinen Nachfahren immer wieder zitiert wird. Wie in solchen Texten üblich, erscheinen die Dinge auf dem Papier schöner als in der Realität; es fehlen die störenden Schatten. Regensburg wird in wenigen Strichen skizziert, unverkennbar an den Ufern der Donau aufragend. Ansonsten erscheint Bayern als das Land, in dem Milch und Honig fließen. Fruchtbare Wiesen und Äcker tun sich auf, Vieh und Wild laufen in riesigen Herden herum, fast wie im späteren Schlaraffenland. Es ist das alte Traumbild hungriger Zeiten, von allem im Überfluß zu haben.

Vom Leben der Menschen allerdings berichtet der Autor bezeichnenderweise in der oben zitierten Passage nichts. Der Versuch, aus anderen Quellen deren Lebensrealität zu erfassen, trübt das Bild von Arkadien.

Die Lebenserwartung

Fangen wir mit den Männern an. Sie scheinen tatsächlich relativ groß gewesen zu sein. Die Auswertung von Skeletten ergab im Mittel eine Höhe von 173 cm; die Frauen lagen 10 cm darunter.

Aus dem Vergleich der Schädel ergibt sich eine ethnisch unterschiedliche Bevölkerung; wie sie nebeneinander lebte, wurde sie auch beerdigt. Bei manchen Bestattungen der ersten Zeit der Stammesbildung läßt sich noch eine romanische Population ausmachen, dann überwiegt zunehmend die germanische. Wesentlich uneinheitlicher fällt der Befund bei den Frauen aus; die scheinen quer durch die Völkerschaften geheiratet worden zu sein.

Die Friedhöfe geben auch Aufschlüsse über die durchschnittliche Lebenserwartung – und die lag bei nicht mehr als 25 Jahren. Selbst wer die ersten harten Jahre überstanden hatte, konnte in der Regel nicht älter als 40 oder 50 Jahre werden. Die Kindersterblichkeit muß hoch gewesen sein, aber erstaunlicherweise fehlen in den Gräberfeldern die zu erwartenden Skelette von Kindern. Man rechnet gewöhnlich mit einem Anteil von etwa 45% Kindern und Jugendlichen unter der mittelalterlichen Bevölkerung, bislang aber ließ sich höchstens ein Anteil von 30% erweisen.

Ein Blick in die Traditionsbücher erbringt ebenfalls vergleichsweise niedrige Kinderzahlen. Ein Beispiel verdeutlicht dies. Die große Schenkung des Abts Siegfried vom Ilmkloster an St. Emmeram führt Hörige auf: Da haben Osanmann und Deotuuiha zwei Kinder, das nächste Paar drei, das nächste und ein weiteres Paar überhaupt keine Kinder, ein Paar hatte nur einen Sohn, das gleiche gilt für die nächsten, hier lebten die Eltern aber noch, was eigens vermerkt wurde! Bei anderen Paaren werden ein Kind, dann wieder zwei Kinder, nochmals zwei Kinder, fünf Kinder, kein Kind, drei Kinder aufgeführt. Auch durch den Tod auseinandergerissene Familien erscheinen: Vater und Tochter; ein einzelner Mann. Andere Texte bestätigen das gleiche Bild, mehr als vier Kinder in einer Familie bilden die Ausnahme. Erstaunlich hoch dagegen mutet die Zahl der Paare ohne Kinder an.

Die hohe Kindersterblichkeit als ein demographischer Faktor reduzierte die Familiengröße drastisch. Die Großfamilie, wie sie in manchen Köpfen noch herumgeistert, gab es damals nicht – höchstens wenn man „familia" als Personenverband auffaßt und das ganze Gesinde dazurechnet. Eine Familie in dieser Zeit umfaßte selten mehr als fünf Köpfe: im Idealfall die Eltern, zwei Kinder, ein Großelternteil oder Onkel bzw. Tante.

Die Kindersterblichkeit allein genügt aber als Erklärung für diese insgesamt geringe Zahl nicht. Der Nachwuchs muß öfters ausgeblieben sein – das belegen die Fruchtbarkeitsamulette, die nicht ohne Grund getragen worden sein dürften. In manchen Fällen läßt sich auch an Abtreibung denken, denn die abortive Wirkung von Kräutern war bekannt. Das bayerische Gesetzbuch und die Kirche bedrohten das Delikt mit Strafen, was ebenfalls für eine solche „Geburtenregelung" spricht.

Auf indirekte Weise mag auch die Kirche dazu beigetragen haben, daß die Schwangerschaften zurückgingen. Sie regelte durch ihre Vorschriften das Sexualleben bis in Einzelheiten, gestattete Geschlechtsverkehr nur an bestimmten Tagen und setzte in den Bußbüchern harte Strafen auf Übertretungen.

Medizinische Diagnosen lassen sich nach anderthalb Jahrtausenden nur noch schwer stellen. Die erhaltenen Knochen aus den Gräbern aber zeigen Wirbelsäulen- und Gelenkserkrankungen, häufig übrigens bei den Männern. Zahlreiche Knochenverletzungen am Schädel und an den Beinen gehen auf Gewaltanwendung, auf Schwerthiebe, zurück. Das Gesetzbuch listet ja auch eine Fülle von Körperverletzungen auf. Streit scheint häufig ausgebrochen und schnell eskaliert zu sein. Doch Unfälle, Stürze vom Pferd, Verletzungen bei der Jagd dürften sich ebenfalls nicht gerade selten zugetragen haben.

Karies gab es auch damals schon, doch die hatte wesentlich weniger Gebisse als heute befallen. Andere Übel lassen sich nur vermuten, die Menschen müssen von Ungeziefer gequält worden sein. Gegen Läuse,

Flöhe, Darmparasiten gab es keine durchgreifenden Mittel, ebensowenig gegen Krätze, Ausschlag usw.

Ganz ohne jegliche Heilkunst lebten die frühen Bayern allerdings nicht. Knochenbrüche wurden versorgt, öfters allerdings mit unbefriedigendem Ausgang, falsch verwachsene Knochen führten zu Behinderung. Blutungen wurden mit dem Brandeisen gestillt, dafür liefert die Lex den Beleg. Doch jede Infektion konnte tödlich verlaufen. Größere Operationen schieden von vornherein aus, der innere Aufbau des Menschen war völlig unklar, innere Blutungen konnten nicht gestoppt werden.

Die Volksmedizin wußte um die Kraft der Kräuter, baute auf Erfahrung und mündliche Überlieferung. Die medizinische Versorgung lag in der Hand von Kräuterkundigen, vielfach wohl der Frauen. In der Vita des hl. Korbinian, ebenfalls verfaßt von Arbeo, begegnet dem Heiligen eine solche Frau auf dem Weg zur Herzogin, um deren todkranken Sohn zu helfen. Was die Gebete nicht vermochten, brachte auch die weise Frau nicht zustande; das Kind starb.

Aberglaube

Aberglaube mischte sich immer darunter. Arbeo berichtet, daß die Einwohner Aschheims die abgeschnittenen Gliedmaßen Emmerams in eine Weißdornhecke legten. Aus einem Analogieschluß heraus nahmen sie an, die Dornen würden die Glieder wieder aneinanderheften.

Die Kraft der Amulette sollte zusätzlich vor Schaden bewahren. In der heidnischen Zeit reihten sich an einem Riemen, der vom Gürtel der Frauen herabhing, Glasperlen, Bernsteinstücke, Bleikristall und Rauchtopas. Auch durchbrochene Metallscheiben, Glöckchen oder Klapperbleche dienten als Abwehr-, Muscheln als Fruchtbarkeitszauber. Nach der Christianisierung erfüllten kleine Reliquienbehälter, häufig in der Gürtelschließe untergebracht, den gleichen Zweck. In ihnen wurden etwa Wachsreste von Kerzen an einem Heiligengrab oder Knochensplitter aufbewahrt.

Als Reliquien galten ursprünglich nur die Überreste von Heiligenleibern, dann aber auch Gegenstände, die mit dem Heiligen in Berührung gekommen waren. Je mehr Reliqien man besaß, so glaubte man, desto größer war der Schutz, über den man verfügte. Ein Ergebnis davon war der seit der Spätantike blühende Reliquienhandel, bei dem nicht vor Fälschungen zurückgeschreckt wurde. Dies stieß gelegentlich auf kirchliche Kritik, entsprach aber einem Bedürfnis der Gläubigen. Auch nach Bayern wurden im 8. Jahrhundert „römische Katakombenheilige" überführt – oft genug wurden alte römische Friedhöfe dafür geplündert.

Um Hilfe zu erlangen, wurden weite Wallfahrten zu Gräbern bedeutender Heiliger unternommen. Eine Mühsal, der sich auch Nonnen unterzogen. Doch auf dem Weg nach Rom etwa, glitten sie anscheinend öfters vom rechten Wege ab. Bonifaz wußte um diese Gefährdungen, wie einer seiner Briefe belegt.

Für den untersuchten Zeitraum müssen wir das Nebeneinander von heidnischem und christlichem Glaubensgut annehmen. Heidnisches Brauchtum ging nie ganz unter. Vieles erhielt sich in christlichem Kleid, wie die Flurumgänge, die die Fruchtbarkeit der Äcker steigern, vor Schaden bewahren sollten. Heidnische Kultstätten wurden vernichtet, aber an der gleichen Stelle dann ein katholisches Bethaus aufgerichtet. Gegen alte, pagane Bräuche kämpfte die Kirche der Karolingerzeit noch immer, setzten die Bußbücher ihre Strafbestimmungen. Magische Bestattungspraktiken sollten vor einem Wiedergängertum bewahren; Leichenbegängnisse wurden in heidnischen Formen mit rituellen Mahlen vollzogen. Zu besonderen Zeiten des Jahres, in den Rauhnächten und an Neujahr etwa, ging es besonders zauberisch her. Mit bestimmten Zeremonien ließ sich etwa vom Hausdach in die Zukunft sehen. Bis heute haben sich allerlei heidnisch-magische Bräuche um Wintersonnwende und Neujahr erhalten. Zu den unsinnigsten Überbleibseln gehört das Sylvester-Feuerwerk zur Vertreibung der bösen Geister.

Die weltlichen Gesetzestexte waren sich über deren Existenz und Wirkkraft nicht recht einig. Die Priester predigten von Dämonen und bösen Geistern. Doch in dieser frühen Zeit wurde deren Wirksamkeit hienieden für eher beschränkt gehalten. Jemanden als Hexer zu beschimpfen, zog Strafe nach sich, außer es wurde bewiesen. Auf Verhexung, auf Ernteschaden durch zauberische Einflüsse stand eine Strafe. Die wenigen Theologen, die sich, freilich erst ab dem 10. Jahrhundert darüber äußerten, sahen Hexerei noch als Hirngespinste an.

Das Volk glaubte aber an magische Kräfte. Die Natur schreckte, wirkte ungeheuer; die wilde Jagd, Geister an bestimmten Orten mahnten zur Vorsicht. Auch am Haus brauchte es darum Abwehrzauber, die Schwelle war zu sichern und das Dach.

Getreidemus oder Braten?

Die Ernteerträge fielen gering aus. Eine schlechte Ernte führte unweigerlich zu einem Hungerwinter. Gegen Schädlinge gab es keine durchgreifenden Mittel, das Unkraut wucherte im Acker, Pilze befielen das Getreide, auch in den Scheuern war die Ernte nicht lange sicher. Die Vorräte ließen sich schlecht lagern. Äpfel hielten sich in den kühlen Grubenhäusern wohl einige Zeit, auch Kohl, Kraut und Rüben. Da man nur wenig Zuchtvieh über den Winter bringen konnte, fand Ende des Herbstes die große Schlachtaktion statt. Das Fleisch konnte durch Einlegen in 20% Salzlake konserviert, getrocknet und geräuchert werden.

Die Tiere lieferten geringe Erträge. So konnten nicht zu viele hungrige Mäuler versorgt werden. Die meisten Leute werden zufrieden gewesen sein, wenn überhaupt etwas in der Schüssel lag. Delikatessen waren den Oberschichten vorbehalten. Sie dürften auch das feine, ausgemahlene Mehl genossen haben, während für die einfacheren Leute das Getreidemus die Nahrungsgrundlage bildete. Braten duftete selten auf dem Tisch. Gemüse bildete die Zukost; Lauch, Zwiebeln etc. wuchsen im Garten. Kultiviert wurden Apfel-, Birn-, Zwetschgen-, und Nußbäume. Käseherstellung war bekannt, die Technik von den Römern übernommen worden. Käse hielt sich, und manches Kloster ließ sich von den abhängigen Bauern Abgaben in Form von Käselaiben erbringen.

Äpfel ließen sich vermosten, Wein wurde sogar importiert und Bier im Hause selbst gebraut. Die Fässer waren zügig zu leeren, denn der Gerstensaft hielt sich nicht lange.

In den großen Häusern rührten eigene Köche in den großen Kesseln, aber was sie auf den Tisch brachten, wissen wir nicht genau: Braten, Fische in verschiedenen Zubereitungen, Suppen, lassen sich vermuten. Wieviel sich von der raffinierten römischen Kochkunst in die germanische Welt retten konnte, muß ebenfalls offen bleiben. Römische Werke über Ackerbau und dgl. haben sich zwar in den mittelalterlichen Klosterbibliotheken befunden, auch das Kochbuch des Apicius verdankt sein Überleben mittelalterlichen Abschriften, doch widersprach mönchische Askese der dort beschriebenen Prasserei. Zudem fehlten wohl weitgehend die Spezialzutaten für die Verfeinerung der Gerichte. Woher sollte denn ein bayerisches Kloster beispielsweise Safran nehmen, wo es schon unmöglich war, feines Öl aus Italien zu importieren?

Von unserem Hygienestandard muß man die weitesten Abstriche machen. Es wurde mit den Händen gegessen, und ob man sich diese vorher wusch, ist zu bezweifeln.

Anders als heute waren die Menschen dem Regen, Frost und der Kälte ausgesetzt. Lediglich das offene Feuer brachte Wärme, der Rauch zog durch Ritzen und Öffnungen im Dach ab, was Haus und Inwohner miträucherte. Die Häuser selbst boten bescheidenen Komfort, ein Raum diente gleicherweise zum Wohnen, Essen und Schlafen. Kienspäne und das offene Feuer beleuchteten den Raum mit seinem schlichten Mobiliar mehr schlecht als recht. Im Winter wird man die Nase überhaupt möglichst wenig hinausgesteckt haben, und wenn, dann hüllte man sich in einen Schafspelz.

Von der Kleidung haben sich außer wenigen, ganz kleinen Resten keine Spuren erhalten. Um überhaupt eine Vorstellung zu erhalten, muß sie aus den verschiedensten Quellen rekonstruiert werden. Bei den bildlichen Quellen ist im übrigen Vorsicht geboten, sie geben nicht immer die Realität wieder. Der Einfluß der Antike schlägt zuweilen durch – und Bilder aus dem Alltagsleben existieren für diese Zeit nur ganz ganz wenige. Zu den Ausnahmen zählt das Salzburger Calendar aus der ersten Hälfte des 9. Jahrhunderts. Es schildert den Zyklus der Jahreszeiten mit den anfallenden bäuerlichen Arbeiten, zeigt Ernte- und Schlachtszenen, samt Schnittern und Metzgern. Die Arbeiter sind alle in Kittel gehüllt, die über dem Knie enden (s. Abb. S. 177).

In den Inventaren und den verschiedenen Abgaberegistern werden die unterschiedlichen Stoffqualitäten und -farben aufgeführt. Da gab es Hemdenstoffe und Kleidungsstoffe, eine schwerere Ware wird als Umhang verwendet worden sein. Das Streben nach Farbe, nach buntem Tuch ließ sich mit natürlichen Färbemitteln, die ja im Handel waren, befriedigen.

So konnte man sich, bei genügend Vermögen, schon fein ausstaffieren. Die Frauen trugen ihre Kleider lang, denn nach der Lex Baiuvariorum kostete das Lüpfen übers Knie den Frevler schon eine Geldstrafe. Der Halsausschnitt konnte durch Fibeln oder Broschen zugeklammert werden. Das Kleid faßte in Taillenhöhe ein Ledergürtel zusammen, an dem der Riemen mit den Amuletten herunterhing. Als Wetterschutz wurde ein ärmelloser, weiter Umhang getragen, ebenfalls von einer Brosche auf der Brust zusammengehalten, er dürfte aus einer Art von Lodenstoff bestanden haben.

Unterwäsche in unserem Sinne gab es nicht. Als Unterkleid dürfte ein langes Leinenhemd gedient haben, wiederum je nach Vermögen feiner oder gröber gewirkt. Die Füße steckten in Leinen- oder Wollstrümpfen, die mangels Elastizität durch Binden festgehalten wurden. Das erlaubte, die Endstücke der Riemen, die Riemenzungen, noch besonders zu schmücken. Die Schuhe wiesen eine flache Sohle auf, waren halbhoch bis zum Knöchel gezogen, und vorne geschnürt. Sie scheinen sich in der Form nicht recht unterschieden zu haben und gleicherweise von Frauen wie Männern getragen worden zu sein.

Auch die Männer dürften ein Hemd getragen haben und darüber einen Kittel, der überm Knie endete. Die Beine steckten ebenfalls in Strümpfen, die wie bei den Frauen von verzierten Wadenbinden festgehalten wurden. Die größte Bedeutung wiesen die Männer ihrem Gürtel zu. An ihm hing das Schwert in seiner Scheide, es wurde durch Perlen, in der einfacheren Form auch durch Tonwirtel in seiner Kraft magisch gesteigert. In einer kleinen Tasche, ebenfalls am Gürtel getragen, bewahrte der Mann seinen Kleinkram auf. Das konnte Werkzeug sein, eine Vierkantfeile, kleine Bohrer, ein Wetzstein zum Schärfen der Messer, ein Feuerzeug: also ein Feuerstein und Stahl, um Funken zu erzeugen. Auch Kämme und Rasiermesser, Pinzetten, Scheren, was eben zur Körperpflege diente, lagen darin.

Die Tracht wandelte sich nur langsam und allmählich. Die Gewandspangen wurden anders angebracht, und auch die Schmuckformen wechselten über die Zeiten hin. Doch blieben die langen Frauenkleider und der Kittel als Arbeitskleidung der Männer das ganze Mittelalter hindurch.

Die Stoffe, ihre Farbe und vor allem die Qualität drückten Reichtum und soziale Stellung das Trägers aus. Die Hörigen waren in die einfachsten Stoffe aus der eigenen häuslichen oder gutswirtschaftlichen Produktion gehüllt. Die Oberschichten dagegen konnten auf Importwaren zurückgreifen. Manches Stück hat den Weg von England herübergefunden – und noch mehr Textilien kamen aus dem Orient über Venedig ins Land. Die pfauenhafte Ausstattung der Höflinge Karls des Großen, deren bunte Seidenkleidung, die Verzierungen aus Vogelfedern werden ein schlechtes, aber nachahmenswertes Vorbild geliefert haben. Mancher Großer und dessen Frau dürften extravagant aufgetreten sein. Bunte Seide, eingewebte Goldfäden, funkelnder Schmuck hoben sie von den dunklen Farben des Volkes ab.

In den Ausstellungen erweckt der Schmuck dieser Zeit wegen seiner kunstvollen Verarbeitung, seiner ausgewogenen Formen viel Bewunderung. Doch der Eindruck von Reichtum und breitem Wohlstand, wie ihn die Vitrinen manchmal vorgeben, täuscht. Goldene Fibeln konnte sich nicht jede Baiuwarin leisten. Der Schmuck, dessen Material und Verarbeitung drückten den Status der Trägerin aus. Die prächtigen Stücke blieben der Oberschicht vorbehalten. Die Frauen der einfacheren Schich-

Fundstücke aus Frauengräbern aus Peigen (Ldkr. Dingolfing-Landau) erweisen die Vielfalt der Fibeln des 6. Jahrhunderts.

ten mußten sich mit bescheidenerem Schmuck zufrieden geben. Es reichte gerade zu Ketten aus bunten Glasperlen und einfachen, in Serie gefertigten Gewandschließen.

Auch bei den Männern ließ sich der gesellschaftliche Rang am Zubehör, an den „Accessoires" ablesen. Aufwendige und kunstvoll verzierte Gürtel und Schwertgehänge, kostbar gearbeitete Schnallen erwiesen den Adeligen. Die Verzierung und die Qualität der Waffen, Schild, Lang- und Kurzschwert, Lanze, fiel ebenfalls unterschiedlich aus. Mit spezialgehärteten Klingen ließ sich besser zuschlagen als mit einfachen Eisenschwertern. Eine hochwertige Waffenausrüstung kostete ein Vermögen; deswegen erklärt sich auch die Grabberaubung.

In der jüngeren Reihengräberzeit, im 7. und 8. Jahrhundert, scheint der Grabraub zugenommen zu haben. Bei den reichen Gräbern wurden Schächte gezielt angesetzt, um die Preziosen auszuheben. Man wußte noch über den Reichtum des Toten Bescheid, wußte auch, wo die wertvollen Teile lagen. Daraus läßt sich schließen, daß Beraubungen nicht lange nach dem Tode vorgenommen wurden. Die Lex Baiuvariorum kennt in § 19,1 harte Strafen für Grabraub.

Im Tod wurden alle gleich, aber nicht alle gleich bestattet. Von den Gräbern mit reichen Beigaben unterscheiden sich ärmere Bestattungen. Bei den Mittelschichten fällt die Qualitätsabnahme der Grabausstattung vom 6. zum 7. Jahrhundert auf, auch die Zahl der beigegebenen Objekte reduziert sich bis ins 8. Jahrhundert. Das läßt Rückschlüsse zu auf eine Verarmung dieser Schicht, wie sie auch in anderen Quellen zutage trat.

Auf den Friedhöfen, in Garching etwa, wurden beigabenlose Gräber aufgedeckt. Die Frage ist nun, ob es sich um christliche Bestattungen handelt oder um die von armen Hörigen? Die zweite Vermutung dürfte einiges für sich haben. Die meisten der Unfreien brachten es im Leben zu nichts. Da wird es nicht einmal am Ende für ein Goldblattkreuz gereicht haben. Das christliche Zeichen aus hauchdünnem Goldblech war auf ein Tuch aufgenäht, das über dem Gesicht des Toten lag.

Arme Leute

Den Großteil der Bevölkerung, um die 70%, machten die Unterschichten aus. Etwa 2% der Bevölkerung gehörten zu den Oberschichten. Aus ihren Gräbern stammt der Großteil der Goldarbeiten und des wertvollen Schmuckes. Die Mittelschichten, die „Freien", mit etwa 30%, sanken bereits in der Agilolfingerzeit sozial und wirtschaftlich ab. Sie glichen sich den Hörigen an. Die Gesellschaft wies harte Trennlinien auf. Nach unten scheinen sie – wie immer – durchlässiger gewesen zu sein als in die Gegenrichtung. Kriege, Krankheit, Unfall, schlechte Ernten ließen die Freien in ökonomische Krisen geraten, der Steuerdruck des Königs lastete auf ihnen. Der dekretierte in Notzeiten; aber direkte Hilfe konnte von ihm nicht erwartet werden.

Die Existenz von Menschenräubern im Bayern des 8. Jahrhunderts zeigt die Machtlosigkeit des Staates. Die öffentliche Ordnung, die Sicherheit der Einwohner ließen sich kaum wahren. Die Bevölkerung mußte zur Selbsthilfe greifen, war auf gegenseitige Hilfe angewiesen. Das Dorf bildete überhaupt den Lebensrahmen des Einzelnen: in ihn wurde man hineingeboren, in ihm blieb man, kam in der Regel nicht über ihn hinaus, in ihm starb man. Der Grundherr, der Eigentümer von Land und Leuten, repräsentierte Herrschaft und Macht. Ihm waren die Leute unterworfen, vor sein Gericht mußten sie treten. Die Gerechtigkeit blieb bei solchen

Verhältnissen wohl öfter auf der Strecke, das müßten nicht noch die Klagen über bestechliche Richter belegen.

Hilfe fand man am ehesten noch bei den Klöstern, doch auch hier um den Preis des Eintritts in deren Verband, der Übergabe an das Kloster.

Wenn Arbeo den Rahmen noch so schön schildert, das Leben in ihm zeigt wenig vom irdischen Paradies. Die Zustände hienieden mußten die Hoffnung auf ein besseres Jenseits erwecken. Was an Schönheit außer der Landschaft existierte, sah ein Dorfbewohner selten und dann nur von der Ferne.

Die Bischofskirchen und die großen Klöster lagen außerhalb der Reichweite. Die prachtvollen Codices blieben in der Hand des Klerus, als Schätze sorgfältig gehütet. Der König und die Großen zogen auf den Heerstraßen einher, wann sie kamen, wußte niemand von den Dörflern. Nur wer nahe genug an den großen Verkehrsadern wohnte, konnte einen Blick auf sie werfen. Doch die Karawane wird in Staub oder Dreck gehüllt nur durch ihre Größe Eindruck hinterlassen haben. Die eigentliche Prachtentfaltung vollzog sich abgeschirmt im Palast und in den großen Kirchen.

Das tägliche Leben im Dorf, auf dem Lande – dort wohnte der Großteil der Bevölkerung – folgte dem immer gleichen Rhythmus der Jahreszeiten, sah Kommen und Gehen, Leben und Sterben. Von der großen Politik werden die kleinen Leute gewöhnlich recht wenig, wenn überhaupt etwas, mitbekommen haben. Sie spürten nur deren Konsequenzen, wenn im Krieg Menschen getötet, die Felder zerstört und die Herden geschlachtet wurden.

Man muß sauber auseinanderhalten, was auch im frühen Bayern getrennt von einander existierte. Auf der Bühne der hohen Politik versuchte der Herzog sein königsgleiches Spiel und mußte am Ende geschlagen abtreten. Die Mitspieler, die Adeligen und die Bischöfe, auf die der Herzog angewiesen war, verkauften ihn an Karl den Großen. Sie kassierten ihre Belohnung und dienten dem neuen Herrscher. Die Statisten suchten ihre Interessen zu wahren, die Klöster und sonstigen Grundherren verwiesen auf ihre Wirtschaftskraft, auf ihre Unentbehrlichkeit für den König. Den Bühnenarbeitern, die das Stück am Laufen hielten, ohne deren Mühen keine luxuriöse Ausstattung möglich gewesen wäre, blieb vor lauter Arbeit keine Zeit zum Zusehen. Verstanden hätten sie es letztlich ohnehin nicht.

Es wurde en suite gespielt. Die Aktionen wiederholten sich in ähnlicher Weise. Landesteilungen, Kampf um die Macht und Krieg rollten unerbittlich ab; und in einer Nische blühte vielleicht ein kleines Glück, kurz bemessen wegen der Lebensumstände. Am Leben der Hörigen änderte sich bis in die Neuzeit wenig, und auch an dem des Adels.

Vielleicht sind die Farben unseres Stückes am Ende etwas dunkel geraten. Aber mit dem Blick eines entfernten Zuschauers auf die Epoche, möchte doch wohl niemand mitspielen. Rein statistisch gesehen wäre man ja ohnehin nicht auf der Bühne gestanden, sondern hätte in der Garderobe – vielleicht Wasser gekocht.

Anmerkungen zu den einzelnen Kapiteln

Die folgenden Anmerkungen verweisen auf benutzte wie weiterführende Literatur. Abgekürzte Titel finden sich im anschließenden Literatur- und Quellenverzeichnis. Ersteres enthält überwiegend Literatur, die nach 1980 erschienen ist. Literatur der vorangehenden Zeit enthalten die Beiträge von Kurt Reindel im Handbuch der Bayerischen Geschichte, im folgenden Lit.Verz. die Nr. 28.

Die Quellen sind am leichtesten zugänglich in „Dokumente zur Geschichte von Staat und Gesellschaft in Bayern. Altbayern vom Frühmittelalter bis 1800. Band 1. Altbayern bis 1180, hg. v. Karl-Ludwig Ay. Kommission für Bayerische Landesgeschichte bei der Bay. Akademie d. Wissenschaften 1974. Alle wesentlichen Texte sind dort aufgeführt. Dem Kommentar dazu vermag ich aber streckenweise nicht zuzustimmen, etliche der dort noch vorgetragenen Positionen sind mittlerweile überholt.

Kap. 1: Wissen- und Wissenslücken: „Bayern“ S. 9–11

Für zentrale Begriffe wie Stamm oder Lex Baiuvariorum sei auf das Handwörterbuch zur deutschen Rechtsgeschichte (HRG), hg. von Adalbert Erler und Ekkehard Kaufmann 1971 ff., hingewiesen, desgleichen auf das Lexikon des Mittelalters (LMA) 1977 ff. Weitere Informationen auch in der Theologischen Realenzyklopedie (TRE) und im Reallexikon der germanischen Altertumskunde, in der Neubearbeitung von H. Jankuhn 1968 ff. Als wahre Fundgrube erweist sich das Handwörterbuch des deutschen Aberglaubens von H. Bächtold-Stäubli 1927–1942, von dem eine Neubearbeitung erwünscht wäre.

Die Schädeldeformationen nach awarischer Mode werden im Katalog der Bajuwarenausstellung, Lit.Verz. Nr. 13, im Beitrag von P. Schröter auf S. 258–265 mit Bildmaterial dargestellt. Es versteht sich, daß sich die vorliegende Arbeit auf die Beiträge des Katalogs stützt. Freilich erscheint in der darstellenden Synthese manches doch anders als in den Einzelbeiträgen des Katalogs, die sich auf ihr spezielles Thema beschränken mußten.

Kap. 2: Weit zurück ins „dunkle Mittelalter“ S. 12–14

Die Vorstellung vom „dunklen Mittelalter“ scheint unausrottbar. Vielleicht ergibt sich wenigstens eine Sensiblisierung gegenüber der ungebremsten Verwendung.

Kap. 3: Name, Herkunft und Stammesbildung der Baiern S. 15–28

Den besten Überblick über diesen Bereich vermittelt der Aufsatz von Kurt Reindel, Lit. Verz. Nr. 60, dort werden die bisherigen Ansätze dargestellt. Reindel bezog die politische Großlage verstärkt ein, er betonte die Rolle Theoderichs bei der Stammesbildung. S. ferner dessen Abhandlung im Bajuwarenkatalog: Herkunft und Stammesbildung der Bajuwaren nach den schriftlichen Quellen, S. 56–60. Die Quellenstellen finden sich im Handbuch, Lit. Verz. Nr. 28 und bei Ay, wie oben. Zu den antiken Autoren und ihren Werken, knapp das Tusculum Lexikon griechischer und lateinischer Autoren des Alterums und des Mittelalters, in der dritten Auflage von 1982.

Die Boiertheorie feiert von Zeit zu Zeit, vor allem in mehr als populärwissenschaftlichen Werken ihre pompöse Auferstehung. Sie ist nichts desto weniger auch schon 500 Jahre alt. W. Foerste, in den Frühmittelalterlichen Studien 3, 1960, hat die andere Deutung für das „varii“ vorgeschlagen. Leicht lesbar dazu auch Bartholomaeus Eberl, Die Bajuwaren. Feststellungen und Fragestellungen zur Frühgeschichte des Baiernvolkes. Studien zur Geschichte des baierischen Schwabens 11, 1968. Auf Severin und sein Wirken kann hier nicht eingegangen werden. Verwiesen sei auf die zahlreichen Abhandlungen von Friedrich Lotter und auf den Severinkatalog.

Die alemannische Mitwirkung bei der Stammesbildung ist vor allem von Forschern aus dem alemannischen Bereich, hier besonders von Heinz Fischer, Als die Bajuwaren kamen. Die alamannische und baierische Besiedlung Süddeutschlands 1974, engagiert verfochten worden. An der Mitwirkung besteht kein Zweifel mehr, unklar ist das Ausmaß.

Die merowingische Dominanz seit den Frühzeiten ist unbestreitbar. Über diese Dynastie und ihre Geschichte unterrichtet knapp W. Bleiber, Das Frankenreich der Merowinger, 1988. Auf dem Weg aus der DDR hat das Buch nach seinem Erscheinen bei einem BRD-Verlag eine wundersame Preisinflation durchgemacht.

Die These von der Stammesbildung im Regensburg-Straubinger-Raum vertritt Thomas Fischer, Von den Römern zu den Bajuwaren. Stadtarchäologie in Regensburg in Bavaria Antiqua 1982, s. auch Lit. Verz. Nr. 22 und im Bajuwarenkatalog: Herkunft und Stammesbildung der Baiern aus archäologischer Sicht, S. 61–68. Heftige Kritik erfuhr er von A. Kraus in einer Rezension in der ZBLG von 1988. Als These läßt sich dieses Modell durchaus anführen, doch erscheinen die Beweise noch nicht ausreichend. Die im Bajuwarenkatalog auf S. 62 abgedruckte Karte gibt nur einen Ausschnitt wieder, der einen Zusammenhang mit Böhmen herstellt. S. zum Ganzen Tobias Springer, Germanenfunde der Völkerwanderungszeit in Nordbayern, Archäologisches Korrespondenzblatt 15 (1985) S. 235–243: „Keramische" Herleitungen lassen sich nicht so eindeutig erweisen, scheint doch ein „elbgermanischer" Typ weit verbreitet gewesen zu sein.

Kap. 4: Bayerische Landnahme und Siedelung S. 29–32

Die ursprünglichen Waldzonen zeigt die Karte im Bajuwarenkatalog auf S. 170, die Siedlungsland lediglich in den Flußtälern aufweist.

Auf die Interpretation der Ortsnamen geht K. Reindel im Handbuch, Lit. Verz. Nr. 28, S. 118ff ausführlich ein. S. auch den Beitrag v. M. Menke im Bajuwarenkatalog, S. 70–78.

Kap. 5: Vom Zusammenhang der Leute S. 33–38

Diese zentralen Begriffe finden sich im HRG, wie oben, dazu siehe auch Rolf Sprandel, Verfassung und Gesellschaft im Mittelalter (3. Aufl. 1988) und bes. Hans K. Schulze, Grundstrukturen der Verfassung im Mittelalter, 2 Bde. (1985f).

Zu den Stammessagen habe ich Literatur in meinem Aufsatz: Die Inschriften aus dem Grab des Bischofs Gregorius und die Herkunft der Baiern aus Armenien, in den Ostbairischen Grenzmarken 28 (1986) in den Anm. 53ff. zusammengetragen.

Kap. 6: Die politische Geschichte ... S. 39–46

Zur germanischen Treue gibt es eine Auseinandersetzung zwischen W. Schlesinger und F. Graus, einsetzend mit dessen: Über die sog. germanische Treue, in: Historica 1 (1959) S. 71–121, abschließend in Historica 12 (1966) S. 5–44. Ganz ausdiskutiert scheint mir das Problem nicht, eine breitere Quellenbasis würde noch Ergebnisse bringen.

Einen Königstitel vertritt Hans Constantin Faußner, Die staatsrechtliche Genesis Bayerns und Österreichs. Zur Bajuwarenfrage aus rechtshistorischer Sicht (Studien zur Rechts-, Wirtschafts- und Kulturgeschichte 12, Sigmaringen 1988) in einer anregenden aber weitgehend hypothetischen Beweisführung. S. dazu auch Herwig Wolfram, Intitulatio, Lateinische Königs- und Fürstentitel bis zum Ende des 8. Jahrhunderts, Bd. 1 (1967) S. 156–184.

Die Herkunft der Agilolfinger ist ganz unterschiedlich gesehen worden: fränkische, burgundische, langobardische, thüringische Herkunft ist angenommen worden, Belege bei K. Reindel, Lit. Verz. Nr. 28, S. 136+2ff; s. auch Wilhelm Störmer, Das Herzogsgeschlecht der Agilolfinger, Bajuwarenkatalog, S. 141–152. Über die fünf Genealogien und ihre Lokalisierung ist sich die Forschung nicht recht einig; die Quellen sind so spärlich, daß sich der Interpretation weiter Raum öffnet. Da sie aber in der Lex Baiuvariorum höheres Wehrgeld beanspruchen, ragen sie über die anderen Freien hinaus.

Kap. 7: Expansion und neue Nachbarn ... S. 47–50

Zu den Awarens.: Walter Pohl, Die Awaren, ein Steppenvolk in Mitteleuropa (1988); Ders., Die Awarenkriege Karls des Großen (1988); den Ausstellungskatalog des Archäologischen Museums Frankfurt: Die Awaren in Europa: Schätze eines asiatischen Reitervolks (1985); den Beitrag von I. Bona im Bajuwarenkatalog, S. 108–117, mit weiterer Literatur.

„Probleme der Landnahme und Besiedelung" durch Baiern und Slawen in Oberösterreich, behandelt der gleichnamige Band, hg.v. Kurt Holter, der die Referate eines Symposions der O.Ö. Ges. für Landeskunde von 1978 bringt. Über die Slawen s. H. Herrmann, Die Welt der Slawen. Geschichte, Gesellschaft, Kultur, 1986; ferner Heinz Dopsch, Salzburg und die Slawenmission. Zum 1100 Todestag des hl. Methodius 1986, ferner V. Tovornik, im Bajuwarenkatalog, S. 118–128, mit weiterführender Literatur.

Auf die Goldschmiedearbeiten aus dem Besitz der Theodelinde, die sich noch in Monza befinden, geht Hermann Dannheimer im Bajuwarenkatalog, S. 342–347 ein.

Den Bulgarenmord untersucht H. Kunstmann, Lit. Verz.Nr. 46 ausführlich, doch da die Quellenkritik etwas zu kurz kommt, wird dieses Problem nicht gelöst. Der Bericht steht eben ganz allein, und der Quelle selbst ist keine durchgehende Glaubwürdigkeit zuzumessen.

Über die „internationalen" Beziehungen informiert der Sammelband: Die Transalpinen Verbindungen der Bayern, Alemannen und Franken bis zum 10. Jahrhundert (Nationes Bd. 6, hg. v. Helmut Beumann , Werner Schröder , 1987), darin: Alois Schmid, Bayern und Italien vom 7. bis zum 10. Jahrhundert, S. 51–91; Reinhard Schneider, Fränkische Alpenpolitik, S. 24–49; Josef Riedmann, Die Funktion der Bischöfe von Säben in den transalpinen Beziehungen, S. 93–103; Manfred Menke, Alemannisch-italienische Beziehungen vom späten fünften bis zum siebten Jahrhundert aufgrund archäologischer Quellen, S. 125–345; Wilhelm Störmer, Zur Frage der Funktion des kirchlichen Fernbesitzes im Gebiete der Ostalpen vom 8. bis zum 10. Jahrhundert, S. 379–403.

Besonders hinzuweisen ist auf den Aufsatz von Hans-Dietrich Kahl, Die Baiern und ihre Nachbarn bis zum Tode des Herzogs Theodo (717/8), Veröffentlichungen der Kommission für Frühmittelalterforschung 8, Österr. Akad. der Wiss. Phil.-Hist. Kl. Denkschriften 179, 1985, der äußerst kritisch Quellen und Forschungsmeinungen sichtet.

Kap. 8: Heiden und Christen ... S. 51–66

Eine Vorstellung von den Goldblattkreuzen vermittelt die Darstellung im Bajuwarenkatalog S.277, auf der Seite davor sind Amulette abgebildet.

Zum irischen Einfluß auf dem Kontinent s.die zwei Bände „Die Iren und Europa im früheren Mittelalter" (1982), dazu den Katalog: Virgil von Salzburg. Missionar und Gelehrter. Beiträge des Internationalen Symposiums 1984, hg. v. Heinz Dopsch und Roswitha Juffinger 1985.

Das „Leben und Leiden des hl. Emmeram" hat, mit deutscher Übersetzung, Bernhard Bischoff 1953 herausgegeben. Weitere Literatur in meinem Aufsatz: Die Hinrichtung des hl. Emmeram, Regensburg und Bayern im Mittelalter, Studien und Quellen zur Geschichte Regensburgs 4, 1984, S. 9–31. Herwig Wolfram, Der heilige Rupert und die antikarolingische Adelsopposition, MIÖG 80 (1972) 4–34, zu Rupert s. weitere Beiträge von H. Wolfram in der Geschichte Salzburgs. Stadt und Land, hg. v. Heinz Dopsch, Bd. 1,I (1981) S. 121–156 und im Lit.Verz. Arnold Angenendt, Monachi peregrini. Studien zu Pirmin und den monastischen Vorstellungen des frühen Mittelalters, Münstersche Mittelalter Schriften 6, 1972.

Zu Bonifaz ist das Standardwerk von Theodor Schieffer immer noch gültig: Winfried-

Bonifatius und die christliche Grundlegung Europas (1954), neuere Literatur in den eingangs zitierten Lexika.

Kap. 9: Herzöge und Bischöfe … S. 67–77

Zum Verhältnis zwischen Kirche und Staat, Bischöfen und weltlichen Herrschern s.: Martin Heinzelmann, Bischof und Herrschaft vom spätantiken Gallien bis zu den karolingischen Hausmeiern. Die institutionellen Grundlagen, in: Herrschaft und Kirche. Beiträge zur Entstehung und Wirkungsweise episkopaler und monastischer Organisationsformen, hg. v. Friedrich Prinz (Monographien zur Geschichte des Mittelalters 33, 1988) S. 23–82. Friedrich Prinz, Herrschaftsformen der Kirche vom Ausgang der Spätantike bis zum Ende der Karolingerzeit, ebd, S. 1–21.

Reinhold Kaiser, Bischofsherrschaft zwischen Königtum und Fürstenmacht. Studien zur bischöflichen Stadtherrschaft im westfränkisch-französischen Reich im frühen und hohen Mittelalter, Pariser Historische Studien 17, 1981. Josef Semmler, Episcopi potestas und karolingische Klosterpolitik, in: Mönchtum, Episkopat und Adel zur Gründungszeit des Klosters Reichenau, hg. v. Arno Borst, VuF 20, 1974, S. 309–395. Karl Voigt, Staat und Kirche von Konstantin dem Großen bis zum Ende der Karolingerzeit, 1936. Georg Scheibelreiter, Der Bischof in merowingischer Zeit (Veröffentlichungen des Instituts für österreichische Geschichtsforschung 27, 1983).

Zur Bistumsorganisation von 739 und den ersten Ansätzen seit Theodo, s. Lothar Kolmer, Zur Frühgeschichte des Bistums Regensburg, 1250 Jahre Bistum Regensburg, Schriftenreihe der Universität Regensburg 16, 1989, S. 9–35.
Zur fränkischen Kirche: Wilfried Hartmann, Die fränkische Kirche in der Mitte des achten Jahrhunderts, im Virgilkatalog 1985, S. 59–65. Die Briefe Bonifaz', die die Zustände im Frankenreich erkennen lassen, aber auch ein bezeichnendes Licht auf Bonifaz selbst werfen, sind in der zweisprachigen Edition von R. Rau, in der Freiherr vom Stein-Gedächtnisausgabe, Bd. IVb, 1968 gut zugänglich, im gleichen Band dazu die Lebensbeschreibung des Bonifaz von dessen Schüler Willibald.

Kap. 10: Neue und alte Bistümer … S. 78–81

Über die Bistümer Eichstätt und Würzburg unterrichten zwei neuere Kataloge sehr gut. Im Willibalds-Katalog von Eichstätt soll bes. auf die Beiträge von Andreas Kraus, Der Hl. Willibald von Eichstätt – Person, Zeit und Werk, Willibald Katalog, S. 13–21, und Stefan Weinfurter hingewiesen werden, dazu Lit. Verz. Nr. 75. Über Kilian sei auf den Katalog in zwei Bänden von 1989 verwiesen, der das doch recht ungesicherte Todesjahr der Frankenapostel zum Anlaß einer Würdigung nahm.

Kap. 11: Die Herzöge und ihr Land … S. 82–86

Der Eintrag der Herzöge und ihrer Gemahlinnen im Salzburger Verbrüderungsbuch findet sich im Bajuwarenkatalog, S. 149, dort auch von Wilhelm Störmer ein Abriß über das Geschlecht. S. 141–152.

Kap. 12: König gegen König S. 87–95

Herwig Wolfram: Tassilo III und Karl der Große – Das Ende der Agilolfinger, Bajuwarenkatalog, S. 160–167. Zu den Titeln Tassilos, s. Wolfram, Intitulatio, wie in Kap. 6 zitiert.

Kap. 13: Der Herzog als Herr der Kirche S. 96–103

Die Texte der Synoden finden sich ebenfalls bei Karl-Ludwig Ay, die Editionen selbst in den MGH.

Kap. 14: Karl der Große und Tassilo ... S. 104–111

Lit. wie in Kap. 12. Meine Anschauung, der Hauptvorwurf gegen Tassilo lautete auf Infidelität, die „Desertion" von 763 sei nicht maßgebend gewesen, habe ich in der ZBLG 1980 vertreten. Siegmund Riezler sah die „höher Kulturstufe" in seiner Geschichte Bayerns, Bd. 1, 1927, S. 159.

Kap. 15: Der nahe und der fernere Osten ... S. 112–116

S. die Lit. wie in Kap. 7.

Die Conversio Bagoariorum et Carantanorum wurde von Herwig Wolfram, ebenfalls Übersetzung und Kommentar, 1979 herausgegeben, Lit. Verz. Nr. 77, s. auch Nr. 79 und 81, dazu Nr. 27.

Kap. 16: Die Nachbarn im Nordosten ... S. 117–119

Zu Methodius, s. Heinz Dopsch, Geschichte Salzburgs. Bd. 1,I (1981) S. 174–190, weitere Lit. in Kap. 7 und im Lit. Verz.

Kap. 17: Der neuen Herren im Land ... S. 120–123

Zur karolingischen Übernahme der Macht und den weiteren Abschnitten s. die Beiträge im Handbuch der bayerischen Geschichte, Lit. Verz. Nr. 28.

Kap. 18: Mönche gegen Bischöfe ... S. 124–132

Auf die Diskussion um die klösterliche Zweiteilung Bayerns möchte ich hier mehr eingehen, die Positionen finden sich bei Reindel, Lit. Verz. Nr. 28, S. 225. Neuere Auseinandersetzungen s. Lit. Verz. Nr. 39 u. 41.

Die Güterverzeichnisse, wie die Traditionen, liefern wertvolle Aufschlüsse, s. dazu das Quellenverzeichnis. Auf die Lagemerkmale der Klöster wies Störmer, Lit. Verz. Nr. 70 hin, im Lit. Verz. weitere Arbeiten. Zusätzlich kommen auch hier die in Kap. 8 und 9 genannten Autoren in Betracht, ferner sei auf das Lit. Verz. verwiesen.

Kap. 19: Von der bayerischen Landes- zur fränkischen Reichskirche S. 133–138

Dazu sehr schön der Beitrag von Heinz Dopsch, Arn und Karl der Große – Salzburgs Erhebung zum Erzbistum, in der Geschichte Salzburgs, S. 157–173.

Kap. 20: Die Kirchen und ihre Ausstattung ... S. 139–153

Die Traditionsbücher sind in dieser Hinsicht bislang wenig ausgewertet worden. Dabei ergänzten sich doch schriftliche Quellen und erhaltene Realien vortrefflich. Zur Kunst s. Herbert Schindler, Große bayerische Kunstgeschichte, Frühzeit und Mittelalter. Bd. 1/1976. Walter Hass, Ursula Pfistermeister, Romanik in Bayern, 1985, weitere Lit. im Verzeichnis, dazu auch die Beiträge von Walter Sage und Hermann Dannheimer im Bajuwarenkatalog, S. 293–304. Auch der Tassilokelch etc. ist dort abgebildet. Zu den Ausgrabungen und Befunden in Altötting, s. Brugger, Lit. Verz. Nr. 9. Die Reliquiare finden sich im Bajuwarenkatalog, S. 329 ff. abgebildet.

Kap. 21: Sklaven und Knechte, Freie und Adelige ... S. 153–172

Die Diskussion zu diesem Komplex ist langanhaltend und kontrovers. Die Position von Bosl, wie sie Ay etwa noch vertritt, läßt sich m. E. nicht mehr halten. S. dazu auch die Beiträge im Handbuch, Lit. Verz. Nr. 28.

Karl Bosl, Die ältesten sogenannten germanischen Volksrechte und die Gesellschaftsstruktur der Unterschichten. Bemerkungen zur Kulturkontinuität der Spätantike im fränkischen Reich der Merowinger und zu den Formen und Phasen ihrer Umwandlung, in: Gesellschaft – Kultur – Literatur (Monographien zur Geschichte des Mittelalters 11, 1975) S. 129–152 und Alexander Bergengruen, Adel und Grundherrschaft im Merowingerreich. Siedlungs- und standesgeschichtliche Studie zu den Anfängen des fränkischen Adels in Nordfrankreich u. Belgien, VSWG Beiheft 41, 1956.

Franz Irsigler, Untersuchungen zur Geschichte des frühfränkischen Adels (Rheinisches Archiv 70, 1969). Ders., Geschichte des frühfränkischen Adels 1968. Heike Grahn-Hoek, Die fränkische Oberschicht im 6. Jahrhundert. Studien zu ihrer rechtlichen und politischen Stellung (VuF Sonderband 21, 1976). S. auch Wilhelm Störmer und Gottfried Mayr, Bajuwarenkatalog, S. 153–159, Herzog und Adel, bes. S. 157, wo der liber vom nobilis abgehoben wird und dieser dann zum Geburtsadel wird, „der auffälligste gesellschaftliche Prozeß der Agilolfingerzeit ... der sich in den Quellen der zweiten Hälfte des 8. Jahrhunderts bereits deutlich abzeichnet". Der Beitrag von Scheyhing über die Heilskräfte im HRG steht völlig vereinzelt, der Autor hat dort seine Forschungsposition allein festgehalten.

Kap. 22: Große und kleine Höfe ... S. 173–186

Über das Leben auf dem Land, s. das Werk von Ph. Dollinger, Lit. Verz. Nr. 15, dazu den Teil: Siedlung und Wirtschaft im Bajuwarenkatalog. Ferner Karl Brunner, Gerhard Jaritz, Landherr, Bauer, Ackerknecht. Der Bauer im Mittelalter: Klischee und Wirklichkeit 1985. Werner Rösener, Die Bauern im Mittelalter 1985. Günther Franz, Quellen zur Geschichte des deutschen Bauernstandes im Mittelalter, Freiherr vom Stein – Gedächtnisausgabe 31, 1974. Da die Quellenbasis für die Frühzeit recht schmal ausfällt, geht bei den Überblicksdarstellungen der Zug schnell ins spätere Mittelalter.

Kap. 23: Volksrecht – Herzogsrecht – Kirchenrecht ... S. 187–197

Die überlieferten Handschriften der Lex Baiuvariorum lassen sich unterschiedlich klassifizieren, entsprechend fielen die bisherigen Editionen aus. Letztlich genügt keine mehr den wissenschaftlichen Ansprüchen. Bis zum Vorliegen einer neueren Ausgabe ist die von E. v. Schwind in der MGH zu benutzen. Eine deutsche Übersetzung liegt im Band 2 II der 1934 (!) erschienenen „Germanenrechte" von K. A. Eckhardt vor. Weitere Lit. bei Reindel, Lit. Verz. Nr. 28, S. 243ff., von W. Hartmann im Bajuwarenkatalog, S. 266–272. Eine knappe und wesentliche Zusammenfassung von H. Siems im HRG Bd. 2, Sp. 1887–1901 mit ausführlicher Literatur. Im HRG ebd. auch Abrisse über die anderen „Volksrechte".

Die Traditionsbücher liefern auch Informationen über Prozesse und Gerichtsverhandlungen, sofern sie eben Grundstückstransaktionen betrafen. Dabei tritt der rechtliche Gehalt dieser Quellengattung ins Licht. Sie erfüllten in etwa den Zweck einer Notariatsakte, ohne freilich eine solche zu sein. Darum konnten derartige Rechtsgeschäfte auch angefochten werden. Beweiskraft kam deshalb nicht einer Traditionsnotiz zu, sondern lediglich dem durch Zeugen bestätigten Vorgang.

Kap. 24: Die Karolinger und die öffentliche Ordnung S. 198–200

Die Gesetzgebung Karls findet sich in den MGH Capit. im Quellenverzeichnis. Auf das Diedenhofener Kapitular von 805 MGH Capit. 1, Nr. 44, bei Ay, S. 152ff. wurde verschiedentlich eingegangen.

Kap. 25: Handel und Wandel ... S. 201–212

Die Wirtschaftsverhältnisse des frühen Mittelalters sind für den Westen und Nordwesten Deutschlands besser untersucht als für unseren Raum. Freilich sind Analogieschlüsse kaum möglich, da dort wohl andere Formen herrschten. Aber diese Literatur mag einen Eindruck vom Handel zu geben, der auch unseren Raum berührte. S. dazu Eugen Ewig, Die Rheinlande in fränkischer Zeit (451–919/31 in: Rheinische Geschichte in drei Bänden, hg. v. Franz Petri,

Georg Droege, I,2, (1980). Ferner: Handelsplätze des frühen und hohen Mittelalters, hg. Herbert Jankuhn, Kurt Schietzel und Hans Reichenstein (Acta Humaniora 2, 1984). Weitere Abhandlungen auch in: Vor- und Frühformen der europäischen Stadt im Mittelalter. Bericht über ein Symposion in Rheinhausen, hg. von Herberth Jankuhn, Walter Schlesinger, Heiko Steuer. Gött. Akad. d. Wiss., Abhandlungen, phil.-hist. Kl., 3. Folge, Nr. 83, 1973. Darin u. a. Hans Schönberger, Das Ende oder das Fortleben spätrömischer Städte an Rhein und Donau, S. 102–109, verwiesen sei ferner auf den Beitrag von W. Schlesinger über den Markt, ebd. S. 262–293, dazu: Das Marktproblem im Mittelalter. Referate und Aussprachen auf d. 3. Arbeitstagung d. Kreises f. Stadtgeschichte. Westfäl. Forsch. 15 (1962) S. 43–85. Elisabeth Nau, Stadt und Münze im frühen und hohen Mittelalter. Esslinger Studien 10, 1964.

Jürgen Sydow, Der Regensburger Markt im Früh- und Hochmittelalter, Hist. Jbb. 80 (1961). Francois Ganshof, Note sur l'inquisitio de theloneis Raffelstettensis, Le moyen age 72 (1966). Klaus Fehn, Die zentralörtlichen Funktionen früher Zentren in Altbayern (1970). Franz Petri (Hg.), Bischofs- und Kathedralstädte des Mittelalters und der frühen Neuzeit. Veröff. d. Instituts für vergleichende Städtegeschichte A1 (1976).

Kap. 26: Klerus und Kunst ... S. 213–225

Grundlegend ist hier das Werk von B. Bischoff, Lit. Verz. Nr. 7. Weitere Informationen im Katalog der Regensburger Buchmalerei-Ausstellung. Verwiesen sei ferner auf die Beiträge von F. Mütherich und H. Glaser im Bajuwarenkatalog S. 348–362, ferner auf die Abhandlungen von H. Glaser, F. Brunhölzl und I. Reizenstein im Handbuch der Bay. Geschichte, Lit. Verz. Nr. 28, S. 519–62, jeweils mit weiterführender Literatur.

Für die Bußbücher sei auf die Artikel in den eingangs genannten Lexika verwiesen, dort werden auch die Editionen aufgeführt. Über Aethicus Ister sei auf den Beitrag von H. Glaser im Bajuwarenkatalog verwiesen, S. 356f.

Kap. 27: Das Leben im Land ... S. 226–237

Informationen zu „Volk und Gesellschaft" im Bajuwarenkatalog, S. 224–265, zur Sterblichkeit s. auch den Abschnitt bei Horst Fuhrmann, Deutsche Geschichte im hohen Mittelalter 2. Aufl. 1983. Die Zahl der Kinder wird völlig unterschiedlich gesehen, sie reicht von einem guten Dutzend, wie sie Heinrich Reincke, Bevölkerungsprobleme der Hansestädte, Hans. Geschichtsblätter 79 (1951) S. 1–33 für spätmittelalterliche Städte annahm, bis zu einer Zahl, die einer modernen Kleinfamilie nahekommt. S. dazu auch R. Sprandel (Hg.); Determinanten der Bevölkerungsentwicklung im Mittelalter (1987). Über die möglichen Ursachen der damals geringen Kinderzahl habe ich ein aufschlußreiches Gespräch mit dem Gynäkologen Rainer Schatz, Regensburg, geführt, dem ich hier danken möchte.

Zum Reliquienwesen: Peter Brown, The cult of the saints. Its raise and function in latin Christianity 1981.

Zum Aberglauben etc. sei auf den Beitrag von Ludwig Pauli, Heidnische und christliche Bräuche, Bajuwarenkatalog, S. 274–280, hingewiesen, dort weitere Literatur.

Literaturverzeichnis

(Weitere Literatur s. auch S. 238 ff.)

1. Andreas Angerstorfer, Von der Judensiedlung zum Ghetto in der mittelalterlichen Reichsstadt Regensburg (bis 1519), in: Geschichte und Kultur der Juden in Bayern (Ausstellungskatalog) Nürnberg 1988, S. 161–172.

1.a Peter F. Barton, Die Frühzeit des Christentums in Österreich und Südostmitteleuropa bis 788, Wien 1975.

2. Hermann Bauer u. Anna Bauer, Klöster in Bayern. Eine Kunst- und Kulturgeschichte der Klöster in Oberbayern, Niederbayern und der Oberpfalz, München 1985.

3. Die Bayern und ihre Nachbarn. Berichte des Symposions der Kommission für Frühmittelalterforschung, 25. bis 28. Okt. 1982, Stift Zwettl NÖ, Teil 1 (hg. von Herwig Wolfram u. Andreas Schwarz) und 2 (hg. von Herwig Friesinger und Falko Daim) Wien 1985.

4. Heinrich Berg, Bischöfe und Bischofssitze im Ostalpen- und Donauraum vom 4. bis zum 8. Jahrhundert, in: Vgl. Lit. 3: Die Bayern und ihre Nachbarn, Teil 1, S. 1–108.

5. Helmut Beumann u. Werner Schröder (Hg.), Die transalpinen Verbindungen der Bayern, Alemannen und Franken bis zum 10. Jahrhundert, Sigmaringen 1987.

6. Volker Bierbrauer, Das Reihengräberfeld von Altenerding in Oberbayern und die bajuwarische Ethnogenese – Eine Problemskizze, in: Zeitschrift für Archäologie des Mittelalters 13 (1985/87) S. 7–25.

7. Bernhard Bischoff, Die südostdeutschen Schreibschulen und Bibliotheken in der Karolingerzeit. 2 Bde., 3. Aufl. 1974, 1980.

8. Walter Brugger, Die herzogliche und karolingische Pfalz zu Altötting. Ein Beitrag zur Pfalzenforschung in Altbayern, in: Oberbayerisches Archiv 105 (1980) S. 70–101.

9. Reiner Butzen, Die Merowinger östlich des mittleren Rheins. Studien zur militärischen, politischen, rechtlichen, religiösen, kirchlichen, kulturellen Erfassung durch Königtum und Adel im 6. sowie 7. Jahrhundert, Würzburg 1987.

10. Helmut Castritius, Die Grenzverteidigung in Rätien und Noricum im 5. Jahrhundert nach Christus. Ein Beitrag zum Ende der Antike, in: Vgl. Lit. 3: Die Bayern und ihre Nachbarn, Teil 1, S. 17–28.

11. Hermann Dannheimer, Auf den Spuren der Bajuwaren: Archäologie des frühen Mittelalters in Altbayern. Ausgrabungen – Funde – Befunde, Pfaffenhofen 1987.

12. Ders., Die Torhalle auf Frauenchiemsee, München–Zürich 3. Aufl. 1983.

13. Ders. u. Heinz Dopsch (Hg.), Die Bajuwaren. Von Severin bis Tassilo 488–788 (Ausstellungskatalog Rosenheim/Mattsee) Rosenheim 1988.

14. Ders., Führer durch die Ausstellung „Frühe Holzkirchen aus Bayern" (Prähistorische Staatssammlung München), München 1984.

15. Phillippe Dollinger, Der bayerische Bauernstand vom 9. bis zum 13. Jahrhundert. Hg. von Franz Irsigler, München 1982.

16. Heinz Dopsch u. Hans Spatzenegger (Hg.), Geschichte Salzburgs – Stadt und Land, Bd. 1, Teile 1–3, Salzburg 1981–1984.

17. Ders., Salzburg und der Südosten, in: Südostdeutsches Archiv 21 (1978) S. 5–35.

18. Immo Eberl u.a. (Hg.), Früh- und hochmittelalterlicher Adel in Schwaben und Bayern, Sigmaringendorf 1988.

19. Franz-Reiner Erkens, Ludwigs des Frommen Urkunde vom 28. Juni 823 für Passau (BM2778), in: Deutsches Archiv zur Erforschung des Mittelalters 42 (1986) S. 86–117.

20. Festschrift St. Peter zu Salzburg 582 – 1982, hg. von der Bayerischen Benediktiner Akademie = Studien und Mitteilungen zur Geschichte des Benediktinerordens und seiner Zweige 93, 1982.

21. Heinrich Fichtenau, Bayerns älteste Urkunden, in: Gesellschaft, Kultur, Literatur, Rezeption und Originalität im Wachsen einer europäischen Literatur und Geistigkeit. Gewidmet Luitpold Wallach (Monographien zur Geschichte des Mittelalters 11) Stuttgart 1975, S. 179–190.

22. Thomas Fischer, Römer und Bajuwaren an der Donau. Bilder zur Frühgeschichte Ostbayerns, Regensburg 1988.

23. Ders. u. Sabine Rieckhoff-Pauli, Von den Römern zu den Bajuwaren. Stadtarchäologie in Regensburg, München 1982.

24. Robert Ganslmeier u. Roland Knöchlein, Grabfunde der jüngeren Reihengräberzeit (7. Jahrhundert) von Altdorf bei Landshut, in: Verhandlungen des historischen Vereins für Niederbayern 110 (1984) S. 45–78.

25. Werner Gauer, Urbs, Arx, Metropolis und Civitas Regia. Untersuchungen zur Topographie der frühmittelalterlichen Stadt Regensburg, in: Verhandlungen des Historischen Vereins für Oberpfalz und Regensburg 121 (1981) S. 15–84.

26. Hans-Werner Goetz, Leben im Mittelalter. Vom 7. bis zum 13. Jahrhundert, München 1986.

27. Siegfried Haider (Hg.), Die Anfänge des Klosters Kremsmünster (Symposion 15.–18. Mai 1977) Linz 1978.

28. Handbuch der bayerischen Geschichte Bd. 1: Das alte Bayern. Das Stammesherzogtum. Begr. von Max Spindler, hg. von Andreas Kraus, München [2]1981.

29. Jürgen Hannig, Zur Funktion der karolingischen „missi dominici" in Bayern und in den südöstlichen Grenzgebieten, in: Zeitschrift der Savigny-Stiftung für Rechtsgeschichte, Germanistische Abteilung 101 (1984) S. 256–300.

30. Wolfgang Hartung, Süddeutschland in der frühen Merowingerzeit. Studien zu Gesellschaft, Herrschaft, Stammesbildung bei Alamannen und Bajuwaren (Vierteljahresschrift für Sozial- und Wirtschaftsgeschichte Beiheft 73) Wiesbaden 1983.

31. Maria Hasdenteufel, Das Salzburger Erentrudis-Kloster und die Agilolfinger, in: Mitteilungen des Instituts für österreichische Geschichtsforschung 93 (1985) S. 1–29.

32. Karl Hausberger, Geschichte des Bistums Regensburg, Bd. 1: Mittelalter und frühe Neuzeit, Regensburg 1989.

33. Erwin Herrmann, Frühe Siedlungs- und Herrschaftsstrukturen in der mittleren Oberpfalz, in: Verhandlungen des Historischen Vereins für Oberpfalz und Regensburg 123 (1983) S. 7–33.

34. Wolfgang Hessler, Complactatio. Wortschöpfung und Begriffsbildung bei Vorbehalts-

schenkungen an die Kirche im frühmittelalterlichen Bayern, in: Zeitschrift für bayerische Landesgeschichte 41 (1978) S. 49–92.

35. Eduard Hlawitschka, Vom Frankenreich zur Formierung der europäischen Staaten- und Völkergemeinschaft, Darmstadt 1986.

36. Kurt Holter, Zum Problem der Kulturkontinuität an oberösterreichischen Kirchen des Frühmittelalters, in: Jahrbuch des Oberösterreichischen Musealvereins 127/I (1982) S. 43–54.

37. Ders., Grenzprobleme im oberösterreichischen Bereich zur Baiernzeit, in: Vgl. Lit. 3: Die Bayern und ihre Nachbarn Teil 1, S. 315–320.

38. Ludwig Holzfurtner, Untersuchungen zur Namensgebung im frühen Mittelalter nach den bayerischen Quellen des achten und neunten Jahrhunderts, in: Zeitschrift für bayerische Landesgeschichte 45 (1982) S. 3–21.

39. Ders., Gründung und Gründungsüberlieferung. Quellenkritische Studien zur Gründungsgeschichte der Bayerischen Klöster der Agilolfingerzeit und ihrer hochmittelalterlichen Überlieferung (Münchener Historische Studien. Abt. Bayerische Geschichte, Bd. 11) Kallmünz 1984.

40. Hubert Houben, Zu den Mönchslisten des Klosters Mattsee aus der Karolingerzeit, in: Studien und Mitteilungen zur Geschichte des Benediktiner-Ordens und seiner Zweige 90 (1979) S. 449–457.

41. Joachim Jahn, Urkunde und Chronik. Ein Beitrag zur historischen Glaubwürdigkeit der Benediktbeurer Überlieferung und zur Geschichte des agilolfingischen Bayern, in: Mitteilungen des Instituts für Österreichische Geschichtsforschung 95 (1987) S. 1–51.

42. Jörg Jarnut, Agilolfingerstudien. Untersuchungen zur Geschichte einer adligen Familie im 6. und 7. Jahrhundert (Monographien zur Geschichte des Mittelalters 32) Stuttgart 1986.

43. Gerhard Köbler, Die Begründungen der Lex Baiuwariorum, in: Studien zu den germanischen Volksrechten. Gedächtnisschrift für Wilhelm Ebel (Rechtshistorische Reihe 1) Frankfurt u. Bern 1982.

44. Georg Kossack, Südbayern im 5. Jahrhundert v. Chr. – Zur Frage der Überlieferungskontinuität, in: Bayerische Vorgeschichtsblätter 47 (1982) S. 9–25.

45. Andreas Kraus, Geschichte Bayerns. Von den Anfängen bis zur Gegenwart, München 1983.

46. Heinrich Kunstmann, Vorläufige Untersuchungen über den bairischen Bulgarenmord von 631/632. Der Tatbestand – Nachklänge im Nibelungenlied, in: Slavistische Beiträge 159 (1982) S. 3–104.

47. Karl Lechner, Die herzoglich-bairischen Lehen im Lande unter der Enns, in: Jahrbuch für Landeskunde von Niederösterreich NF 48/49 (1982/83) S. 70–97.

48. Friedrich Lotter, Die historischen Daten zur Endphase römischer Präsenz in Ufernorikum, in: Von der Spätantike zum frühen Mittelalter. Aktuelle Probleme in historischer und archäologischer Sicht (Hg.: Joachim Werner u. Eugen Ewig) Sigmaringen 1979, S. 27–90.

49. Josef Maß, Das Bistum Freising im Mittelalter (Geschichte des Erzbistums München und Freising 1) München 1986.

50. Maria Mengs, Schrifttum zum Leben und zur Verehrung der Eichstätter Diözesanheiligen Willibald, Wunibald, Walburga, Wuna, Richard und Sola (Kirchengeschichtliche Quellen und Studien 13) St. Ottilien 1987.

51. Louis C. Morsak, Zur Rechts- und Sakralkultur bayerischer Pfalzkapellen und Hofkirchen unter Mitberücksichtigung der Hausklöster (Freiburger Veröffentlichungen aus dem Gebiete von Kirche und Staat 21) Freiburg/Schweiz 1984.

52. Ludwig Pauli, Die Alpen in Frühzeit und Mittelalter. Die archäologische Entdeckung einer Kulturlandschaft, München 1980.

53. Ders., Heidnisches und Christliches im frühmittelalterlichen Bayern, in: Bayerische Vorgeschichtsblätter 43 (1978) S. 147–159.

54. Christian Peschek, Zum Beginn des Christentums in Nordbayern, in: Bayerische Vorgeschichtsblätter 51 (1986) S. 343–355.

55. Bonifaz Pfister, 1250 Jahre Benediktinerkloster Niederaltaich 731 – 1981, in: Ostbaierische Grenzmarken 23 (1981) S. 17–44.

56. Johannes Prammer, Ausgrabungen und Funde im Raum Straubing 1981, in: Jahresbericht des Historischen Vereins für Straubing und Umgebung 83 (1981/1982) S. 7–20.

57. Ders., Die Bajuwaren gab es schon 100 Jahre früher: Das bajuwarische Gräberfeld Straubing-Altburg – Ein Friedhof des 5.–7. Jahrhunderts (Heimatglocken 6) 1982.

58. Friedrich Prinz, Bayerns agilolfingische Kloster- und Adelsgeschichte und die Gründung Kremsmünsters, in: Die Anfänge des Klosters Kremsmünster, vgl. Lit. 27, S. 25–50.

59. Christine Rädlinger-Prömper, St. Emmeram in Regensburg. Struktur und Funktionswandel eines bayerischen Klosters im frühen Mittelalter (Thurn und Taxis-Studien 16) Kallmünz 1987.

60. Kurt Reindel, Die Bajuwaren. Quellen, Hypothesen, Tatsachen, in: Deutsches Archiv für Erforschung des Mittelalters 37 (1981) S. 451–473.

61. Sabine Rieckhoff-Pauli u. Walter Torbrügge (Hg.), Regensburg – Kelheim – Straubing. Teil 2: Archäologische und historische Denkmäler-Exkursionen I bis III (Führer zu archäologischen Denkmälern in Deutschland 6) Stuttgart 1984.

62. Werner Rösner (Hg.), Strukturen der Grundherrschaft im frühen Mittelalter, Göttingen 1989.

63. Adolf Sandberger, Altbayerische Studien zur Geschichte von Siedlung, Recht und Landwirtschaft (Hg.: Pankraz Fried u. Erwin Riedenauer, unter Mitw. von Gertrud Sandberger) München 1985.

64. Georg Scheibelreiter, Der Bischof in merowingischer Zeit (Veröffentlichungen des Instituts f. Österr. Geschichtsforschung 27) Wien 1983.

65. Georg Schwaiger, Die Benediktiner im Bistum Regensburg, in: Beiträge zur Geschichte des Bistums Regensburg 12 (1978) S. 7–60.

66. Josef Semmler, Benediktinisches Mönchtum in Bayern im späten 8. und frühen 9. Jahrhundert, in: Frühes Mönchtum in Salzburg, vgl. Lit. 84, S. 199–218.

67. Helmuth Stahleder, Bischöfliche und adelige Eigenkirchen des Bistums Freising im frühen Mittelalter und die Kirchenorganisation im Jahre 1315. 1. Teil, in: Oberbayerisches Archiv 104 (1979) S. 117–188.

68. Walter Steinböck, Die Klostergründungen von Mondsee und Mattsee durch die Agilolfingerherzöge Odilo und Tassilo. Ein Beitrag zur rechtlichen Problematik des Frühmittelalters unter Berücksichtigung der Klostergründungen von Niederaltaich, Kremsmünster und Innichen, in: Studien und Mitteilungen zur Geschichte des Benediktinerordens und seiner Zweige 85 (1974) S. 486–530.

69. Wilhelm Störmer, Der Adel als Träger von Rodung, Siedlung und Herrschaft im frühmittelalterlichen Oberbayern, in: Oberbayerisches Archiv 106 (1981) S. 290–307.

70. Ders., Beobachtungen zur historisch-geographischen Lage der ältesten bayerischen Klöster und ihres Besitzes, in: vgl. Lit. 84, Frühes Mönchtum in Salzburg, S. 109–123.

71. Wilhelm Volkert, Bayern – Anmerkungen zu Staat und Stamm, in: Blätter für deutsche Landesgeschichte 121 (1985) S. 49–68.

72. Hanna Vollrath, Herrschaft und Genossenschaft im Kontext frühmittelalterlicher Rechtsbeziehungen, in: Historisches Jahrbuch 102 (1982) S. 33–71.

73. Heinrich Wanderwitz, Studien zum mittelalterlichen Salzwesen in Bayern (Schriftenreihe zur bayerischen Landesgeschichte 73) München 1984.

74. Ders., Quellenkritische Studien zu den bayerischen Besitzlisten des 8. Jahrhunderts, in: Deutsches Archiv für Erforschung des Mittelalters 39 (1989) S. 27–84.

75. Stefan Weinfurter, Das Bistum Willibalds im Dienste des Königs. Eichstätt im frühen Mittelalter, in: Zeitschrift für bayerische Landesgeschichte 50 (1987) S. 3–40.

76. Johann Weissensteiner, Tegernsee, die Bayern und Österreich. Studien zu Tegernseer Geschichtsquellen und der bayerischen Stammessage (Archiv für österreichische Geschichte 133) 1983.

77. Joachim Werner u. Eugen Ewig (Hg.), Von der Spätantike zum frühen Mittelalter. Aktuelle Probleme in historischer und archäologischer Sicht (Vorträge und Forschungen 25) Sigmaringen 1979.

78. Ders., Die Geburt Mitteleuropas. Geschichte Österreichs vor seiner Entstehung 378–907, Berlin 1987.

79. Ders., Die Gründungsurkunde Kremsmünsters, in: vgl. Lit. 27, Die Anfänge des Klosters Kremsmünster, S. 51–82.

80. Ders. u. Falko Daim (Hg.), Die Völker an der unteren und mittleren Donau im fünften und sechsten Jahrhundert, Wien 1980.

81. Ders., Völkerbewegung und Stammesbildung im österreichischen Raum von der Severinszeit bis zur Ankunft der Ungarn, in: Oberösterreich 32/1 (1982) S. 17–25.

82. Erich Zöllner, Zusammenfassung: Noricum Raetia I, in: vgl. Lit. 76a, Von der Spätantike zum frühen Mittelalter, S. 255–267.

83. Ders., Die Baiern und ihre Nachbarn bis 907 – Zusammenfassung, in: vgl. Lit. 3, Die Bayern und ihre Nachbarn, Teil 1, S. 381–389.

84. Eberhard Zwink (Hg.), Frühes Mönchtum in Salzburg. Probleme der Forschung (Salzburg Diskussionen 4) Salzburg 1983.

Quellenverzeichnis

Abrogans, hg. v. E. Steinmeyer u. E. Sievers, Die altdeutschen Glossen, Bd. 1 (1879) S. 2–270.

Annales Fuldenses, hg. v. F. Kurze, MGH SS rer. Germ. (1891).

Annales Iuvavenses, maiores, minores, maximi, hg. v. H. Bresslau, MGH SS 30,2 (1934) S. 732–743.

Annales regni Francorum, hg. v. F. Kurze, MGH SS rer. Germ. (1895).

Arbeo von Freising, Vita Corbiniani Episcopi Baiuvariorum, hg. v. B. Krusch, MGH SS rer. Mer. 6 (1913) S. 560–593.

Arbeo von Freising, Vita et passio S. Haimhrammi Martyris, hg. v. B. Bischoff (1953) mit dt. Übersetzung.

Breviarius Urolfi, hg. v. K. Roth, Beiträge zur deutschen Sprach-, Geschichts- u. Ortsforschung 11 (1854) S. 17–28.

Conversio Bagoariorum et Carantanorum. Das Weissbuch der Salzburger Kirche über die erfolgreiche Mission in Karantanien und Pannonien, hg. v. Herwig Wolfram (Böhlau Quellenbücher 1979).

Einhard, Vita Karoli Magni, hg. v. O. Holder-Egger, MGH SS rer. Germ. (1911).

Eugippius, Leben des hl. Severin, hg. v. R. Noll (1963) mit dt. Übersetzung.

Fredegar, Chronicarum libri IV, hg. v. B. Krusch, MGH SS rer. Mer. 2 (1888) S. 18–193.

Fredegar, Chronicarum liber quartus cum continuationibus, hg. v. J. M. Wallace-Hadrill (1960).

Geographus Ravennas, Kosmographia, hg. v. J. Schnetz, Itineraria Romana II (1940).

Gregor von Tours, Historia Francorum, hg. v. R. Buchner, Freiherr vom Stein – Gedächtnisausgabe II (1977).

Jordanes, De origine actibusque Getarum, hg. v. Th. Mommsen, MGH auct. ant. 5 (1882) S. 53–138.

Lex Baiwariorum, hg. v. E. v. Schwind, MGH Leg. nat. germ. V/2 (1926).

Monumenta Germaniae Historica.

MGH Capitularia regum Francorum, hg. v. A. Boretius, Bd. 1 (1883), Bd. 2. hg. v. A. Boretius u. V. Krause (1897).

MGH Concilia, hg. v. A. Werminghoff, Bd. 2,1 (1906).

MGH Diplomata Karolinorum, hg. v. E. Mühlbacher, Bd. 1 (1906).

MGH Diplomata regum Germaniae ex stirpe Karolinorum, hg. v. P. Kehr, Bd. 1 (1934).

MGH Epistolae, hg. v. P. Ewald, L. M. Hartmann, E. Caspar ua., Bd. 3 (1892), Bd. 5 (1899), Bd. 7 (1928).

MGH Epistolae selectae, hg. v. M. Tangl, Bd. 1 (1916).

MGH Leges, hg. v. J. Merkel u.a., Bd. 3 (1863).

Paulus Diaconus, Historia Langobardorum, hg. v. L. Bethmann u. G. Waitz, MGH SS rer. Lang. (1878) S. 45–187.

Ptolemaios, Geographische Anleitung, hg. v. C. Müller u. C. Th. Fischer (1883 ff.).

Salzburger Urkundenbuch, hg. v. W. Hauthaler (1910), darin der Indiculus Arnonis.

Die Traditionen des Hochstifts Freising, hg. v. Th. Bitterauf. 2 Bde., Quellen und Erörterungen zur bayerischen Geschichte, NF. 4 u. 5 (1905–1909).

Die Traditionen des Hochstifts Regensburg und S. Emmeram, hg. v. J. Widemann, Quellen und Erörterungen zur bayerischen Geschichte, NF. 8 (1943).

Venantius Fortunatus, Vita S. Martini, hg. v. F. Leo, MGH auct. ant. 4 (1881) S. 293–370.

Register

Personen/Völker

Orte

Sachen

Bildnachweis

Augustiner-Museum, Freiburg/Br.: 147 (Foto: Rheinisches Bildarchiv Köln)
Bayerisches Landesamt für Denkmalpflege, München: 115 (Foto: O. Braasch. Archivnr. 7130/027; 1559–26. Freigegeben durch die Reg. v. Obb.: Nr. GS 300. Freig. Nr.: 9516–83)
Bildarchiv Österreichische Nationalbibliothek, Wien: 177 (s. a. Umschlag), 223 (Fotos: Lichtbildwerkstätte „Alpenland", Wien)
Bundesdenkmalamt Wien: 150 (Fotos: Lichtbildwerkstätte „Alpenland", Wien)
Gäubodenmuseum Straubing: 26, 53 oben, 208, 234 (Fotos: Manfred Eberlein, München)
Peter Claus Hartmann, Passau: 141 oben
Museum der Stadt Regensburg: 53 unten (Foto: Wagmüller, Regensburg)
© Museumspädagogisches Zentrum (MPZ), München: 130
Prähistorische Staatssammlung, München: 80 (Foto: Matthias Michel), 146
Verlagsarchiv Pustet: 59, 63 (Aus: Matthäus Rader, Bavaria Sancta)
Staatsbibliothek Bamberg: 75
Südtirol Bild Verlag, Bozen: 125 u. 135 (s. a. Umschlag), 141 unten, 145, 216

Karte auf Vorsatz: Ausschnitt aus der Karte „Bayern von Herzogtum der Bajuwaren bis zum Königreich und Freistaat". Mit freundlicher Genehmigung des Landkartenverlags Josef Kronast, Bad Aibling.

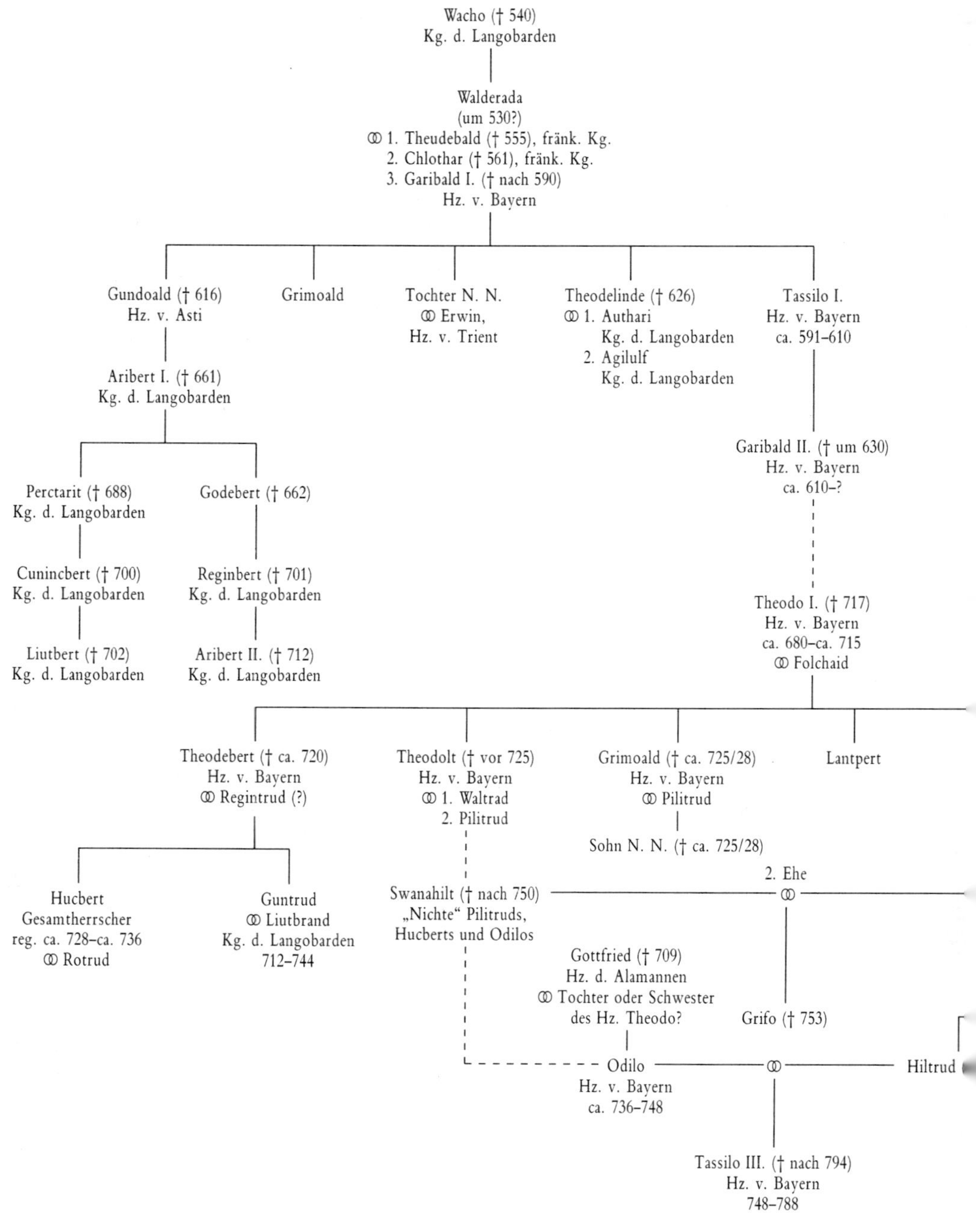
Wacho († 540)
Kg. d. Langobarden
Walderada
(um 530?)
⚭ 1. Theudebald († 555), fränk. Kg.
2. Chlothar († 561), fränk. Kg.
3. Garibald I. († nach 590)
Hz. v. Bayern
Gundoald († 616)
Hz. v. Asti
Grimoald
Tochter N. N.
⚭ Erwin,
Hz. v. Trient
Theodelinde († 626)
⚭ 1. Authari
Kg. d. Langobarden
2. Agilulf
Kg. d. Langobarden
Tassilo I.
Hz. v. Bayern
ca. 591–610
Aribert I. († 661)
Kg. d. Langobarden
Garibald II. († um 630)
Hz. v. Bayern
ca. 610–?
Perctarit († 688)
Kg. d. Langobarden
Godebert († 662)
Cunincbert († 700)
Kg. d. Langobarden
Reginbert († 701)
Kg. d. Langobarden
Theodo I. († 717)
Hz. v. Bayern
ca. 680–ca. 715
⚭ Folchaid
Liutbert († 702)
Kg. d. Langobarden
Aribert II. († 712)
Kg. d. Langobarden
Theodebert († ca. 720)
Hz. v. Bayern
⚭ Regintrud (?)
Theodolt († vor 725)
Hz. v. Bayern
⚭ 1. Waltrad
2. Pilitrud
Grimoald († ca. 725/28)
Hz. v. Bayern
⚭ Pilitrud
Lantpert
Sohn N. N. († ca. 725/28)
2. Ehe
⚭
Hucbert
Gesamtherrscher
reg. ca. 728–ca. 736
⚭ Rotrud
Guntrud
⚭ Liutbrand
Kg. d. Langobarden
712–744
Swanahilt († nach 750)
„Nichte“ Pilitruds,
Hucberts und Odilos
Gottfried († 709)
Hz. d. Alamannen
⚭ Tochter oder Schwester
des Hz. Theodo?
Grifo († 753)
Odilo
Hz. v. Bayern
ca. 736–748
⚭
Hiltrud
Tassilo III. († nach 794)
Hz. v. Bayern
748–788